Engelmann

Business Process Reengineering

**GABLER** EDITION WISSENSCHAFT

Thomas Engelmann

# Business Process Reengineering

Grundlagen –
Gestaltungsempfehlungen –
Vorgehensmodell

Mit einem Geleitwort
von Prof. Dr. Arno Rolf

Springer Fachmedien Wiesbaden GmbH

Die Deutsche Bibliothek – CIP-Einheitsaufnahme

**Engelmann, Thomas:**
Business process reengineering : Grundlagen –
Gestaltungsempfehlungen – Vorgehensmodell / Thomas Engelmann.
Mit einem Geleitw. von Arno Rolf.
- Wiesbaden : Dt. Univ.-Vlg. ; Wiesbaden : Gabler, 1995
  (Gabler Edition Wissenschaft)
  ISBN 978-3-8244-6151-6

Gabler Verlag, Deutscher Universitäts-Verlag, Wiesbaden
© Springer Fachmedien Wiesbaden 1995
Ursprünglich erschienen bei Betriebswirtschaftlicher Verlag Dr. Th. Gabler GmbH, Wiesbaden 1995
Lektorat: Claudia Splittgerber

Höchste inhaltliche und technische Qualität unserer Produkte ist unser Ziel. Bei der Produktion und Auslieferung unserer Bücher wollen wir die Umwelt schonen: Dieses Buch ist auf
säurefreiem und chlorfrei gebleichtem Papier gedruckt.

Die Wiedergabe von Gebrauchsnamen, Handelsnamen, Warenbezeichnungen usw. in
diesem Werk berechtigt auch ohne besondere Kennzeichnung nicht zu der Annahme, daß
solche Namen im Sinne der Warenzeichen- und Markenschutz-Gesetzgebung als frei zu
betrachten wären und daher von jedermann benutzt werden dürften.

ISBN 978-3-8244-6151-6    ISBN 978-3-663-08300-9 (eBook)
DOI 10.1007/978-3-663-08300-9

# Geleitwort

Die Business Process Reengineering-Sicht (BPR) reklamiert für sich, der herausragende Gestaltungsansatz für erfolgreiche Organisationen in den 90er Jahren zu sein. Nach Einschätzung seiner Verfechter sind mit ihm fundamentale Organisationsveränderungen in sehr kurzer Zeit durchzusetzen.

BPR verdankt seine Popularität dem Paradigmenwechsel in Unternehmen, Management und Wirtschaftswissenschaften seit Ende der 80er Jahre. Tayloristische und hierarchisch-bürokratische Konzepte werden seitdem eher negativ bewertet, die Orientierung auf Prozesse, Wertschöpfungsketten und strategische Netzwerke wird dagegen jetzt als entscheidender Erfolgsfaktor angesehen.

Diese neue Sicht steht in enger Wechselwirkung zur angewandten Informatik: Die neuen Informationstechniken schaffen die Voraussetzungen für die Realisierung der neuen Managementkonzepte, zugleich verstärken und beschleunigen sie das Paradigma Prozeßorientierung. Auf diesem Boden können dann neue Informatikkonzepte wie workgroup computing oder workflow automation gedeihen.

Das Buch von *Thomas Engelmann* nimmt diese Diskussionen mit der Motivation auf, dieses Feld und die vielen schnellebigen Vesprechungen von Managementautoren und Unternehmensberatern ›abzuklopfen‹. Bevor die Karawane der Sinngeber und Orientierungshelfer weiterzieht und neue ›Philosophien‹ und Leitbilder generiert, möchte er wissen, was am BPR-Konzept wirklich neu ist und über den Tag hinaus bleiben wird. Insofern besteht für den Leser nicht die Gefahr, daß er hier einen Text in der Hand hält, der nur wiederholt, was längst jedermann weiß.

*Thomas Engelmann* will systematisieren und Leitbild und Annahmen analysieren, im Spiegel der Resultate der Management- und Organisationstheorie. Nach meiner Beurteilung ist ihm dies gut gelungen. Überzeugend seine Argumentation, daß die von den BPR-Verfechtern als revolutionär ausgegebene These – ›reduzierte Arbeitsteilung führt zu höherer Produktivität‹ – alles andere als neu ist. Seit den 20er Jahren ist von zahlreichen Autoren kontinuierlich auf die Verengung des tayloristischen bzw. fordistischen Weltbildes hingewiesen worden. Neu ist, daß Management und Unternehmen jetzt bereit sind, diese Gedanken breit umzusetzen.

Der Leser, der eine gründliche vor allem organisationstheoretisch abgesicherte Auseinandersetzung mit BPR erwartet, wird auf seine Kosten kommen. Derjenige, der schnell über das Thema hinwegfliegen möchte, sollte zu anderen Quellen greifen.

Insbesondere Studierenden sei die Veröffentlichung sehr empfohlen, weil sie exemplarisch deutlich machen kann, daß viele Fehler zu vermeiden sind, wenn nicht jedes neu in die Arena geworfene Leitbild unkritisch akzeptiert wird. Dies sollte der Kern jeder wissenschaftlichen Ausbildung sein, auch der Betriebswirtschaftslehre.

Ich wünsche dem Buch und *Thomas Engelmann* viele gründliche Leser aus Praxis und Wissenschaft.

*Prof. Dr. Arno Rolf*

# Vorwort

Die vorliegende Arbeit geht im Kern auf meine an der Universität Hamburg geschriebene Diplomarbeit zurück. Diese war ursprünglich auf die Betrachtung neuerer Informationstechniken im Kontext der Organisationsgestaltung ausgerichtet. Mit Ende 1993 rückte allerdings das Thema ›Business Process Reengineering‹ in den Vordergrund der wissenschaftlichen Betrachtung. Ausschlaggebend war meine Diplomandentätigkeit bei der C&L Unternehmensberatung, während der ich erstmals mit diesem neuen Gestaltungskonzept in Berührung kam. Mit der durch den Gabler-Verlag früh signalisierten Möglichkeit der Veröffentlichung erfolgte nach der Fertigstellung der Diplomarbeit eine vollständige Überarbeitung und Vertiefung der Arbeit.

Möglich wurde die vorliegende Arbeit erst durch die intensive Unterstützung und wertvollen inhaltlichen Beiträge seitens *Prof. Dr. Arno Rolf*, Universität Hamburg, dem ich zu besonderem Dank verpflichtet bin. Ebenso bedanken möchte ich mich für die umfassende externe Betreuung durch *Dr. Klaus Jarr*, ehemals C&L Unternehmensberatung, der mich während der Projektarbeit hilfreich in der Erarbeitung der Diplomarbeit unterstützte. Weiterhin stammen wichtige Anregungen von *Matthias Schade*, dem ich einen regen und kreativen Gedankenaustausch verdanke, und von *Prof. Dr. Heinz Züllighoven*, der interessante fachbezogene Denkanstösse gab. In die Überarbeitung der Diplomarbeit sind schließlich auch Erfahrungen und Erkenntnisse aus meiner jetzigen Tätigkeit bei CSC Index eingeflossen. Sehr wertvoll waren hier die Diskussionen und Zusammenarbeit mit *Dr. Jens-Marten Lohse, Pierre Frot, Martin Höchsmann, Frank Ludwig* und *Dr. Harald Linné*.

Viel Dank gebührt weiterhin *Soenke Ziesche*, der trotz eigener Arbeitsbelastung die Zeit fand, das gesamte Manuskript Korrektur zu lesen. Die Fertigstellung des Buches entwickelte sich zu einer sehr zeitaufwendigen Betätigung, die erheblich das Privatleben belastete. Hier möchte ich mich abschließend bei meiner Freundin für die viele Geduld und das aufgebrachte Verständnis bedanken.

*Thomas Engelmann*

# Inhaltsverzeichnis

# 1. Einführung

»After a while, one is reluctant to even talk about the latest management concepts. They begin to sound trite with the overuse of often trendy titles for things sounding suspiciously like simple logic, underneath the glitzy packaging.«

*Portner/Beaven* (1994) S. 55.

Die Unternehmenspraxis ist schnellebig, auch was die Beachtung von Managementkonzepten betrifft. Gerade noch dominierten Lean Production und Total Quality Management die praxisbezogene Managerliteratur, da hat Business Process Reengineering (BPR) diesen schon als »the season's hottest buzzword« den Rang abgelaufen.[1] Hinter diesem fortwährendem Popularitätswechsel von Managementkonzepten verbirgt sich eine tiefgreifende Verunsicherung der Führungskreise über Konzepte und Methoden des Managements. *Bleicher* (1992) spricht hier von »der Suche nach einer *Neuorientierung*« angesichts vielfältiger Veränderungen in allen Lebensbereichen, die auch das Management von Unternehmungen erfassen.[2] Die Erkenntnis wächst, daß mit den traditionellen Managementkonzepten die heutigen Anforderungen nicht mehr zu bewältigen sind. Die damit einhergehende Orientierungslosigkeit wird von der Beratungsbranche gewinnbringend genutzt, für die sich BPR zu einem äußerst lukrativen Produkt entwickelt hat. Zwar konnten die hohen an BPR geknüpften Erwartungen nur bei einem Teil der bisherigen Projekte realisiert werden, ungeachtet dessen erfreut sich BPR in der Managerliteratur weiterhin großer Popularität. Auf wissenschaftlicher Seite werden dagegen überwiegend Skepsis und Kritik geäußert, die sich an der simplifizierenden, ahistorischen und induktiven Konzeptbildung festmachen.[3] In der Literatur finden sich bisher allerdings kaum Versuche einer konstruktiven, kritischen Auseinandersetzung mit BPR.

---

[1] Vgl. *King* (1991) S. 55, auch *Portner/Beaven* (1994) oder *Morrall* (1994).
[2] Vgl. *Bleicher* (1992) S. 2.
[3] Vgl. *Kieser* (1994, 1995).

## 1.1. Entstehung und Entwicklung

In der Literatur wird BPR unter zahlreichen synonymen Bezeichnungen diskutiert wie *Reengineering* (auch *Re-Engineering*), *Business Reengineering, Business Process Reengineering, Business Process Redesign* oder *Process Innovation.* Eine gängige Eindeutschung gibt es bisher nicht.[4] Am gebräuchlichsten sind
– auch im Deutschen – die Bezeichnungen **Business Process Reengineering**
*(BPR)* und **Business Reengineering.** In der vorliegenden Arbeit werden im
weiteren die Abkürzung **BPR** verwendet.

Die Entstehung und Konzeption von BPR ist erheblich durch eine Reihe von
Managementkonzepten geprägt, die seit dem ›Japan-Schock‹ der 80er Jahre die
praxisbezogene und wissenschaftliche Diskussion dominieren. Zu diesem Umfeld neuerer Ansätze gehören

- die **organisationskulturellen Ansätze** mit der Wahrnehmung kultureller
  Phänomene innerhalb betrieblicher Organisationen und der Betonung ›wei-
  cher Faktoren‹ gegenüber den bis dahin dominierenden ›harten Faktoren‹;[5]
  und
- die **Qualitätsbewegung** mit dem Konzept des *Total Quality Management*
  (TQM), das neben dem prozeßorientierten, kontinuierlichen Verbesserungsansatz *Kaizen* bzw. *Continuous Improvement* (CI) eine Vielzahl einzelner
  Techniken wie *Total Quality Control* (TQC), *Kamban* und *Just-in-time-Pro-
  duktion* umfaßt.[6]

Ausgehend von den inkrementellen, kontinuierlichen Verbesserungsmethoden
beginnen etwa ab Mitte der 80er Jahre einzelne Unternehmen mit radikalen, diskontinuierlichen Ansätzen zu experimentieren. Die Grundlage hierfür bildet der
innovative Einsatz von **Informationstechnik (IT)** gebündelt mit radikalen Organisationsveränderungen. Die Informationstechnik und ihr Gestaltungspotential
ist auch Thema des 1984 initiierten ›Management in the 1990s Research Pro-
gram‹ am MIT. Die 1991 vorgelegten Ergebnisse deuten an, daß der größte Nutzen der Informationstechnik dann realisierbar ist, wenn diese nicht zur Automatisierung, sondern zur Neugestaltung der Unternehmensprozesse eingesetzt wird.[7]

---

[4] Die Bezeichnung ›Geschäftsprozeßplanung und -optimierung‹ hat sich bisher nicht durchsetzen können und ist nur vereinzelt anzutreffen.
[5] Vgl. *Hill/Fehlbaum/Ulrich* (1992) S. 447ff.
[6] Vgl. *Imai* (1986).
[7] Vgl. *Scott Morton* (1991).

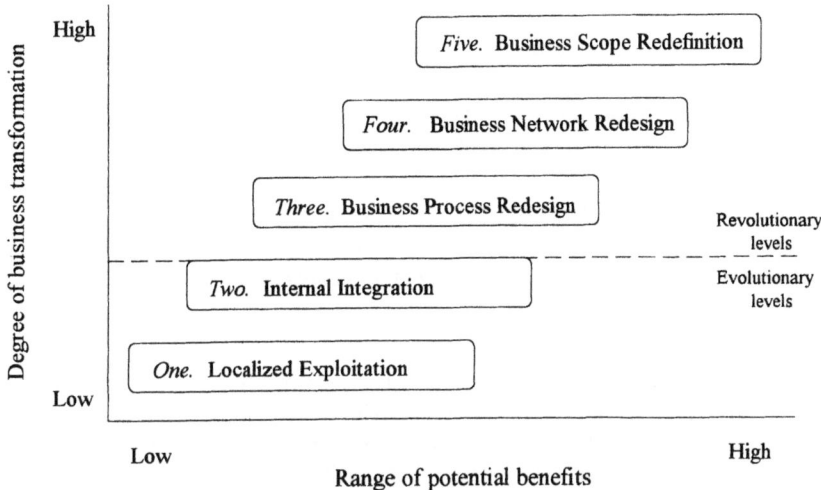

Abb. 1.1: Die fünf Ebenen der IT-getragenen Business Transformation.
Quelle: *Venkatraman* (1991) S. 127.

*Venkatraman* (1991, 1994) entwickelt im Kontext des MIT-Programms ein Rahmenkonzept der **IT-getragenen Business Transformation** und konzeptualisiert als eine von fünf der unterschiedenen Ebenen den Ansatz des *Business Process Redesign* (Abb. 1.1):[8]

- Ebene 1: Bei der **Localized Exploitation** erfolgt der IT-Einsatz stark dezentralisiert, begleitet durch minimale Veränderungen der Prozesse. Die leichte Anwendbarkeit solcher IT-Lösungen bedeutet, daß diese schnell kopiert werden und strategischen Vorteile kaum aufgebaut werden können.
- Ebene 2: Mit der **Internal Integration** wird – ermöglicht durch die hohe konnektive Leistungsfähigkeit moderner Informationstechnik – eine Integration unternehmensweiter Informationssysteme angestrebt. Aber auch hier führt der IT-Einsatz nicht zu wesentlichen organisatorischen Veränderungen.
- Ebene 3: Erst beim **Business Process Redesign** wird das Gestaltungspotential von IT dazu genutzt, bestehende organisationsweite Prozesse vollkommen neuzugestalten, indem massive organisatorische Veränderungen die IT-Anwendung begleiten und ergänzen.
- Ebene 4: Mit **Business Network Redesign** wird die prozessuale Neugestaltung

---

[8] Vgl. *Venkatraman* (1991) S. 126ff.

auf interorganisatorische Prozesse über Kunden-Lieferanten-Beziehungen hinweg ausgedehnt.

• Ebene 5: Bei der **Business Scope Redefinition** wird schließlich das Gestaltungspotential von IT zur strategischen Neupositionierung der Organisation genutzt, indem zusätzliche Geschäftsaktivitäten durch den IT-Einsatz eröffnet werden bzw. bisherige außerhalb der Kernkompetenzen liegende Aktivitäten abgetreten werden.

Entgegen diesem differenzierten Ansatz setzt sich mit den Arbeiten von *Davenport/Short* (1990) und *Hammer* (1990) unter den Bezeichnungen **Business Process Redesign** bzw. **Reengineering** eine Sichtweise von BPR durch, die zwischen den drei letzten Ebenen nicht unterscheidet. In diesem Sinne ist BPR auch der prinzipielle Ansatz für die Neugestaltung interorganisatorischer Netzwerke (Business Network Redesign) und für die Redefinition der Geschäftsaufgaben (Business Scope Redefinition). Für die frühen Arbeiten über BPR gilt, daß sie im wesentlichen nur die Prozeßorientierung, den radikalen Gestaltungsansatz und das Potential der Informationstechnik behandeln, während andere Gestaltungsaspekte (hinsichtlich Arbeitsorganisation, Unternehmungsorganisation oder Personalmanagement) und die Methodik des Gestaltungsprozesses (hinsichtlich Projektorganisation und Vorgehensmodell) lediglich angedeutet bleiben. Noch auf kontinuierliche Verbesserungen ausgerichtet beschreibt *Harrington* (1991) mit **Business Process Improvement** einen methodischen Ansatz bezüglich Projektorganisation und Vorgehensmodell, dem auch der Gestaltungsprozeß bei BPR zugrundeliegt. Die ersten Darstellungen von BPR als ganzheitliches Konzept der Organisationsgestaltung erfolgen allerdings erst mit *Davenport* (1993a) und *Hammer/Champy* (1993/1994) unter den Bezeichnungen **Process Innovation** bzw. **Business Reengineering**. Zeitgleich erscheint eine Flut von Artikeln unterschiedlichster Qualität zum Thema BPR in der Managerliteratur, bei denen es sich neben einfachen Darstellungen des Konzepts insbesondere um Erfahrungsberichte laufender Reengineering-Projekte handelt. Eine negative Konsequenz der hohen Popularität BPR ist hierbei der zunehmend inflationäre Gebrauch der Bezeichnung ›Reengineering‹ für alle nur denkbaren Reorganisationsmaßnahmen und -konzepte. Als Modewort (buzzword) der 90er wird BPR vielerorts als Trick der Managementberater wahrgenommen, ihre alten, unveränderten Dienstleistungen weiterhin verkaufen zu können:»the concept amounts to little more than old wine in new bottles, a gimmick created by consultancies to sell services«.[9] Aber auch auf Seiten jener, die in BPR ein eigenständiges, zukunftsweisendes Management-

---

[9] Vgl. *King* (1991) S. 55.

konzept erkennen, mehren sich Kritik und Beanstandungen, insbesondere da einige jüngere Studien belegen, daß die Mehrzahl der bisherigen BPR-Projekte nicht die hohen Erwartungen erfüllt.[10] Gegen die latente Mißachtung der theoretischen und methodischen Grundlagen bei der Darstellung und Diskussion von BPR wendet sich auch *Rigby* (1993), der darauf hinweist, daß neuartige Managementkonzepte typischerweise zu Beginn von Euphorie und übersteigertem Wunschdenken getragen werden (»this technique will finally solve the problem once and for all«), denen dann aber bald die Ernüchterung folgt, wenn bestimmte konzeptionelle Unzulänglichkeiten unübersehbar werden und sich die Anwendungsprobleme dieser Konzepte häufen:[11]

»The trouble is, some consultants are selling process reengineering as if it were a spanking new discovery. It isn't. And managers who assume that it is, and innocently go where they presume no one has gone before, are likely to repeat the big and little mistakes of the past. A thoughtful look at the history of business reengineering provides valuable lessons on how to make it work and how to avoid its pitfalls.«[12]

Obwohl BPR zahlreiche, in der Managementtheorie lang diskutierte Ansätze integriert, bedienen sich die BPR-Protagonisten nur implizit wissenschaftlicher Erkenntnissen. Die Konzeptbildung vollzieht sich allgemein »anekdotisch-induktiv« am Beispiel erfolgreicher Unternehmungen.[13] Während *Hammer/Champy* (1994) in ihrer Arbeit nur einen geringen Bezug zur Managementtheorie herstellen, spricht *Davenport* (1993a) zwar einige wissenschaftliche Grundlagen an, die Ausführungen bleiben jedoch relativ reduziert und fragmentarisch.[14] Zwar werden von theoretisch-wissenschaftlicher Seite populäre Management- und Organisationskonzepte wie BPR als »Heilslehren« charakterisiert und entsprechend nur zögerlich aufgenommen;[15] unzweifelhaft ist allerdings, daß ›modische‹ Konzepte dieser Art durchaus wertvolle Beiträge zur Managementpraxis und -theorie geleistet haben. So ist beispielsweise bezüglich der Qualitätsbewegung laut *Staehle* (1994) festzuhalten, daß das »**Japan-Modell** der Qualitätssicherung [...] heute als Vorbild für westliche Produktionskonzepte« gilt,[16] und *Hill/Fehlbaum/Ulrich* (1994) konstatieren:

---

[10] Vgl. *Hall/Rosenthal/Wade* (1993) S. 119.
[11] Vgl. *Rigby* (1993) S. 26.
[12] Vgl. *Rigby* (1993) S. 25.
[13] Wie in ähnlicher Weise an der poplärwissenschaftlichen Diskussion der Organisationskultur der 80er Jahre zu kritisieren ist, vgl. *Grabner-Kräuter* (1993) S. 289.
[14] Vgl. *Davenport* (1993a), insbesondere S. 311ff.
[15] Vgl. *Staehle* (1994) S. 47.
[16] Vgl. *Staehle* (1994) S. 695.

»Unter dem populär gewordenen Begriff ›Lean Production‹ (schlanke Produktion) liegt erstmals eine ›posttayloristische‹ Konzeption industrieller Organisation vor, die dem herkömmlichen tayloristischen Ansatz sowohl in instrumenteller als auch in sozio-emotioneller Hinsicht deutlich überlegen ist.«[17]

## 1.2. Ziel und Aufbau der Arbeit

Die vorliegende Arbeit hat zum **Ziel**, die unbefriedigende Diskussion und Darstellung von BPR zu verbessern. Der inhaltliche Schwerpunkt liegt dabei auf der theoretischen Fundierung der Gestaltungsempfehlungen und der systematischen Darstellung der Gesamtkonzeption von BPR im Kontext der Management- und Organisationstheorie.

Die Arbeit hat **nicht** zum Ziel, BPR für die Praxis wissenschaftlich ›abzusegnen‹.[18] Vielmehr liegt der Arbeit eine pragmatische Haltung zugrunde: ›Es lohnt sich zu untersuchen, inwieweit sich BPR als Erweiterung bisheriger Ansätze in die Managementtheorie einbetten läßt. Die Erfolge (oder Mißerfolge) in der Praxis werden – in Zukunft – den Wert und die Grenzen des BPR-Konzepts aufzeigen.‹[19]

Die Arbeit gliedert sich in fünf Teile. Im **2. Kapitel** wird dargestellt, wie sich BPR auf der Basis neuerer Ansätze der Konsistenztheorie in die Managementtheorie einordnen läßt. Dabei wird auch die Beziehung von BPR zu den kontinuierlichen Verbesserungsansätzen der Qualitätsbewegung aufgezeigt. Das **3. Kapitel** führt anhand der klassischen Diskussion situativer Gestaltungsempfehlungen in die grundsätzliche Problematik der Organisationsgestaltung ein. Ausgehend von der Beschreibung der Umweltsituation und den strategischen Verhaltensformen folgt eine grobe Darstellung von Gestaltungsempfehlungen bezogen auf Struktur, Personal und Technologie. Im **4. Kapitel** werden die Gestaltungsempfehlungen des BPR-Konzepts auf der Grundlage relevanter Ansätze der Management- und Organisationstheorie systematisiert. Integratives Konzept dieser Gestaltungsempfehlungen ist die explizite Prozeßorientierung. Basierend auf dieser werden konzeptionelle Ansätze für eine konsistente Gestaltung von Arbeitsorganisation, Unternehmungsorganisation, Personalmanagement und Informationstechnik dargelegt. Mit dem **5. Kapitel** folgt eine Erörterung der Gestaltungsprobleme, die während eines BPR-Projekts erwartungsgemäß auftreten. Die typi-

---

[17] Vgl. *Hill/Fehlbaum/Ulrich* (1994) S. 248.
[18] Vgl. *Kieser* (1994).
[19] In Anlehnung an *Habel* (1986) S. 10.

scherweise hohe Diskrepanz zwischen der strukturellen und kulturellen Ist-Situation von Organisationen und den prozeßorientierten Gestaltungsempfehlungen bedingt ein hohes Konflikt- und Widerstandspotential. Diskutiert werden mögliche Widerstände wichtiger Personengruppen und ihre Ursachen, wobei im besonderen auf die Entlassungssproblematik eingegangen wird. Das **6. Kapitel** behandelt den Gestaltungsprozeß bezüglich der Projektorganisation und des Vorgehensmodells. Dargelegt wird, wie ein BPR-Projekt personell zu organisieren ist, welche Handlungsträger vorkommen und wie deren Rollenverteilung festzulegen ist. Es folgt eine Beschreibung des Projektablaufs anhand der einzelnen Phasen und ihrer Aktivitäten. Im **7. Kapitel** wird schließlich das in der vorliegenden Arbeit entwickelte Verständnis von BPR zusammengefaßt und an der Kritik gegen BPR gespiegelt.

# 2. BPR als Ansatz der Organizational Transformation

Für die weiteren Betrachtungen wesentlich ist eine systematische Positionierung von BPR bezüglich Zielsetzung und Ansatz innerhalb der Managementtheorie. Indem BPR in einem umfassenden theoretischen Kontext eingebettet wird, werden die zugrundeliegenden Annahmen explizit gemacht und BPR zu anderen relevanten Managementkonzepten in Beziehung gesetzt. Auf dieser Grundlage kann dann in den folgenden Kapitel die Konzeption von BPR im Detail erörtert werden.

## 2.1. Ansätze der Organisationsveränderung

Ausgehend von dem Verständnis der **Organisation** als sozio-technisches System (*institutioneller* Organisationsbegriff) beschränken sich die im weiteren verwendeten Begriffe der Organisationsveränderung und -gestaltung nicht alleine auf die Organisation einer Unternehmung als Gesamtheit aller strukturdefinierenden Regelungen (*instrumenteller* Organisationsbegriff), sondern beziehen gleichermaßen »People approach«-Maßnahmen (Organisations- und Personalentwicklung) in den Veränderungs- bzw. Gestaltungsprozeß mit ein.[1] Hinsichtlich dem angestrebten Veränderungsausmaß unterscheidet *Staehle* (1994) zwei Arten des Wandels (Abb. 2.1):

- **Wandel 1. Ordnung** beschränkt sich auf »eine inkrementale Modifikation der Arbeitsweise einer Organisation ohne Veränderung des vorherrschenden Bezugsrahmens oder des dominanten Interpretationsschemas«.[2]
- **Wandel 2. Ordnung** beinhaltet dagegen »eine einschneidende, paradigmatische Änderung der Arbeitsweise einer Organisation insgesamt, und zwar mit Änderung des Bezugsrahmens«.[3]

---

[1] Vgl. *Hill/Fehlbaum/Ulrich* (1994) S. 170. Zu der Unterscheidung von Veränderung und Gestaltung siehe Kapitel 2.4.
[2] Vgl. *Staehle* (1994) S. 849.
[3] Vgl. *Staehle* (1994) S. 850.

Entsprechend dieser beiden Arten des Wandels lassen sich zwei grundlegend verschiedene Ansätze der Organisationsveränderung unterscheiden:

- Die **Organisationsentwicklung (OE)** ist als evolutionärer, organisationsweiter Veränderungsprozeß von Organisationen und deren Mitglieder auf einen Wandel 1. Ordnung ausgerichtet. Durch in Gruppen stattfindende Lernprozesse, an denen alle Organisationsmitglieder mitwirken, sollen individuelle Verhaltensmuster, Organisationskultur sowie Kommunikations- und Organisationsstrukturen zweckmäßig verändert bzw. weiterentwickelt werden. Das Ziel aller OE-Maßnahmen ist (gemäß der deutschen Literatur) die »gleichzeitige Verbesserung der Leistungsfähigkeit der Organisation (Effektivität) und der Qualität des Arbeitslebens (Humanität)«;[4]
- Das Konzept der **Organizational Transformation (OT)** ist als radikaler strategischer Veränderungsprozeß auf einen Wandel 2. Ordnung ausgerichtet. Die gegenwärtigen bzw. zukünftigen Umweltanforderungen machen grundlegende Veränderungen der Organisation notwendig, mit denen auch das herrschende Paradigma abgelöst wird. Die OT-Maßnahmen werden dabei von einer neuen organisatorischen Vision geleitet.[5]

| Wandel 1. Ordnung | Wandel 2. Ordnung |
|---|---|
| Beschränkt auf einzelne Dimensionen, Aspekte | Mehrdimensional |
| Beschränkt auf einzelne Ebenen | umfaßt alle Ebenen |
| quantitativer Wandel | qualitativer Wandel |
| Wandel des Inhalts | Wandel im Kontext |
| Kontinuität, gleiche Richtung | Diskontinuität, neue Richtung |
| Inkremental | Revolutionär |
| logisch und rational | vermeintlich irrational, andere Rationalität |
| ohne Paradigmenwechsel | mit Paradigmenwechsel |

Abb. 2.1: Merkmale von Wandel 1. und 2. Ordnung. Quelle: *Staehle* (1994) S. 851.

Beide Ansätze sind in ihrer Definition allgemein gehalten und subsumieren eine Vielzahl von Managementmethoden und -techniken, die situativ einzusetzen und zu koordinieren sind. Hinsichtlich der **OE** sind je nach Ansatzpunkt unterschied-

---

[4] Vgl. *Staehle* (1994) S. 872.
[5] Vgl. *Staehle* (1994) S. 875f.

liche Interventionstechniken relevant: *Staehle* (1994) nennt hier *personenbezogene* (z.B. Sensitivity Training, Encounter Gruppen), *gruppenbezogene* (z.b. Teamentwicklung, Lernstatt, Arbeitsstrukturierung) sowie *organisationsbezogene Interventionstechniken* (z.b. Survey Feedback, Grid Organisationsentwicklung).[6] Bei **OT** können unterstützend auch OE-Techniken zum Einsatz kommen, im Vordergrund stehen allerdings situationsbedingt drastische *strukturbezogene* (Neustrukturierung der Unternehmungsorgansiation, Desinvestitionen bzw. Neuinvestitionen hinsichlich Produkt/Markt-Felder), *personenbezogene* (Austausch des Top Managements) sowie *kapitalbezogene Maßnahmen* (Einführung neuer Beteiligungen, Veräußerung von Betriebsteilen).[7]

OE und OT beziehen sich im vorstehenden Sinne allgemein nur implizit auf die Prozesse der Organisation. Bei prozeßorientierten Managementkonzepten wird dagegen der Prozeß als Ansatzpunkt von Veränderung in den Vordergrund gestellt. Entsprechend der bisherigen Klassifizierung lassen sich zwei prozeßorientierte Ansätze unterscheiden (Abb. 2.2):

• Das Konzept der **prozeßorientierten OE** findet sich in der Qualitätsbewegung mit dem kontinuierlichen Verbesserungsansatz des **Kaizen** bzw. **Continuous Improvement (CI)**. Das Ziel ist eine simultane Optimierung von Prozeßeffizienz und Qualität, indem Qualitätszirkel die bestehenden Prozesse inkrementell verbessern und eine kontinuierliche Qualitätssicherung gewährleisten. Aufgrund der organisationsweiten Bildung von Qualitätszirkeln erfolgen die Veränderungen zu einem Großteil ›bottom-up‹. Obschon CI auch Verbesserungsmaßnahmen hinsichtlich humanerer Arbeitsbedingungen umfaßt, ist der Ansatz im Sinne von *Staehle* (1994) der ›entpolitisierten‹ Richtung von OE zuzurechnen: Der ursprünglich humanitäre und emanzipatorische Anspruch von OE tritt bei CI vor dem Ziel der organisatorischen Leistungsverbesserung tendenziell in den Hintergrund;[8]

• Das Konzept der **prozeßorientierten OT** findet sich in **BPR**. Hier ist das Ziel die radikale, ganzheitliche Neugestaltung von Prozessen im Kontext externer Umweltanforderungen. Der Ausgangspunkt für BPR (wie für OT allgemein) »ist die Unzufriedenheit mit alten Managementphilosophien (als Wirklichkeitsbestimmungen) und der Glaube an die *Existenz neuer Lösungen*«.[9] Gemäß der Abgrenzung von OT zu OE ist BPR weiterhin *situativ* bestimmt, wird von einer *Vision* geleitet, erfordert »*qualitativ* unterschiedliche Wahrnehmungs-,

---

[6] Vgl. *Staehle* (1994) S. 889ff.
[7] Vgl. *Staehle* (1994) S. 875f.
[8] Vgl. *Staehle* (1994) S. 872f.
[9] Vgl. *Staehle* (1994) S. 875.

Denk- und Verhaltensweisen« und ist »*Top-Management-initiiert*«.[10] Schließlich betreffen die Gestaltungsmaßnahmen bei BPR unternehmensweite, funktionsübergreifende Prozesse und damit die *gesamte* Organisation.

| | Continuous Improvement | Business Process Reengineering |
|---|---|---|
| Kategorie | Organisationsentwicklung | Organizational Transformation |
| Quantum View | Beibehalten der Konfiguration | Wechsel der Konfiguration |
| Veränderungsintensität | Inkrementell | Radikal |
| Ausgangspunkt | Bestehende Prozesse | ›White paper‹, ›Clean slate‹ |
| Veränderungshäufigkeit | Kontinuierlich | Diskontinuierlich |
| Zeitbedarf | Wochen, Monate | 2-5 Jahre |
| Partizipation | Bottom-up | Top-down/Middle-up |
| Veränderungssicht | Eng, funktionsbezogen | Weit, funktionsübergreifend |

Abb. 2.2: Continuous Improvement versus Business Process Reengineering.
Quelle: In Anlehnung an *Davenport* (1993a) S. 11.

## 2.2. Das Konzept des Quantum Views

Mit seinem situativen und ganzheitlichen Gestaltungsansatz ist BPR im Kontext der Kontingenz- wie auch der Konsistenztheorie zu diskutieren. Bei **Kontingenz-Ansätzen** wird von der **Kongruenz-Effizienz-Hypothese** ausgegangen, die besagt, daß »die Übereinstimmung (fit) zwischen Organisation und Umwelt« die Effizienz der Organisation positiv beeinflußt (situative Ausrichtung).[11] Die **Konsistenz-Ansätze** werden dagegen von der **Konsistenz-Effizienz-Hypothese** bestimmt, wonach die Übereinstimmung und logische Konsistenz zwischen den internen Organisationsvariablen eine positive Wirkung auf die Effizienz der Organisation hat (ganzheitliche Ausrichtung). Eine Integration beider Hypothesen erfolgt von *Miller* (1982) und *Miller/Friesen* (1984) mit dem Konzept des **Quantum View**. Danach nehmen Organisationen, beschrieben durch eine Menge aussagekräftiger Strukturvariablen, langfristig nur relativ wenige Variablen-Kombinationen aus dem Raum aller kombinatorischen Möglichkeiten an. Diese sogenannten **Konfigurationen** (Quanten, Archetypen) sind a) gekennzeichnet durch eine höchstmögliche Harmonie zwischen den Strukturvariablen, b) unterscheiden sich

---

[10] Vgl. *Staehle* (1994) S. 875.
[11] Vgl. *Staehle* (1994) S. 58f und S. 448f.

untereinander typischerweise in einer großen Zahl von Ausprägungen der Strukturvariablen und c) differieren hinsichtlich der Umwelttypen (d.h. einer großen Zahl von Kontingenzfaktoren). Je nach Untersuchungsbereich und Variablenwahl ergeben sich dabei unterschiedliche Typologien bzw. Taxonomien von Konfigurationen. Ausgehend von der Konsistenz-Effizienz-Hypothese empfiehlt es sich, die Bewegung im Variablen-Raum stets auf Konfigurationen zu beschränken, während nach der Kongruenz-Effizienz-Hypothese jeder Umweltveränderung durch eine Anpassung der Variablen entsprochen werden sollte, unabhängig davon, ob der resultierende Zustand eine Konfiguration ist:

»Die Organisation wird hier im Konflikt zwischen Kontingenz- und Konsistenzstreben mit dem Problem konfrontiert, die Kosten einer nicht an die Umwelterfordernisse angepaßten Organisationsstruktur (Kosten des misfit) gegen die Kosten der Zerstörung einer in sich konsistenten, harmonischen Organisationsstruktur und -kultur abzuwägen.«[12]

Hinsichtlich struktureller Anpassungsstrategien an sich ändernde Umweltbedingungen unterscheiden *Miller/Friesen* (1984) zwischen *Quantum Change* (ganzheitliche Anpassung) und *Piecemeal Change* (teilweise Anpassung). Bei einem **Quantum Change** werden viele der Strukturvariablen simultan und koordiniert verändert, während sich ein **Piecemeal Change** auf die Veränderung weniger Strukturvariablen beschränkt. Dieser Änderungsprozeß kann bei beiden Ansätzen *dramatisch* oder *inkrementell* erfolgen, im Regelfall ist jedoch das Vorgehen beim Quantum Change dramatisch (*Revolutionary Change*) und beim Piecemeal Change inkrementell (*Evolutionary Change*).[13] Ausgehend vom Quantum View, nach dem sich nur wenige Konfigurationen in entsprechenden Umwelten als effizient erweisen, argumentieren *Miller/Friesen* für einen dramatisch erfolgenden Quantum Change. Eine isolierte Anpassung einzelner Variablen führt insbesondere dann zu erheblichen Effizienznachteilen gegenüber dem Verzicht auf einen Piecemeal Change, wenn dramatische Anpassungsmaßnahmen erforderlich sind. Aber auch ein inkrementeller Quantum Change erweist sich im allgemeinen aufgrund der hohen Kosten einer ganzheitlichen Anpassung als nachteilig. Stattdessen empfehlen die Autoren, zuerst von jeglicher struktureller Veränderung abzusehen und die gegenwärtige, konsistente Konfiguration solange beizubehalten, bis der ›misfit‹ zwischen Konfiguration und Umwelt eine dramatische Anpassung vieler Variablen rechtfertigt. Über einen Quantum Change wird dann in eine neue Konfiguration gewechselt, die in sich wieder konsistent und harmonisch ist.[14]

---

[12] Vgl. *Staehle* (1994) S. 62.
[13] Vgl. *Miller* (1982) S. 133 und *Miller/Friesen* (1984) S. 208f.
[14] Vgl. *Miller/Friesen* (1984) S. 208.

*Miller/Friesen* diskutieren den von ihnen propagierten Quantum View aus-schließlich im Kontext der Gesamtorganisation: Die Ausprägungen der Struktur-variablen in den Konfigurationen sind über die gesamte Organisation gemittelt, und die Unterscheidung struktureller Anpassungsstrategien (in Quantum Chan-ge/Piecemeal Change) bezieht sich lediglich auf die betrachteten *Strukturvaria-blen* und berücksichtigt nicht explizit den *Organisationsbereich*. Insgesamt füh-ren diese Generalisierungen zwangsläufig zu einer sehr allgemeinen Begriffsbil-dung, die keine direkte Einordnung von BPR als ganzheitliche, situative Anpas-sungsstrategie erlaubt. Der im folgenden auf der Grundlage von *Miller/Friesen* dargestellte **erweiterte Quantum View** erlaubt dagegen eine systematische Ein-bettung von BPR. Im einzelnen ist es notwendig, a) eine ganzheitliche Auswahl von Gestaltungsvariablen der Organisation sicherzustellen, b) den Quantum View auf den Prozeß als spezifischen Organisationsbereich auszudehnen und c) in diesem Kontext die Anpassungsstrategien neu abzugrenzen und BPR als Anpassungsstrategie einzuordnen.

*a. Ganzheitliche Auswahl von Gestaltungsvariablen*

Je nach Zielsetzung können unterschiedliche Variablenmengen für die Bildung von Konfigurations-Typologien dienen.[15] Ein Quantum Change im Sinne einer ganzheitlichen Organisationsveränderung erfordert diesbezüglich die Berücksich-tigung aller wesentlichen Organisationsvariablen. Nach *Leavitt* konstituiert sich eine Organisation durch die vier interdependenten Systemvariablen Aufgaben, Struktur, Technologie und Personal.[16] Hieraus lassen sich für den BPR-Ansatz vier **Gestaltungsvariablen** ableiten: die **Arbeitsorganisation** und **Unterneh-mungsorganisation** als Struktur-Faktoren, das **Personalmanagement** als Perso-nal-Faktor und die **Informationstechnik** als wichtigster branchenunabhängiger Technologie-Faktor (Abb. 2.3).

Außerhalb des expliziten Betrachtungsbereiches von BPR liegt die **Marktstrategie** als aufgabenbezogene Gestaltungsvariable. Mit dieser wird von der Geschäftsleitung festgelegt, welche Bedürfnisse welcher Käufergruppen die Unternehmung zu befriedigen beabsichtigt. Insofern wird mit den im BPR-Konzept formulierten **prozeßorientierten Gestaltungsempfehlungen** die Or-ganisationsgestaltung nur bis zu einer Ebene beschrieben, die immer noch eine

---

[15] Vgl. *Miller/Friesen* (1984) S. 4ff.

[16] Vgl. *Staehle* (1994) S. 889f. *Miller/Friesen* (1984) benutzen in ihrer Arbeit den Begriff ›Struktur‹ zuweilen etwas unspezifisch im Sinne von ›Organisation‹.

der individuellen Marktstrategie situativ angemessene Ausprägung erlaubt. Die prozeßorientierten Gestaltungsempfehlungen orientieren sich dabei an den generell geltenden strategischen Verhaltensbedingungen, die sich aus der Umweltentwicklung ableiten. Erst neuere Ansätze versuchen die mit dem BPR-Konzept einhergehenden prozeßorientierten Gestaltungsempfehlungen im Kontext möglicher marktstrategischer Ausrichtungen zu konkretisieren.[17]

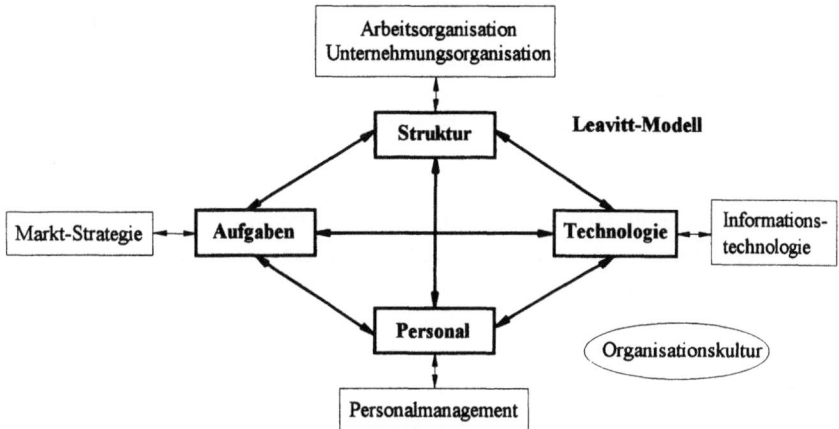

Abb. 2.3:  Gestaltungsvariablen auf Basis des *Leavitt*-Modells. Quelle: In Anlehnung an *Leavitt*, abgebildet in *Staehle* (1994) S. 890.

Vervollständigt wird das Modell schließlich durch die Integration der systeminternen Variable **Organisationskultur**.[18] Die Organisationskultur ist nicht als explizite Gestaltungsvariable zu betrachten, da sie durch OE-Maßnahmen und die Gestaltung der Sytemvariablen zwar **beeinflußt**, nicht aber gesteuert werden kann. Trotzdem ist die Organisationskultur eine wesentliche Komponente des Modells, insofern den Gestaltungsempfehlungen des BPR-Konzepts eine spezifische kulturelle Ausrichtung zugrundeliegt.

*b. Der Quantum View angewandt auf den Prozeß als teilautonomen Organisationsbereich*

---

[17] Vgl. *Treacy/Wiersema* (1995).
[18] Vgl. *Staehle* (1994) S. 890.

*Miller/Friesen* (1984) selber sprechen die Möglichkeit an, den Quantum View auf abgegrenzte Organisationsbereiche (Subsysteme) wie Geschäftsbereiche oder Abteilungen anzuwenden.[19] Durch eine solche Präzisierung des Betrachtungsobjekts wird allerdings auch die Theoriebildung komplexer: Die ursprünglich zweiseitige Beziehung Organisation/Umwelt vergrößert sich zum Beziehungsdreieck Organisation/Organisationsbereiche/(Sub-)Umwelten. Um dieser Komplexität zweckmäßig zu begegnen, werden im weiteren nur **Klassen teilautonomer Organisationsbereiche** betrachtet. Ein Organisationsbereich ist dabei teilautonom, wenn zwischen diesem und den übrigen Organisationsbereichen nur geringe Interdependenzen bestehen, sowohl bezogen auf Ressourcen wie auf die Leistungsverflechtung (Kap. 4.2.2.1). Im Vordergrund stehen hier zwei Klassen: **Geschäftsbereiche** und **Unternehmensprozesse**. Während beim Geschäftsbereich (Sparte, Division) die leistungs- und ressourcenbezogene Außenbeziehung (die Beziehung zu den übrigen Organisationsbereichen) minimal ist, sind funktionale Abteilungen untereinander zwar ressourcenunabhängig, aber leistungsinterdependent und qualifizieren sich somit nicht als teilautonome Organisationsbereiche. Dagegen sind unternehmensweit definierte Prozesse (Unternehmensprozesse) untereinander zwar weitgehend leistungsunabhängig – so sind sie gegeneinander abzugrenzen – zuweilen aber ressourceninterdependent, wenn beispielsweise Mitarbeiter in mehreren Prozessen arbeiten. Erst wenn ein Unternehmensprozeß hinsichtlich der Ressourcen von den übrigen Prozessen autonom ist, gilt dieser als teilautonomer Organisationsbereich.

Die Übertragung des Quantum Views von der gesamtorganisatorischen Ebene auf die Ebene teilautonomer Organisationsbereiche geht von folgenden Annahmen aus:

- **Hypothese 1:** Wie für die Gesamtorganisation gibt es auch für jeden teilautonomen Organisationsbereich nur relativ wenige Konfigurationen der Gestaltungsvariablen.
- **Hypothese 2:** Die Konfiguration eines teilautonomen Organisationsbereiches hat allgemein gegenüber jeder Nicht-Konfiguration einen Effizienzvorteil bezogen auf die *Gesamtorganisation*, trotz gegebenfalls höherer Kongruenz der Nicht-Konfiguration mit der relevanten Teilumwelt.
- **Hypothese 3:** Die Konfigurationen der Gesamtorganisation ergeben sich aus den Kombinationen der (Sub-)Konfigurationen aller teilautonomen Organisationsbereiche.

---

[19] Vgl. *Miller/Friesen* (1984) S. 8.

Hypothese 1 besagt, daß für jeden Geschäftsbereich bzw. Unternehmensprozeß ein konsistenter, harmonischer Zustand anzustreben ist (d.h. eine Konfiguration) und inkonsistente Abweichungen selbst bei höherer Kongruenz zur Teilumwelt nachteilig sind. Da die Organisationsbereiche aufgrund der Teilautonomie unabhängig voneinander verändert werden können, ohne daß dadurch wesentliche Effizienznachteile für die Gesamtorganisation entstehen, empfiehlt sich laut Hypothese 2 für jeden teilautonomen Organisationsbereich die Konfiguration mit der besten Übereinstimmung zur jeweiligen Teilumwelt als am vorteilhaftesten für die Gesamtorganisation. Hypothese 3 stellt die Verbindung zum Quantum View auf der Ebene der Gesamtorganisation her. Danach gilt, daß wenn sich die Gesamtorganisation in einer Konfiguration befindet, also die interne Konsistenz sehr hoch ist, ein Konfigurationswechsel innerhalb eines Organisationsbereiches zu einem Konfigurationswechsel der Gesamtorganisation führt.

Somit überführt eine in sich konsistente leistungsverbessernde Neugestaltung einzelner (teilautonomer) Unternehmensprozesse die Organisation in eine neue Konfiguration ohne nachteilige Beeinflußung der zusätzlichen Effizienzverbesserung.

*c. Abgrenzung der Anpassungsstrategien und Einordnung von BPR*

Ausgehend von diesen Überlegungen können Quantum Change und Piecemeal Change als Anpassungsstrategien präziser definiert werden. Von einem *Quantum Change* ist zu sprechen, wenn viele Gestaltungsvariablen konsistent und kontrolliert in einem oder mehreren teilautonomen Organisationsbereich(en) verändert werden. Dagegen handelt es sich um *Piecemeal Change* immer dann, wenn innerhalb der betroffenen Organisationsbereiche jeweils nur wenige Gestaltungsvariablen in die Anpassungsmaßnahmen einbezogen werden.

Dieses erweiterte Konzept des Quantum Change erlaubt die Einordnung von BPR als **Quantum approach** im Kontext von Kontingenz- und Konsistenztheorie. Es begründet auf der Basis der Hypothesen 1 bis 3 und unter der Voraussetzung teilautonomer Unternehmensprozesse, daß eine radikale und ganzheitliche Neugestaltung einzelner Unternehmensprozesse nicht den Konsistenzanforderungen der Gesamtorganisation entgegenwirkt. Die These, daß BPR mit dem per definitionem radikalen Ansatz nur als **ganzheitliches** Konzept (Quantum approach) der Prozeßgestaltung erfolgreich einzusetzen ist, wird durch die Studie von *Hall/Rosenthal/Wade* (1993) bestätigt. Die Analyse von zwanzig Reengineering-Projekten ergibt, daß nur jene Projekte zu den erwarteten Leistungsverbesserungen führten, bei denen die Gestaltungsmaßnahmen sowohl radikal als auch ganzheitlich verfolgt wurden.

## 2.3. Die Integration prozeßorientierter Managementkonzepte

Die zeitliche Entwicklung einer Organisation vollzieht sich im Quantum View anhand revolutionärer Konfigurationswechsel. Dabei befindet sich die Organisation in abwechselnder Folge in einer kurzzeitigen Übergangsphase und einer länger andauernden Stabilisierungsphase. Mit der Diskussion von Quantum Change versus Piecemeal Change und der Einordnung von BPR als prozeßorientiertes Konzept der OT lag der Fokus der Betrachtung bisher auf der Übergangsphase, die einen Wandel 2. Ordnung impliziert. Im weiteren wird auf der Basis des Quantum View die Beziehung von Übergangs- zu Stabilisierungsphase beschrieben und damit die Einordnung von BPR in die Managementtheorie als ein Konzept organisatorischen Wandels vervollständigt.

Ausgangspunkt der Überlegungen ist, daß in einer Stabilisierungsphase durchaus noch Organisationsveränderungen stattfinden können, allerdings nur in der Form eines Wandels 1. Ordnung. Auf der Ebene prozeßorientierter Managementkonzepte wird diese Sichtweise von *Davenport* (1993a, 1993b) vertreten, der BPR und CI als komplementär kennzeichnet und Möglichkeiten einer Integration beider Konzepte darlegt.[20] Um das Verhältnis von BPR und CI im Kontext des Quantum Views diskutieren zu können, wird im weiteren mit **Continuous Change** eine zusätzliche Veränderungsstrategie eingeführt, da sich Quantum Change und Piecemeal Change als Anpassungsstrategien auf OT beziehen (Wechsel der Konfiguration) und somit CI als OE-Ansatz (Veränderungen innerhalb der Konfiguration) konzeptuell nicht erfassen. Bei einem Continuous Change werden einzelne Gestaltungsvariablen verändert, ohne daß es zu (bemerkenswerten) Abweichungen der bestehenden Konfiguration kommt. Die Veränderungen vollziehen sich hierbei als optimierte Abstimmung (fine-tuning) der Gestaltungsvariablen der *gegebenen* Konfiguration.

In Abb. 2.4 wird die Beziehung von Quantum Change (BPR) zu Continuous Change (CI) in der zeitlichen Entwicklung eines Unternehmensprozesses dargestellt. Zum Zeitpunkt $t_0$ befindet sich der Prozeß in der Konfiguration A, welche eine hohe Übereinstimmung zu der Umwelt aufweist (niedrige Divergenzkosten).

---

[20] Demzufolge steht BPR **nicht** in Konkurrenz zu kontinuierlichen Ansätzen, dahingehend daß BPR diese ablöst oder ersetzt.

Mit der Zeit nimmt der ›fit‹ zwischen Konfiguration A und Umwelt ab und die Divergenzkosten nehmen zu. Entsprechend dem Ansatz von *Miller/Friesen* (1984) wird die Konfiguration solange beibehalten, bis im Zeitpunkt $t_1$ ein Konfigurationswechsel unausweichlich wird. In dieser Stabilisierungsphase (Intervall $t_0$ bis $t_1$) läßt sich allerdings der Anstieg der Divergenzkosten durch Continuous Change (CI) abschwächen und damit der Zeitpunkt $t_1$ etwas hinauszögern. Mit dem dann einsetzenden Quantum Change (BPR) wechselt der Prozeß in die neue Konfiguration B, welche gegenüber der ursprünglichen Konfiguration erheblich geringere Divergenzkosten aufweist. Die Übergangsphase endet im Zeitpunkt $t_2$, an die sich wieder eine längere Stabilisierungsphase anschließt. Der neugestaltete Prozeß unterliegt fortan einem Continuous Change (CI), während der ›misfit‹ zwischen Konfiguration und Umwelt durch die Umweltentwicklungen wieder ansteigt und später einen erneuten Quantum Change erforderlich macht.

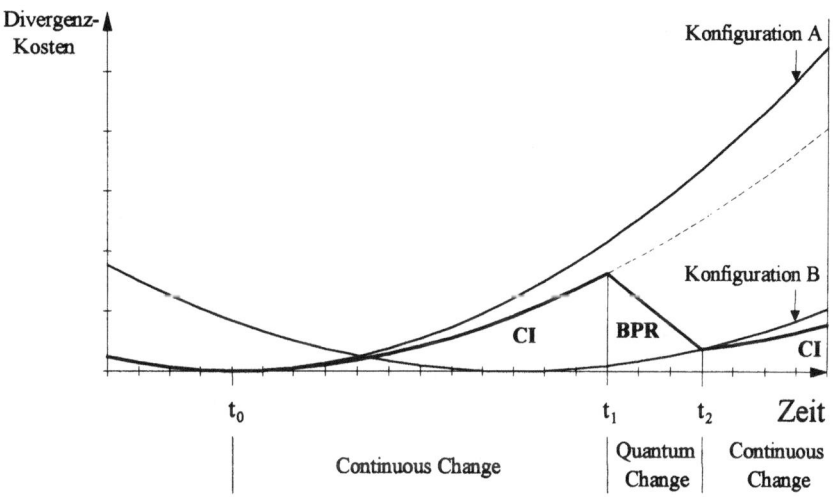

Abb. 2.4:   Beziehung zwischen BPR und CI im Quantum View.

## 2.4. BPR als Konzept der Organisationsgestaltung

Bisher wurden die Begriffe Veränderung bzw. Gestaltung weitgehend synonym benutzt. Der Quantum View von *Miller/Friesen* (1984) legt als Gestalttheorie jedoch eine differenziertere Begriffsbildung nahe. Bezeichnet Gestalt die »Konsistenz zwischen Kontext, Struktur und Effizienz«,[21] dann ist **Gestaltung** genau jene Veränderung, die zu einer Konfiguration führt. Während also Organisationsveränderung beliebige organisatorische Zustände zur Folge haben kann, ist **Organisationsgestaltung** eine ganzheitliche Veränderung, mit der die Organisation einen Konfigurationszustand erreicht. BPR ist somit nach dem dieser Arbeit zugrundeliegenden Verständnis ein anwendungsbezogenes Managementkonzept **prozeßorientierter Organisationsgestaltung.**

---

[21] Vgl. *Staehle* (1994) S. 60.

# 3. Gestaltungsempfehlungen der Managementtheorie

In der Management- wie Organisationstheorie wird neben dem theoretischen Wissenschaftsziel der Erklärung und Erkenntnis auch die pragmatische Zielsetzung verfolgt, mittels praxeologischer Aussagensysteme die wissenschaftliche Erkenntnis für die Praxis nutzbar zu machen.[1] Dabei werden auf Basis unterschiedlicher Ansätze Empfehlungen für eine effiziente Gestaltung von Organisationen gegeben. Daß wesentliche Überlegungen des BPR-Konzepts auf diese Ansätze der Management- und Organisationstheorie zurückgehen, wird in der BPR-Literatur nur selten hinreichend kenntlich gemacht. Im folgenden wird zusammenfassend dargestellt, welche grundsätzlichen Gestaltungsempfehlungen ausgehend von spezifischen Umweltsituationen und strategischen Verhaltensbedingungen in der Managementtheorie diskutiert werden, um im nachfolgenden Kapitel darauf aufbauend deren Weiterentwicklung im Rahmen des BPR-Konzepts darzulegen.

## 3.1. Umwelt und strategisches Verhalten

Entgegen den frühen *one best way* Aussagen des Scientific Management und der bürokratischen Ansätze geben die **situativen Ansätze** der Organisations- und Managementtheorie operationale Gestaltungsempfehlungen, die den Organisationskontext zu berücksichtigen versuchen. Ein zentraler Kontextfaktor ist dabei die **Organisationsumwelt**, deren Einfluß auf die Effizienz unterschiedlicher Organisationsstrukturen im Rahmen der Kontingenzforschung untersucht wurde.

### 3.1.1. Die Umweltsituation

Die Klassifizierung der gegenwärtigen Umweltsituation anhand der extrem zunehmenden Komplexität und Dynamik ist allgemein bekannt. Diese Entwicklung zu einer *turbulenten Umwelt* gilt jedoch nicht erst mit Beginn der 90er Jahre (wie

---

[1] Vgl. *Hill/Fehlbaum/Ulrich* (1994) S. 51ff.

populärwissenschaftliche Arbeiten zum Teil suggerieren), sondern wird von
*Emery/Trist* schon 1965 festgehalten. Von den vier unterschiedenen Umweltsituationen in Abb. 3.1 kennzeichnen *Emery/Trist* in ihrer Umwelttypologie die
**turbulente Umwelt** (turbulent fields) als zukünftig vorherrschend, im wesentlichen begründet durch das Wachstum der Unternehmungen, die zunehmenden
Interdependenzen zwischen allen Umweltbereichen und den beschleunigten Ent-
wicklungs- und Forschungstätigkeiten.[2]

| Umweltsituation | Merkmale | organisatorische Anpassung |
|---|---|---|
| I. placid, randomized environment | statisch, stabil, kaum Wandel, Vor- und Nachteile gleichmä-ßig verteilt, vollkommene Konkurrenz | keine Unterscheidung zwischen Taktik und Strategie notwendig, Organisationen können als klei-ne, unabhängige, anpassungs-fähige Einheiten überleben |
| II. placid, clustered environment | statisch, Vor- und Nachteile sind ungleichmäßig verteilt, unvollkommene Konkurrenz | Strategie wird von Taktik unter-schieden, Organisationen wach-sen, werden hierarchisch geglie-dert, zentrale Kontrolle und Ko-ordination |
| III. disturbed-reactive environment | dynamisch, oligopolistisch, es bestehen mehrere gleichartige Organisationen mit gleichen Zielen, die sich untereinander bekämpfen | Strategie - Kampagne - Taktik, Dezentralisierung von Entschei-dungen und Kontrolle, Notwen-digkeit von Absprachen mit Konkurrenten |
| IV. turbulent fields | dynamisch, hohe Komplexität und Unsicherheit hinsichtlich zukünftiger Entwicklungen, hohe Interdependenz zwischen einzelnen Subumwelten indu-ziert neue, eigengesetzliche Entwicklungen | Entwicklung von gemeinsamen Werten und Normen als infor-meller Kontrollmechanismus, Theory Y, wachsende Bedeu-tung von Forschung, Entwick-lung und Planung, Matrix-Or-ganisation |

Abb. 3.1:   Organisatorische Anpassung an unterschiedliche Umweltsituationen.
Quelle: Nach *Emery/Triest*, abgebildet in *Staehle* (1994) S. 442.

Bedingt durch die zunehmenden Verflechtungen und Abhängigkeiten der Um-
weltbereiche untereinander ändert sich mit dieser Entwicklung gleichzeitig die
Abgrenzung der organisationsspezifischen Umwelt. Nicht mehr nur die unmittelbaren Märkte (Beschaffungsmarkt, Arbeitsmarkt, Geld- und Kapitalmarkt, Absatzmarkt) sind zu beachten, sondern auch generelle Umweltfaktoren.[3]

---

[2] Vgl. *Staehle* (1994) S. 442f.
[3] Vgl. *Staehle* (1994) S. 595ff.

Zu unterscheiden sind
- kulturelle Faktoren,
- sozialpsychologische Faktoren,
- rechtliche und politische Faktoren,
- wirtschaftliche und wirtschaftspolitische Faktoren und
- technologische Faktoren,

die alle »in den letzten Jahrzehnten komplexer, dynamischer und in ihren Entwicklungen und Auswirkungen schwerer prognostizierbar geworden« sind.[4] Als Orientierungshilfe verbleiben im wesentlichen nur allgemein zu identifizierende Trends. *Staehle* (1994) nennt hier die zehn Megatrends von *Naisbitt*, Trends über den Wertewandel bzw. -zerfall, technologische Trends, ökonomische und Produktionskonzepte betreffende Trends und durch ökologische Veränderungen hervorgerufene Trends.[5] Charakteristisch für alle diese Trends ist, daß mit ihnen Wandlungsprozesse 2. Ordnung prognostiziert werden.[6]

In der Diskussion von BPR wird häufig primär auf die unmittelbaren Marktveränderungen verwiesen, für die sich über die unterschiedlichen, unternehmungsspezifischen Marktsituationen hinweg ebenfalls Trends identifizieren lassen. *Hammer/Champy* (1994) formulieren entsprechende Trendaussagen bezüglich des Absatzmarktes (*Kunden*), der Konkurrenzsituation (*Wettbewerb*) und der Marktveränderungen allgemein (*Wandel*).[7] Ausgehend von dieser Einteilung werden folgende Entwicklungstendenzen gesehen:

- Der **Kunde** bestimmt den Absatzmarkt: Die Forderungen richten sich nach ständig niedrigeren Preisen, höherer Qualität, besserem Service, innovativeren Produkten. Damit geht das Zeitalter der *langfristig* ausgelegten Massenproduktion zu Ende. Zwar exisitieren insbesondere im Bereich günstiger Preis-/Leistungsprodukte weiterhin Massenmärkte (d.h. die Möglichkeit hoher Absatzmengen), diese sind aber in ihren Präferenzen kaum mehr über längere Zeit stabil. Bedingt durch Marktsättigung und umfangreiche Informationsmöglichkeiten der Kunden entwickeln sich zudem viele Massenmärkte zu Individualmärkten. Im Vordergrund stehen hier ›persönliche‹ Produkte und Dienste, die über die reine Bedürfnisbefriedigung hinaus noch weitergehende Erwartungen der Kunden erfüllen (wie kulanter und umfassender Service).[8] Die erforderliche differenzierte Betrachtung des Absatzmarkt führt zwangsläufig zu einer zu-

---

[4] Vgl. *Staehle* (1994) S. 598.
[5] Vgl. *Staehle* (1994) S. 598ff.
[6] Vgl. *Staehle* (1994) S. 850f.
[7] Vgl. *Hammer/Champy* (1994) S. 30ff.
[8] Vgl. *Harrington* (1991) S. 75f.

sätzlichen Komplexität und Dynamik, indem ständig die Bedürfnisse und Erwartungen der Kunden zu ermitteln sind.

• Der **Wettbewerb** verschärft sich: Durch fortschreitende Deregulationen und Globalisierung nimmt die Wettbewerbsintensität erheblich zu. *Deregulationen* öffnen durch Reformen und Privatisierungen neue nationale Märkte (z.B. den wachstumsträchtigen Telekommunikationsmarkt in der Bundesrepublik durch die Postreform) oder heben vertikale Marktgrenzen auf (z.B. die Vermischung von Makler-, Finanzdienst-, Brokerage- und Versicherungsleistungen). Augenfällige Beispiele für den Trend der *Globalisierung* und Internationalisierung sind der europäische Binnenmarkt und die Entwicklungen bei Handelsabkommen. Auf internationaler Ebene hat insbesondere der erfolgreiche Markteintritt von Niedriglohnländern in wichtigen Industriebranchen den Wettbewerbsdruck drastisch erhöht.

• Der **Wandel** vollzieht sich in immer kürzeren Zeitabständen: Es entsteht der Eindruck *permanenter diskontinuierlicher Veränderung.* Die beschriebenen Markt- und Umweltveränderungen führen nicht nur zu steigender Komplexität, sondern verlangen auch stetig kürzer werdende Reaktionszeiten. Mit sinkenden Produktlebenszeiten (aufgrund sinkender Produktentwicklungs-, Produktions-, Transport- und Lieferzeiten) wird der Komplexitätsanstieg dabei zusätzlich gefördert. Dieser rückgekoppelte Prozeß ist mittlerweile schon soweit fortgeschritten, daß Veränderungen häufig nur noch als Diskontinuitäten und Turbulenzen wahrzunehmen sind:

»Ab 1970 lassen sich kaum noch extrapolierfähige Trends erkennen, sondern *Diskontinuitäten* sind typisch für fast alle Umweltentwicklungen (z.B. neuartige Regierungs-, Gewerkschafts-, Konsumentenaktionen). Von stabilen Umwelten kann keine Rede mehr sein.«[9]

Diese Veränderung des Wandels an sich ist letztlich das wesentliche Charakteristikum der heutigen Umweltentwicklung.

### 3.1.2. Strategisches Management

Während sich die individuelle Marktstrategie bezogen auf die Umwelt durch eine gewisse Eigenständigkeit auszeichnet, ist ein wirksames strategisches Verhalten einer Unternehmung langfristig gesehen durch die vorherrschende Umweltsituation determiniert. Die mit den Umweltveränderungen korrespondierende

---

[9] Vgl. *Staehle* (1994) S. 583f.

Entwicklung von Managementsystemen gliedert sich nach *Ansoff* in vier Phasen:[10]

- *Management by Control:* Ausgehend von einer stabilen Umwelt beruht das strategische Verhalten auf **Richtlinien und Vorschriften** und der **Finanzkontrolle** (in Form einer Ex post-Betrachtung).

- *Management by Extrapolation:* Eine beginnend instabile, aber planbare Umwelt erfordert ein extrapolierendes Verhalten mittels Management-Systemen wie **Budgetierung, Management by Objectives** oder **Langfristplanung**.

- *Management by Anticipation:* Die zunehmend diskontinuierliche Entwicklung der Umwelt erlaubt zwar noch ein antizipierendes Strategieverhalten, erzwingt aber eine Umweltorientierung in Form von **strategischer Planung** (extern orientierte Planung) oder **strategischem Management** (Integration von extern orientierter Planung und interner Anpassungsbereitschaft).

- *Management by Flexible/Rapid Response:* Ausgeprägte Diskontinuitäten und vollkommene Unvorhersagbarkeit der Umweltentwicklung lassen als mögliche strategische Verhaltensweisen schließlich nur noch **strategisches Issue Management** (Echtzeit-Reaktion auf Umweltveränderungen), **schwache Signale Management** (Orientierung an schwachen Signalen) und **Überraschungs-Management** (Krisen-Management) zu.

Angesichts der diskontinuierlichen Charakteristik der gegenwärtigen Umweltsituation stellt *Staehle* (1994) die Frage,

»ob unter solchen Bedingungen überhaupt noch sinnvoll (strategisch) geplant werden kann, oder ob man nicht besser völlig darauf verzichten und eher versuchen sollte, durch *organistorische* (flexible, organische Teams) oder *personelle* Maßnahmen (Aus- und Weiterbildung, Selektion flexibler, kreativer Mitarbeiter) eine permanente Lern- und Änderungsbereitschaft der Unternehmung zu erzielen.«[11]

In den Mittelpunkt stellt *Staehle* die »neue Konzeption des **strategischen Managements**«, die (1) strategische Planung als Mittel der *Reaktion* und (2) Entwicklung interner Kompetenz als Mittel der *Aktion* integriert und dabei alle System-Umwelt-Beziehungen beachtet, nicht nur die Produkt-Markt-Beziehung.[12] Im ersten Fall ist die Vorgehensweise, eine für die Umweltsituation angemessene Strategie zu bestimmen, die dann mittels einer internen Anpassung der Organisation umgesetzt wird (reaktive Anpassung). Im zweiten Fall wird zuerst eine interne Anpassungsbereitschaft geschaffen, die dann ein strategisches Verhalten ermöglicht (aktive Anpassung). Das Vorgehen bei der strategischen Planung läßt

---

[10] Im folgenden nach *Staehle* (1994) S. 581ff.
[11] Vgl. *Staehle* (1994) S. 584.
[12] Vgl. *Staehle* (1994) S. 584ff.

sich aus dem Kontingenzansatz ableiten, während die Betrachtung der internen Kompetenz durch den Konsistenzansatz betont wird. Die in Kapitel 2 propagierte Integration von Kontingenz- und Konsistenzansatz im Quantum View findet folglich eine strategiebezogene Entsprechung durch die Zusammenführung von strategischer Planung und interner Kompetenzentwicklung in der Konzeption des strategischen Managements.

Bei der Entwicklung interner Kompentenz handelt es sich um eine Metastrategie, wenn – wie zuvor angesprochen – eine permanente organisatorische Anpassungsfähigkeit angestrebt wird. Im Vordergrund steht dann, ein adäquates strategisches Verhalten der Organisation zu sichern.

Bedingt durch die zunehmend turbulente Umwelt und der damit einhergehenden Bedeutung organisatorischer Anpassungsfähigkeit vollzieht sich auch eine Veränderung bei den Formalzielen von erwerbswirtschaftlichen Organisationen. *Hill/Fehlbaum/Ulrich* (1992, 1994) unterscheiden zwei Produktivitätsziele:

- **Produktivität 1. Ordnung**: Ziel ist eine hohe Produktivität »bezogen auf einen *gegebenen Zustand*«;
- **Produktivität 2. Ordnung**: Ziel ist eine hohe Produktivität »bezogen auf *eine ganze Reihe möglicher Zustände*«.[13]

Offensichtlich ist in einer stabilen Umwelt die Produktivität 1. Ordnung relevant, in einer turbulenten Umwelt dagegen die Produktivität 2. Ordnung. Entscheidend ist hierbei, daß sich beide Produktivitätsziele gegenseitig ausschließen, da das Vorhalten einer hohen organisatorischen Anpassungsfähigkeit die Realisierung bestimmter Effizienzvorteile verhindert.

## 3.2. Idealtypische Gestaltung der Systemvariablen

Für die effiziente Gestaltung einer Organisation ist die Umwelt nicht alleine ausschlaggebend. Nach den **verhaltenswissenschaftlichen Ansätzen** bleibt dem Management ein marktstrategischer Entscheidungsspielraum bei der Wahl einer strukturbezogenen Gestaltungsalternative.[14] Die Ansätze der **Konsistenztheorie** relativieren zudem die Bedeutung der Kongruenz für die organisatorische Effizenz, indem dieser die Konsistenz als konkurrierenden Faktor gegenübergestellt wird. Mit der folgenden Betrachtung werden zunächst **dualistische Ansätze** der Organisationsstrukturierung bzw. -gestaltung wiedergegeben, die von der kon-

---

[13] Vgl. *Hill/Fehlbaum/Ulrich* (1992, 1994) S. 374 und S. 162ff.
[14] Vgl. *Staehle* (1994) S. 49.

kreten Marktstrategie einer Organisation unabhängig sind. Entsprechend der
Konsistenzanforderung umfaßt die Darstellung sowohl strukturelle, personale als
auch technologische Gestaltungsempfehlungen.

## 3.2.1. Struktur

Gestaltungsempfehlungen, wie sie von der situativen Organisationstheorie gegeben werden, sind in erster Linie strukturbezogen. Für unterschiedliche Umweltsituationen werden dabei unterschiedliche Strukturmodelle der Organisationsgestaltung als effizient bzw. rational gekennzeichnet. Je nach Differenzierungsgrad handelt es sich dabei um dualistische und pluralistische Modelle. Die
Grundlage **dualistischer Modelle** ist die Einteilung der Organisationsumwelt in
zwei polare Umweltsituationen, denen jeweils ein idealtypisches Modell zugeordnet wird.[15] Ein bekanntes Beispiel bilden die von *Burns/Stalker* unterschiedenen **mechanistischen** und **organischen Systeme** als »Endpunkte des Kontinuums
möglicher Struktur- und Managementsysteme« (Abb. 3.2).[16]

|  | organische Organisationsstruktur | mechanistische Organisationsstruktur |
|---|---|---|
| Zahl der Hierarchieebenen | wenige | viele |
| Menge formaler Regelungen | gering | hoch |
| Genauigkeit formaler Regelungen | gering | hoch |
| Unterschiede in der Qualifikation | gering | hoch |

Abb. 3.2:  Unterschiede zwischen mechanistischen und organischen Organisationsstrukturen. Quelle: Nach *Burns/Stalker*, abgebildet in *Ku-
bicek/Höller* (1991) S. 151.

Die zugehörigen Umweltsituationen entsprechen ebenfalls Endpunkten eines
Kontinuums, wenn beispielsweise die Umweltklassifikation von *Emery/Trist* zu-
grundegelegt wird (Kap. 3.1.1): Mechanistische Systeme erweisen sich als rational in *stabilen Umwelten* (Typ I-Umwelt), organische Systeme dagegen in *turbulenten Umwelten* (Typ-IV-Umwelt). Neben dem Modell von *Burns/Stalker* exisitieren in der Literatur zahlreiche weitere dualistische Modelle. In Abb. 3.3 geben

[15] Vgl. *Hill/Fehlbaum/Ulrich* (1992) S. 402f und *Staehle* (1994) S. 432.
[16] Vgl. *Staehle* (1994) S. 440.

*Hill/Fehlbaum/Ulrich* (1992) einen entsprechenden Überlick, wobei sie die verwendete Terminologie anhand ihrer selbst gewählten Bezeichnungen **Typ A-** (mechanistisch) und **Typ B-Organisation** (organisch) einzuordnen versuchen. Sie weisen allerdings auch darauf hin, daß die einzelnen Modelle zum Teil nur beschränkt vergleichbar sind.[17]

| Autor | verwendete Terminologie für polare Ausprägungen | |
|---|---|---|
| | entspricht eher Typ A-Organisation | entspricht eher Typ B-Organisation |
| Bennis (1959) | habit organization | problem-solving organization |
| Gouldner (1959) | rational model | natural-system model |
| Argyris (1960) | rational organization | self-actualization |
| Burns/Stalker (1961) | mechanistic system | organismic system |
| Likert (1961) | System 1 (exploitive-authoritative) | System 4 (participative group) |
| Litwak (1961) | Weberian | Human Relations |
| Shepard (1965) | coercion-compromise methods | consensus methods |
| Thompson (1967) | closed-system strategy | open-system strategy |
| Bosetzky (1970) | bürokratische Organisation | assoziative Organisation |
| Hage/Aiken (1970) | static systems | dynamic systems |
| Hunt (1970) | performance system | problem-solving system |

Abb. 3.3:   Einige situative Modelle in der Organisationsliteratur. Quelle: *Hill/Fehlbaum/Ulrich* (1992) S. 404.

Auch in neueren Arbeiten wird die dualistische Sichtweise weiterhin verwendet. Beispielsweise explizieren *Kubicek/Höller* (1991) an der Unterscheidung von **hierarchisch-bürokratischem** (mechanistisch) und **professionellem** (organisch) **Organisationsmodell**, wie die Technikgestaltung – bezogen auf die Gestaltung von Informationssystemen – durch Organisationsleitbilder erheblich beeinflußt werden (Kap. 3.2.3). *Bleicher* (1991) bedient sich der dualistischen Sichtweise in Form der Begriffe **Mißtrauensorganisation** (mechanistisch) und **Vertrauensorganisation** (organisch) zum Zwecke der »Gegenüberstellung von zwei extremen Konfigurationsmustern« innerhalb des von ihm verwendeten organisatorischen Dimensionierungsrasters.[18]

---

[17] Vgl. *Hill/Fehlbaum/Ulrich* (1992) S. 402ff.
[18] Vgl. *Bleicher* (1991) S. 70.

Die Aussagen dualistischer Modelle sollen hier an den beiden unterschiedlichen Ansätzen von *Hill/Fehlbaum/Ulrich* (1992, 1994) und *Bleicher* (1991) kurz vertieft werden. Im Mittelpunkt des Modells von *Hill/Fehlbaum/Ulrich* stehen sechs Strukturvariablen (Instrumentalvariablen), die in erkennbarer Tradition der Bürokratieforschung stehen:[19]

- die **Dezentralisiation** beschreibt den Grad der Aufgabenzuordnung und die damit verbundene horizontale Kompetenzaufteilung;
- die **Funktionalisierung** beschreibt den Grad »der Spezialisierung im Bereich der Leitungsfunktion« (Ein-Linien-Organisation bis mehrdimensionale Matrix-Organisation);
- die **Delegation** beschreibt den Grad der vertikalen Aufgaben- und Kompetenzaufteilung;
- die **Partizipation** beschreibt den Grad der »Beteiligung von Mitarbeitern an der Willensbildung einer hierarchisch höheren Ebene der Organisation«;
- die **Standardisierung** beschreibt den Grad der Spezifizierung und Generalisierung von Prozessen mit hohem Wiederholungsgrad;
- die **Arbeitszerlegung** beschreibt den Grad der Aufteilung operativer Prozesse auf einzelne Stellen.[20]

Für die beiden extremen Organisationsumwelten (stabil und turbulent) entwikkeln *Hill/Fehlbaum/Ulrich* (1992) idealtypische Organisationsmodelle anhand der Ausprägung dieser Strukturvariablen.[21] Die stabile Organisationssituation ist gekennzeichnet durch ein hohes Routinisierungspotential bei der Aufgabenerfüllung. Entsprechend sind die strukturellen Instrumente in der **Typ A-Organisation** auf eine Erhöhung der Produktivität 1. Ordnung ausgelegt (Abb. 3.4).[22] Die turbulente Organisationssituation weist dagegen nur ein geringes Routinisierungspotential bei der Aufgabenerfüllung auf. Um eine hohe Produktivität 2. Ordnung zu sichern, sind die Strukturvariablen in der **Typ B-Organisation** entgegen der Typ A-Organisation wie folgt ausgeprägt:

- **hoher Dezentralisierungsgrad:** Autonome Subsysteme erlauben flexible und schnelle Reaktionen auf Veränderungen heterogener Märkte;
- **hoher Funktionalisierungsgrad:** Durch Mehrfachunterstellung wird eine eindimensionale Umweltbetrachtung vermieden, die angesichts der hohen externen Komplexität unangemessen wäre;
- **hoher Delegationsgrad:** Die Verlagerung der Entscheidungskompetenz an un-

---

[19] Zur Kritik der Bürokratieforschung vgl. *Staehle* (1994) S. 429f.
[20] Vgl. *Hill/Fehlbaum/Ulrich* (1994) S. 170ff.
[21] Vgl. *Hill/Fehlbaum/Ulrich* (1992) S. 387.
[22] Vgl. *Hill/Fehlbaum/Ulrich* (1992) S. 379.

tergeordnete Stellen führt zu einer höheren Umweltnähe und Reaktionsge-
schwindigkeit;

*   **hoher Partizipationsgrad:** Die angemesse Bearbeitung komplexer und diffu-
    ser Aufgaben übersteigt häufig die Verarbeitungskapazität Einzelner und ver-
    langt die Einbeziehung von Mitarbeitern untergeordneter Ebenen und deren
    Expertise in die Entscheidungsprozesse;
*   **niedriger Standardisierungsgrad:** Auf eine die Varietät einschränkende Rou-
    tinisierung der Arbeitsabläufe wird verzichtet, um der Umweltdynamik gerecht
    zu werden und eine hohe Anpassungsfähigkeit zu erreichen;
*   **niedriger Grad der Arbeitszerlegung:** Aufgrund des niedrigen Standardisie-
    rungsgrades ist eine starke Aufgliederung der operativen Prozesse weder sinn-
    voll noch möglich, so daß Aufgaben möglichst ganzheitlich zuzuordnen sind.

| Organisation | Typ A | Typ B |
| --- | --- | --- |
| Dezentralisationsgrad | niedrig | hoch |
| Funktionalisierungsgrad | niedrig | hoch |
| Delegationsgrad | niedrig | hoch |
| Partizipationsgrad | niedrig | hoch |
| Standardisierungsgrad | hoch | niedrig |
| Grad der Arbeitszerlegung | hoch | niedrig |

Abb. 3.4:  Organisatorische Idealtypen. Quelle: In Anlehnung an
*Hill/Fehlbaum/Ulrich* (1992) S. 397.

*Bleicher* (1991) benutzt bei seinem Ansatz acht Strukturvariablen, die nur zum
Teil den von *Hill/Fehlbaum/Ulrich* angeführten Instrumentalvariablen entsprechen (Abb. 3.5). Als idealtypische Organisationsmodelle werden die auf Stabili-
sierung ausgerichtete **Mißtrauensorganisation** und die auf Veränderung ausgerichtete **Vertrauensorganisation** unterschieden. Die Vertrauensorganisation wird
dabei wie folgt von der Mißtrauensorganisation abgegrenzt:[23]

*   **Personen-** statt **Sachorientierung:** Die Strukturierung orientiert sich an der
    Person, ihrer Qualifikation und Motivation, so daß diese sich effektiver betäti-
    gen kann;
*   **Symbolorientierung** statt **Formalisierung:** Die Verhaltensnormen werden
    implizit durch die Organisationskultur vermittelt. Die Betonung liegt auf der
    Sinnhaftigkeit von Aufgaben und nicht ihrer formalen Ausführung;
*   **Zweckbezogene Rahmenregelungen** statt **programmierter Einzelregelung:**

---

[23] Vgl. *Bleicher* (1991) S. 59ff.

Ein hoher Freiheitsgrad bei der Aufgabenregelung und -erfüllung erlaubt eine effektive Anpassung an Veränderungen;

*   **Organisation auf Zeit statt auf Dauer:** Die organisatorischen Strukturen und Prozesse gelten nicht auf ewig, sondern sind ständig zu rechtfertigen und verändern sich entsprechend den Anforderungen;
*   **Polyzentrische statt monolytische Konfiguration:** Durch »Dezentralisation von Verantwortlichkeit auf der Ebene höchstmöglicher Sachkompetenz« kann flexibel auf organisatorische Teilumwelten reagiert werden;
*   **Flache statt steile Konfiguration:** Informations- und Entscheidungswege werden so kurz wie möglich gehalten, um eine höhere Umweltnähe zu erreichen.
*   **Exogene statt endogene Orientierung:** Organisatorische Teilsysteme strukturieren sich primär gemäß den relevanten Teilumwelten;
*   **Eigengestaltung mit Teilautonomie statt Fremdgestaltung im Prozeßverbund:** Die organisatorische Entwicklung erfolgt im Sinne der OE durch partizipative Beteiligung aller Betroffenen (›bottom up‹).

| Mißtrauensorganisation | Vertrauensorganisation |
|---|---|
| (I) Element- und Beziehungsorientierung | |
| 1. Sachorientierung | Personenorientierung |
| 2. Formalisierung | Symbolorientierung |
| (II) Regelungscharakter | |
| 3. Programmierte Einzelregelung | Zweckbezogene Rahmenregelungen |
| 4. Organisation auf Dauer | Organisation auf Zeit |
| (III) Konfiguration | |
| 5. Monolytische Konfiguration | Polyzentrische Konfiguration |
| 6. Steile Konfiguration | Flache Konfiguration |
| (IV) Strukturierungsrichtung | |
| 7. Endogene Orientierung | Exogene Orientierung |
| 8. Fremdgestaltung im Prozeßverbund | Eigengestaltung mit Teilautonomie |

Abb. 3.5:   **Dimensionen der Organisationsstruktur.** Quelle: In Anlehnung an *Bleicher* (1991) S. 60.

Trotz der unterschiedlichen Wahl von Strukturvariablen sind letztlich die Ähnlichkeiten zwischen den Idealtypen von *Hill/Fehlbaum/Ulrich* (1992) und *Bleicher* (1991) unverkennbar.

## 3.2.2. Personal

Die vorgestellten strukturellen Gestaltungsempfehlungen werden in starkem Maße mit spezifischen Umweltsituationen in Beziehung gesetzt. Die Wirksamkeit der Struktur hängt jedoch nach der Konsistenztheorie auch davon ab, inwieweit diese mit den übrigen Systemvariablen (Aufgaben, Personal und Technologie) übereinstimmt. Die Beziehung zwischen den Systemvariablen ist hierbei wechselseitig: Wesentlich für die Ausprägung der Strukturen und der eingesetzten Technologien ist das der Gestaltung zugrundeliegende Menschenbild, so daß spezifische Strukturen und Technologien sich erheblich in ihren Anforderungen an die Organisationsmitglieder unterscheiden können.

### 3.2.2.1. Menschenbild

Die »Annahmen über Eigenschaften, Bedürfnisse, Motive, Erwartungen und Einstellungen von Organisationmitgliedern«, die den strukturellen Gestaltungsempfehlungen implizit oder explizit enthalten sind, werden in der Managementtheorie unter dem Begriff **Menschenbild** zusammengefaßt.[24] Am weitaus bekanntesten ist der dualistische Ansatz *McGregors* (1960), der zwei extreme Menschenbilder unter den Bezeichnungen Theory X und Theory Y unterscheidet.[25] Der *Theorie X* liegen die Annahmen zugrunde, daß der Mensch allgemein arbeitsscheu ist, kontrolliert werden muß, Verantwortung vermeidet und Sicherheit sucht. Bei der *Theorie Y* wird davon ausgegangen, daß der Mensch unter förderlichen Bedingungen Eigeninitiative entwickelt, nach Selbstverwirklichung strebt, Verantwortung sucht und Selbständigkeit betont. Problematisch ist hier die Bewertung der gegensätzlichen Theorien: Beide Menschenbilder sind a-priori weder gut noch schlecht, sondern in vorgegebenen Situationen unterschiedlich adäquat.

Spätere, stärker differenzierende Ansätze identifizieren Typologien von zeitbedingten Menschenbildern, die den unterschiedlichen Management- und Organisationskonzepten zugrundeliegen.[26] Bemerkenswert ist allerdings, daß der dualistische Ansatz in einer empirischen Studie *Weinerts* Bestätigung findet: Diese belegt, daß Führungskräfte implizit »die Natur des arbeitenden Menschen« in

---

[24] Vgl. *Staehle* (1994) S. 176.
[25] Vgl. *Staehle* (1994) S. 177.
[26] Vgl. *Staehle* (1994) S. 178ff.

zwei gegensätzliche Theorien klassifizieren.[27]

Die Beziehung zwischen dem Ansatz *McGregors* und den dualistischen Organisationsmodellen ist offensichtlich: Das mechanistische Modell basiert näherungsweise auf der Theorie X, das organische Modell auf der Theorie Y. Diese gegensätzlichen Grundannahmen werden von *Hill/Fehlbaum/Ulrich* (1992, 1994) explizit bei der Diskussion der Typ A- und Typ B-Organisationen mit einbezogen. Neben der unterschiedlichen Erwartungshaltung bezüglich Sicherheit bzw. Selbständigkeit betrachten *Hill* et al. insbesondere das **Problemlösungspotential** der Organisationsmitglieder, welches abhängt von der Breite und Tiefe der Kenntnisse und Fähigkeiten, »der Offenheit gegenüber neuen Erfahrungen« und der Ganzheitlichkeit des Denkansatzes:[28]

• Die Typ A-Organisation fordert von ihren Mitgliedern allgemein ein *niedriges Problemlösungspotential*: Durch hohe Standardisierung und Arbeitszerlegung wird weder ein breites noch ein sehr tiefes Wissensspektrum benötigt. Zudem sollten die Mitarbeiter eine »konservative Denkhaltung« gegenüber neuen Erfahrungen und einen eher partiellen Denkansatz, der Abhängigkeiten zwischen Problemaspekten vernachlässigt, aufweisen. Andernfalls konfligiert das Problemverständnis der Mitarbeiter mit ihren nur geringen Entscheidungs- und Handlungskompetenzen.[29]

Die Typ A-Organisation garantiert dafür ihren Mitgliedern ein hohes Maß an *Sicherheit* durch eine klare Kompetenzabgrenzung, eine präzise Definition der Aufgabenstellung und eine zeitliche Kontinuität bei den Anforderungen.

• Die Typ B-Organisation fordert von ihren Mitgliedern allgemein ein *hohes Problemlösungspotential*: Partizipation, Delegation und niedrige Standardisierung erfordern ein breites und tiefes Wissen, ein hohes Maß an Offenheit für neue Erfahrungen verbunden mit einer ausgeprägten Anpassungsbereitschaft und ein ganzheitlich orientiertes Problemlösungsverhalten.

Die Typ B-Organisation garantiert dementsprechend ihren Mitgliedern ein hohes Maß an *Selbständigkeit* durch eine hohe Übertragung an Entscheidungskompetenz, einer intensiven Beteiligung an Entscheidungsprozessen der hierarchisch höheren Ebenen und einer Zuteilung ganzheitlicher Aufgaben.

---

[27] Vgl. *Staehle* (1994) S. 181f.
[28] Vgl. *Hill/Fehlbaum/Ulrich* (1994) S. 328ff. Zitat ist im Originall hervorgehoben.
[29] Vgl. *Hill/Fehlbaum/Ulrich* (1992) S. 388.

## 3.2.2.2. Organisationskultur

In sehr engem Zusammenhang mit dem in einer Organisation vorherrschenden Menschenbild steht die Organisationskultur. Unter **Organisationskultur** wird allgemein ein organisatorisch geprägtes Verhaltens- und Wertesystem verstanden, welches den Organisationsmitgliedern Prinzipien der Wahrnehmung und Handhabe ihrer Umwelt vorgibt. Nach *Schein* bewegt sich Kultur auf unterschiedlichen Ebenen der Bewußtheit und Sichtbarkeit und wird letztlich in Form von begrenzt entzifferbaren »Symbolen, Mythen, Zeremonien, Ritualen und Erzählungen« manifest, während die noch bewußt wahrgenommenen, tieferliegenden Werte und die unbewußten, als selbstverständlich vorausgesetzten Annahmen unsichtbar sind.[30] In der Managementliteratur verbreitet ist eine **funktionalistische** Sicht der Kultur, dahingehend daß eine Organisation eine Kultur hat und diese als interne Variable durch ein Kulturmanagement manipulierbar ist.[31] Von wissenschaftlicher Seite wird eine Instrumentalität der Organisationskultur dagegen in Frage gestellt und bestenfalls eine Beeinflußbarkeit gesehen.[32]

Die Organisationskultur ist eingebettet in die Umkultur (Gesellschafts- und Branchenkultur) und intern geprägt durch Subkulturen (u.a. von Abteilungen oder Arbeitsgruppen).[33] Die Beziehung der Organisationskultur zu Subkulturen und den Subkulturen untereinander ist durch Harmonisationsprobleme geprägt. Einerseits ist eine gewisse Harmonisation zwischen der Organisationskultur und den Subkulturen anzustreben, da ansonsten der übergreifende Zusammenhalt in der Organisation verlorengeht, andererseits ist eine Offenheit für subkulturelle Unterschiede notwendig, um Wertänderungen in der Umwelt angemessen und flexibel aufnehmen zu können.[34]

*Bleicher* (1991) entwickelt basierend auf dem Konstrukt **Vertrauen** eine mehrdimensionale Typologie der Organisationskultur, die mit den beiden Idealtypen der **Mißtrauens-** und **Vertrauenskultur** in engem Verhältnis zu dem Ansatz der Mißtrauens- und Vertrauensorganisation zu sehen ist.[35] Vertrauen wird dabei nach *Luhmann* als »riskante Vorleistung« gekennzeichnet, deren Nachteil bei Ausnutzung dieses Verhaltens größer ist als der potentielle Vorteil.[36] Insofern ist

---

[30] Vgl. *Bleicher* (1991) S. 732f. Zitat ist im Original hervorgehoben.
[31] Vgl. *Staehle* (1994) S. 472 und S. 486.
[32] Vgl. *Staehle* (1994) S. 473 und *Frese* (1993) S. 125.
[33] Die Wirkungsbeziehung zwischen den Kulturdimensionen ist wechselseitig.
[34] Vgl. *Bleicher* (1991) S. 740ff.
[35] Vgl. *Bleicher* (1991) S. 747.
[36] Vgl. *Bleicher* (1994) S. 15.

geschenktes Vertrauen ein »äußerst flüchtiges Gut: Wird es enttäuscht, fühlt sich der Vertrauensgeber als Vorleister nur zu leicht versucht, von dort an Mißtrauen zu entwickeln.«[37] Bleicher (1991) benutzt zur Beschreibung von Organisationskulturen einen mehrdimensionalen Ansatz (Abb. 3.6).

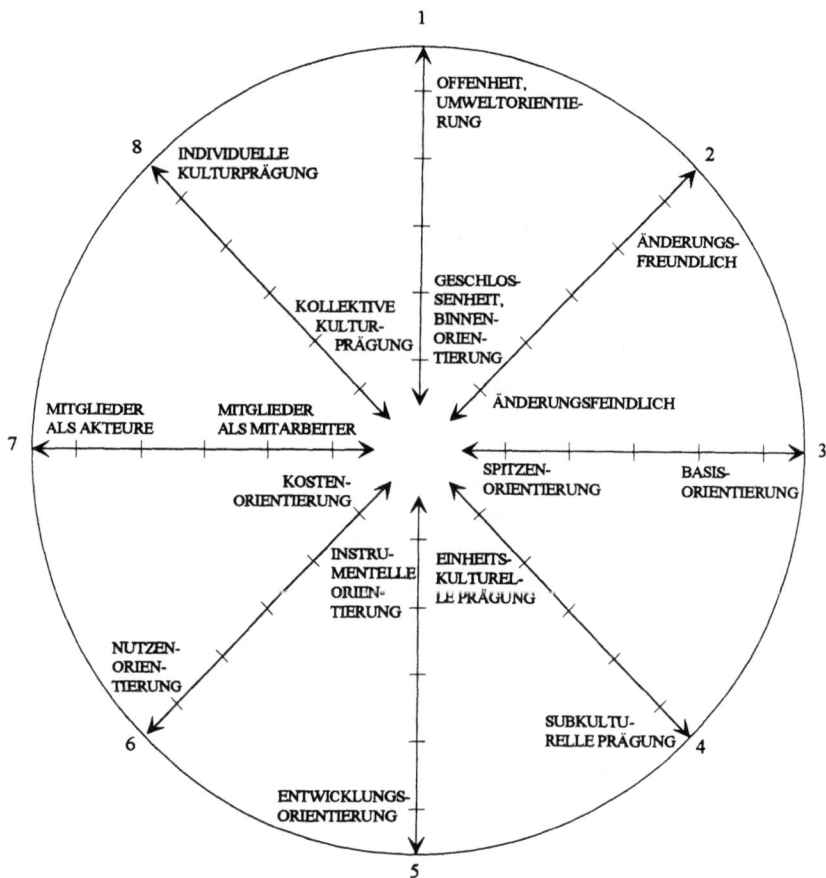

Abb. 3.6:  Prinzipielle Dimensionierung von Organisationskulturen.
Quelle: *Bleicher* (1991) S. 748.

---

[37] Vgl. *Bleicher* (1994) S. 15.

Danach ist eine Vertrauenskultur im Gegensatz zu einer Mißtrauenskultur

(1) **offen und außenorientiert** statt **geschlossen und binnenorientiert**, d.h. durch eine hochgradige Kundenorientierung aller Organisationsbereiche und -ebenen gekennzeichnet;

(2) **änderungsfreundlich** statt **änderungsfeindlich**, d.h. durch flexibles und unternehmerisches Handeln geprägt;

(3) **basis-** statt **spitzenorientiert**, d.h. die Führungsspitze gibt unternehmenspolitische Rahmenbedingungen vor, ohne direkt zur Verhaltensorientierung zu dienen;

(4) **subkulturell** statt **einheitlich geprägt**, d.h. Gruppen und organisatorische Bereiche entwickeln ein differenziertes Wertesystem;

(5) **entwicklungsorientiert** statt **instrumentell geprägt**, d.h. nicht Instrumente und Verfahren, sondern Sinn und Ziel werden in den Vordergrund gestellt;

(6) **nutzen-** statt **kostenorientiert**, d.h. es wird entgegen einer rein passiven Verfolgung von Kosteneinsparungsmöglichkeiten die Erweiterung der Nutzenpotentiale angestrebt;

(7) **leistungs-** statt **mitgliedschaftsorientiert**, d.h. der Mitarbeiter wird als eigenverantwortlicher Handlungsträger gesehen und entsprechend leistungsabhängig bewertet;

(8) **individuell** statt **kollektiv geprägt**, d.h. Leistung und Verantwortung werden direkt auf die eigene Person bezogen.[38]

Wesentliche die Organisationskultur beeinflußende Faktoren finden sich in den vorgelebten Wert- und Verhaltensvorstellungen der Führung, der Gestaltung von Anreizsystemen und den bei der Personalselektion angewandten Prinzipien.[39] Aus konsistenztheoretischer Sicht muß somit die Gestaltung der Systemvariablen Struktur und Technologie durch ein adäquates Personalmanagement ergänzt werden, um eine für die Konsistenz der Organisationsgestalt positive Beeinflußung der Organisationskultur zu erreichen.

### 3.2.3. Technologie

Eine konsistente organisatorische Gestaltung umfaßt auch die Verwendung geeigneter systeminterner Technologien. Da hier branchenspezifisch unterschiedlichste Technologien für betriebliche Organisationen relevant sind, beschränken

---

[38] Vgl. *Bleicher* (1991) S. 755.
[39] Vgl. *Frese* (1993) S. 129.

sich die folgenden Betrachtungen auf die **Informationstechnik** (IT) als den bedeutendsten branchenübergreifenden Technologiefaktor.[40] Erneut ist zu beachten, daß das Verhältnis der Systemvariablen untereinander wechselseitig ist, sollen Effizienznachteile durch eine inkonsistente Gestaltung vermieden werden. *Kubicek/Höller* (1991) weisen darauf hin,

»daß in der konkreten Art und Weise der Gestaltung informationstechnischer Systeme bestimmte organisatorische Strukturen vergegenständlicht werden und die jeweilige Technikgestaltung bestimmte Organisationsstrukturen besser unterstützt werden als andere.«[41]

Bei der Diskussion möglicher Ansätze der Technikgestaltung steht wieder die dualistische Modellbildung im Vordergrund. So unterscheiden *Bullinger/Niemeier/Schäfer* (1993) **deterministische** und **organische Lösungen beim Informationsmanagement** (Abb. 3.7). Unverkennbar wird hier von dem mechanistischen und dem organischen Organisationsmodell ausgegangen, an denen sich der jeweilige informationstechnische Ansatz orientiert.

| Deterministische Lösungen im Bereich Informationsmanagement | Organische Lösungen im Bereich Informationsmanagement |
|---|---|
| - Hochintegrierte horizontale und vertikale informationelle Vernetzung | - Partielle Integration von Unternehmensaktivitäten |
| - Automatisierte Totalansätze innerhalb vorgeplanter Prozesse | - Kurze Regelkreise mit Möglichkeiten zu situativen Entscheidungen |
| - Hohe Datenqualität | - Umgang mit Unschärfen und Bandbreiten |
| - Genauigkeit | - Schnelligkeit |
| - Produktivität | - Flexibilität |
| - Geschlossene Informationskultur (Information für Experten) | - Offene Informationskultur (Information für alle) |
| - Mensch als Systembediener | - Mensch als Entscheider |
| - Expertenorientierte Gestaltung | - Partizipative Gestaltung |

Abb. 3.7: Paradigmenwechsel im Informationsmanagement. Quelle: *Bullinger/Niemeier/Schäfer* (1993) S. 122.

*Kubicek/Höller* (1991) legen ihrer Arbeit ebenfalls die dualistische Modellbildung zugrunde. Die Autoren halten »die älteren dichotomen Gegenüberstellungen« zumindest für »einen ersten analytischen Zugang« für aussagekräftig genug, um den Einfluß von Organisationsmodellen und Menschenbildern als *Leitbilder*

---

[40] Der Begriff Informationstechnik umfaßt im weiteren auch die Kommunikationstechnik.
[41] Vgl. *Kubicek/Höller* (1991) S. 151.

der Technikgestaltung explizit kenntlich machen zu können.[42] Die ausgehend von diesen Leitbildern entwickelten Informationssysteme determinieren in erheblichen Umfang strukturelle Faktoren, insbesondere die Arbeitsteilung, die Aufteilung von Entscheidungskompetenzen und die Koordination innerhalb organisatorischer Gruppen. *Kubicek/Höller* unterscheiden hierarchisch-bürokratische und professionelle Organisationsmodelle:

- Bei dem **hierarchisch-bürokratischen Organisationsmodell** (mechanistisches Modell; Typ A-Organisation) muß die Informationstechnik folgende Modelleigenschaften gewährleisten: einen »hohen Grad an Spezialisierung, klare Kompetenzabgrenzung, eindeutige Weisungsbeziehungen, hohe Zentralisierung von Entscheidungen, Regelgebundenheit des Handelns« und Formalisierung der Abläufe.[43] Diese Anforderungen werden von traditionellen Systemen der Massendatenverarbeitung erfüllt. Im Mittelpunkt der konventionellen EDV steht die Automation von Routinetätigkeiten mit dem Ziel, die menschlichen Arbeitsteile zu minimieren. Entsprechend »werden einzelne Arbeitsplätze und Anwendungen als ausführende Elemente innerhalb eines solchen zentral geplanten und durchreglementierten Systems gestaltet«.[44] Die Informationstechnik bildet für die Unternehmungsführung durch die zentrale Informationsverwaltung und die Kontrolle des Arbeitsvollzuges an einzelnen Arbeitsplätzen ein bedeutendes Steuerungs- und Kontrollinstrument.
- Bei dem **professionellen Organisationsmodell** (organisches Modell; Typ B-Organsation) muß die Informationstechnik u.a. folgende Modelleigenschaften unterstützen: »einen geringen Grad an horizontaler Arbeitsteilung, eine niedrige Anzahl von Hierarchieebenen sowie eine überwiegende Koordination durch Selbstabstimmung und Pläne«.[45] Geeignete Informationssysteme basieren üblicherweise auf der *Werkzeug-Metapher*. Auf der Ebene des individuellen Arbeitsplatzes werden Applikationen als ›Werkzeuge‹ zur Verfügung gestellt. Deren inhaltliche und zeitliche Benutzung unterliegt weitgehend der Kontrolle des Anwenders, nicht einer zentralen Stelle. Auf der Ebene mehrerer Arbeitsplätze stellen entsprechend flexible Anwendungssysteme softwaretechnische Werkzeuge für die Koordination und Kooperation von Gruppen zur Verfügung, die ebenfalls keiner zentralen Steuerung unterliegen.[46]

---

[42] Vgl. *Kubicek/Höller* (1991) S. 151.
[43] Vgl. *Kubicek/Höller* (1991) S. 152.
[44] Vgl. *Kubicek/Höller* (1991) S. 152.
[45] Vgl. *Kubicek/Höller* (1991) S. 154.
[46] Vgl. *Kubicek/Höller* (1991) S. 154.

## 3.3. Kritik der Gestaltungsempfehlungen

Obwohl die vorstehend beschriebenen Gestaltungsempfehlungen in der Management- und Organisationstheorie eine weite Verbreitung und Akzeptanz gefunden haben, wird deren grundsätzliche Aussage von der Organisationspraxis nicht bestätigt:

»Die praktisch in allen Umwelt-Struktur-Untersuchungen vertretene Ansicht, daß Unternehmungen in dynamischen Umwelten eine flexible nicht-bürokratisch orientierte Organisationsstruktur bevorzugen würden, ist äußerst umstritten. Eine Reihe von empirischen Erhebungen belegt, trotz z.T. widersprüchlicher Befunde, daß Organisationen auch in dynamischen Umwelten eher **mechanistisch-bürokratische Strukturen** aufweisen als organische [...]. Strukturelle Anpassungen werden offenbar, wenn überhaupt, nur in umweltnahen Abteilungen (boundary spanning units) vorgenommen, während in anderen (z.B. Rechnungswesen) ein Umwelteinfluß kaum zu spüren ist.«[47]

Es stellt sich die Frage, warum das mechanistische Organisationsmodell in der betrieblichen Praxis trotz zunehmend diskontinuierlicher Umweltbedingungen dominiert, wenn es selbst unter stabilen Umweltbedingungen schon beträchtliche Dysfunktionalitäten aufweist. Im folgenden soll auf drei zentrale Ursachen näher eingegangen werden: die gegen Veränderungen gerichteten Herrschafts- und Machtverhältnisse, die restriktive Wirkung der frühen Informationstechnik und die funktionale Sicht von Organisationsveränderung.

*a. Widerstand gegen Herrschafts- und Machtveränderungen*

Ausgehend von mechanistisch strukturierten Organisationen bedeutet der Übergang zu organischen Organisationsstrukturen eine drastische Veränderung der bestehenden Herrschafts- und Machtverhältnisse. Eine Erhöhung von Dezentralisationsgrad, Delegationsgrad bzw. Partizipationsgrad führt zwangsläufig zu positionsbedingtem Macht- und Kontrollverlust der Führungskräfte. Diese suchen daher eher nach Lösungen, die die Organisation vor Umweltturbulenzen abschottet (z.B. durch Absprachen, Fusionen) oder deren Wahrnehmung in der Organisation verhindert (z.B. durch die Entwicklung einer binnengerichteten Organisationskultur).[48]

---

[47] Vgl. *Staehle* (1994) S. 447.
[48] Vgl. *Staehle* (1994) S. 447f.

*b. Die restriktive Wirkung der frühen Informationstechnik*

Auch die betriebliche Informationstechnik hat wesentlich zur Vorherrschaft des mechanistischen Organisationsmodells beigetragen, da bislang verfügbare Informationssysteme nur im Rahmen hierarchisch-bürokratischer Strukturen einsetzbar waren. *Kubicek/Höller* (1991) nennen als Gründe hierfür

• die von der konventionellen Datenverarbeitung geforderte Standardisierung und Formalisierung;

• die »prägenden frühen Anwendungen« für hoch bürokratisierte Organsiationen wie Militär und staatliche Einrichtungen;

• das in der Datenverarbeitungstechnik vorherrschende Zentralisationsprinzip (z.B. zentrale Speicher, zentrale Rechnerkapazitäten).[49]

Bis zu Beginn der 70er Jahre war ein hoher Grad der Standardisierung und Formalisierung eine unumgängliche Voraussetzung, um DV-Systeme überhaupt einsetzen zu können. Dadurch wurden vorhandene Formalisierungseffekte zusätzlich verstärkt und hochgradige Arbeitsteilung blieb weiterhin die effizienteste Arbeitsform.[50] Die zentrale Massendatenverarbeitung führte so zu einer Verfestigung mechanistischer Strukturen. Erst mit den Folgejahren eröffnete die DV zunehmend »organisatorische Gestaltungsspielräume« wie beispielsweise die Reduzierung der Arbeitsteilung durch eine ganzheitliche Integration von Aufgaben an DV-gestützten Arbeitsplätzen.[51] Mit der **Bürokommunikation** (BK) weiteten sich in den 80er Jahren die Gestaltungsspielräume weiter aus. Die technische Grundlage bildeten PC-Technik, flexible Anwendungsprogramme, standardisierte Benutzeroberflächen und elektronische Kommunikationsmöglichkeiten.[52] Obwohl mit dieser Entwicklung erstmals eine geeignete informationstechnische Unterstützung organischer Strukturen möglich wurde, blieb der Einsatz von Bürokommunikationstechnik »weitgehend ohne dramatische Rückwirkungen auf die Arbeitsorganistion und die Qualität des Arbeitslebens«.[53] Allgemein findet sich in der betrieblichen Praxis nur eine geringe Neigung, die durch die Informationstechnik gebotenen Gestaltungsoptionen zu nutzen.[54] Diese konservative Haltung beim Technikeinsatz ist sicherlich zum größten Teil in dem schon angesprochenen Herrschaftsaspekt mechanistischer Organisationsstrukturen begründet, da

---

[49] Vgl. *Kubicek/Höller* (1991) S. 152.
[50] Vgl. *Kieser/Kubicek* (1992) S. 351, auch *Davenport* (1993a) S. 315f.
[51] Vgl. *Kieser/Kubicek* (1992) S. 353f.
[52] Vgl. *Kieser/Kubicek* (1992) S. 356f.
[53] Vgl. *Staehle* (1994) S. 702.
[54] Vgl. *Kieser/Kubicek* (1992) S. 349.

Führungskräfte in Informationssystemen in erster Linie Kontrollinstrumente sehen und letztlich auch über deren Einsatz entscheiden.[55] Tatsächlich wird aber auch die installierte Informationstechnik selbst häufig zum Problem für eine organisatorische Neustrukturierung, da aufgrund massiv getätigter Investitionen in konventionelle Informationssysteme die Anschaffung einer flexibleren Technik schwierig durchzusetzen ist.

### c. Funktionale Subsysteme als Gestaltungsobjekt

Ein Problem der klassischen Gestaltungsempfehlungen ist schließlich deren kritische Operationalisierung auf der Ebene der Subsysteme. Die in Kapitel 3.2 beschriebenen dualistischen Ansätze beziehen sich mit der Gegenüberstellung zweier Idealtypen stets auf die **Gesamtorganisation** und sind damit wenig operabel. In der Managementtheorie findet sich hier der Kontingenzansatz von *Lawrence/Lorsch*, der eine differenziertere Betrachtung der System-Umweltbeziehung bietet. Danach segmentieren Organisationen ihre Umwelt in **Subumwelten** und gliedern sich selbst in **Subsysteme**, die mit diesen Subumwelten interagieren (Abb. 3.8).[56] Eine hohe Übereinstimmung zwischen Subsystem und Subumwelt besteht dann, wenn das Subsystem entsprechend den Gestaltungsempfehlungen strukturiert ist, d.h. in einer dynamischen Subumwelt eher organisch und in stabilen Subumwelt dagegen eher mechanistisch. Eine hohe Übereinstimmung zwischen Subsystemen und zugehörigen Subumwelten führt dabei nach der **Kongruenz-Effizienz-Hypothese** zu einer hohen Effizienz der Gesamtorganisation.

Aus der funktionalen Strukturierung mechanistischer Organisationen ergibt sich unmittelbar, daß mit diesem Ansatz Umweltanpassungen stets bei **funktionalen** Subsystemen ansetzen. Zwar zeigen empirische Untersuchungen, daß in erfolgreichen Unternehmungen die Übereinstimmung zwischen (funktionalen) Subsystemen und Subumwelten größer ist als in weniger erfolgreichen Unternehmungen, trotzdem bleibt allgemein eine erhebliche Diskrepanz zwischen den Umwelterfordernissen und den überwiegend mechanistischen Strukturen der meisten Organisationen.[57]

Ausgehend dem in Kapitel 2 beschriebenen **erweiterten Quantum View** läßt sich festhalten, daß für eine ganzheitliche Gestaltung der funktionale Organisationsbereich als Gestaltungsobjekt falsch gewählt ist. Subsysteme wie sie in

---

[55] Vgl. *Kubicek/Höller* (1991) S. 152.
[56] Vgl. *Staehle* (1994) S. 444.
[57] Vgl. *Staehle* (1994) S. 444ff.

Abb. 3.8 aufgeführt sind, stehen nicht nur in einer intensiven Wechselbeziehung mit ihrer direkten externen Subumwelt, sondern werden indirekt auch von den Subumwelten anderer Subsysteme über die zahlreichen internen Abhängigkeiten beeinflußt. Beispielsweise führt in einer mechanistisch strukturierten Organisation die Anpassung der Verkaufsabteilung an dynamische Umweltbedingungen zwangsläufig zu Konflikten mit der Produktion.

| Subumwelt | zuständiges Subsystem |
|---|---|
| Wissenschaft und Technik | Forschung |
| Technologie | Produktion |
| Lieferanten | Einkauf |
| Kunden und Konkurrenz | Verkauf |
| Arbeitsmarkt | Personal |
| Geld- und Kapitalmarkt | Finanzierung |
| Presse, Verbände etc. | Public Relations |

Abb. 3.8:   Beispielhafte Abgrenzung von System-Umweltbeziehungen.
Quelle: *Staehle* (1994) S. 444.

Diese Problematik läßt sich entsprechend dem erweiterten Quantum View lösen, indem die Organisation in Unternehmensprozesse als teilautonome Organisationsbereiche segmentiert wird. Mittels der Gestaltungsempfehlungen kann dann der Prozeß als Subsystem an seine Subumwelt angepaßt werden, ohne daß dadurch die interne Konsistenz der Organisation beeinträchtigt wird. Dieser Ansatz führt im Rahmen von BPR zur prozeßorientierten Weiterentwicklung und Operationalisierung der klassischen Gestaltungsempfehlungen der Management- und Organisationstheorie.

# 4. Prozeßorientierte Gestaltungsempfehlungen

Organisationsgestaltung wird im BPR-Konzept auf die Unternehmensprozesse als in sich abgeschlossene, teilautonome Subsysteme bezogen (Abb. 4.1). Dieser Ansatz erlaubt nach dem **erweiterten Quantum View** eine umweltadäquate **und** konsistenzerhaltende Gestaltung von Organisationen. Durch die prozeßorientierten Gestaltungsempfehlungen von BPR wird allerdings nur die grundsätzlich prozessuale Ausrichtung aller organisatorischen Ebenen und Gestaltungsvariablen beschrieben, die von marktstrategischen oder umweltspezifischen Bedingungen weitgehend unabhängig ist. Diese Gestaltungsempfehlungen orientieren sich zwar an den Prinzipien des **organischen Organisationsmodells** und der **Vertrauenskultur**, es bleibt aber innerhalb dieser ein Gestaltungsspielraum, um situativen Anforderungen gerecht zu werden, die sich aus der organisationsspezifischen Marktstrategie und den prozeßspezifischen Umweltbedingungen ergeben.

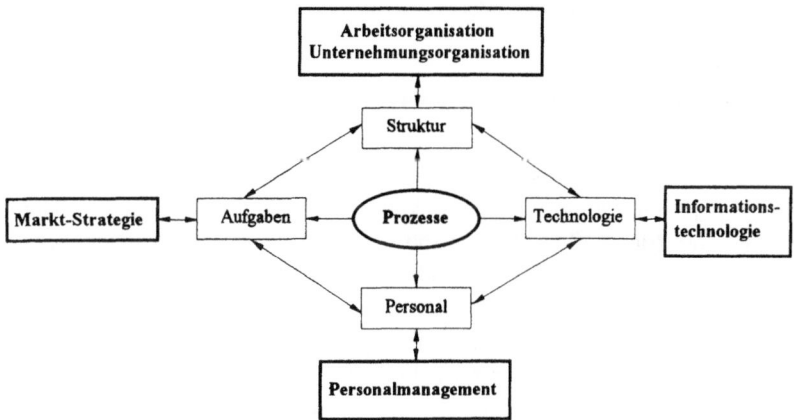

Abb. 4.1:   Prozesse als integrativer Ansatzpunkt der Organisationsgestaltung.

Nachdem zuerst das Konzept der Prozeßorientierung dargelegt wird, folgt hierauf aufbauend die Darstellung der vier zentralen Gestaltungsvariablen Arbeitsorganisation, Unternehmungsorganisation, Personalmanagement und Informationstechnik.

## 4.1. Grundlagen der Prozeßorientierung

Neben den grundsätzlichen Definitionen wird im folgenden auch der Kontext beschrieben, in dem die Diskussion der Prozeßorientierung stattfindet. Von Interesse ist hier, welche Beachtung dem Prozeß als Strukturdimension in der organisatorischen Theorie und Praxis bisher zuteil wurde. Abschließend wird kurz dargelegt, welchen Erklärungsgehalt die Prozeßsicht für Dysfunktionalitäten klassisch strukturierter Organisationen bietet.

### 4.1.1. Definition und Kategorien

Ein **Prozeß** ist eine spezifisch zeitlich und räumlich angeordnete Menge von Aktivitäten, die zueinander in einer Leistungsbeziehung stehen.[1] Konstruktiv läßt sich ein Prozeß definieren als Ergebnis einer Ausgrenzung aus der Menge aller vorhandenen Aktivitäten. Prozesse können mittels Zerlegung beliebig detailliert beschrieben werden. Die Anwendung unterschiedlicher Kriterien erlaubt schließlich die Bildung von Prozeßkategorien.

### 4.1.1.4. Prozeßgrenzen und Prozeßkunden

Prozesse verarbeiten Inputs und erzeugen Outputs. In Anlehnung an *Harrington* (1991) lassen sich primärer und sekundärer Input und Output unterscheiden.[2] Der **primäre Input** bildet den Anstoß (Trigger) für die Prozeßtätigkeiten und bestimmt dadurch auch den Prozeßanfang, während mit dem **primären Output** das Prozeßende festgelegt ist. Ein **sekundärer Input** oder **Output** tritt dagegen in der Regel während des Prozeßablaufs auf und stößt den Prozeß weder an, noch wird der Prozeß mit diesem beendet. In Abb. 4.2 ist dieser Sachverhalt an dem Prozeß der Antragsstellung für eine Versicherung verdeutlicht. Der primäre Input ist die Antragsstellung des Kunden. Dieser geht in die Hauptverwaltung der Versicherungsunternehmung ein, wodurch der Bearbeitungsprozeß angestoßen wird ($b_1$). Die Aufforderung zu einer Gesundheitsprüfung ist ein sekundärer Output, der an den Kunden geht ($b_2$). Die Gesundheitserklärung gelangt dann als sekundärer Input zurück in den Prozeß ($b_3$). Eine komplizierte Gesundheitserklärung wird innerhalb der Organisation als sekundärer Output an eine interne Abteilung

---

[1] Vgl. *Davenport* (1993a) S. 5f, *Harrington* (1991) S. 9 und *Elgass/Krcmar* (1994) S. 72ff.
[2] Vgl. *Harrington* (1991) S. 72f.

abgegeben (b₄) und kommt als sekundärer Input geprüft wieder zurück (b₅). Die Bestätigung der erfolgreichen Antragsstellung zusammen mit der Police ist der primäre Output; mit diesem ist der Vorgang abgeschlossen und das Prozeßende erreicht. Die Benachrichtigung der zuständigen Versicherungsagentur über den Vertragsabschluß ist dagegen lediglich ein sekundärer Output (b₆).

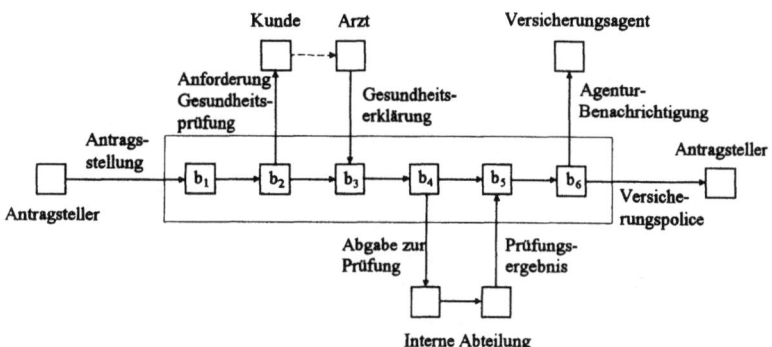

Abb. 4.2:  Antragsbearbeitung bei einer Versicherung: Vom Antrag bis zur Police.

Der Prozeßoutput wird als Leistung immer auf Kunden bezogen, jeder Leistungsempfänger innerhalb und außerhalb des Prozesses ist demnach Kunde. Mit Bezug auf einen definierten Prozeßkunden läßt sich der Wertbeitrag des Prozesses oder einzelner Prozeßaktivitäten bestimmen. Für den Kunden relevant sind letztlich nur **wertsteigernde** (value-added) **Aktivitäten**. Die weitere Begrifflichkeit soll wieder anhand der Abb. 4.2 erläutert werden. Kunden innerhalb der Unternehmung werden als **interne Kunden** bezeichnet, solche außerhalb der Unternehmung als **externe Kunden**. So ist der Versicherungsagent externer Kunde von b₆ (und beispielsweise auch b₅), während b₄ interner Kunde von b₃ (und allen vorgelagerten Prozeßaktivitäten) ist. Entsprechend der Unterscheidung von primärem und sekundärem Output lassen sich weiterhin **primäre** und **sekundäre Kunden** differenzieren. Beispielsweise ist der Antragssteller primärer Kunde von b₆, der Versicherungsagent dagegen nur sekundärer Kunde. Schließlich können Kunden noch danach unterschieden werden, ob sie direkt den Output eines Prozesses erhalten (**direkter Kunde**) oder nur indirekt über diesen beeinflußt werden (**indirekter Kunde**). Private Konsumenten sind in der Regel externe Primärkunden, häufig sogar indirekte, wenn zwischen Unternehmung und Konsument unternehmensfremde Händler oder Handelsketten Distributionsaktivitäten wahrnehmen.[3]

---

[3] Vgl. *Harrington* (1991) S. 72.

## 4.1.1.1. Prozeßausgrenzung

Ein Prozeß ist im wesentlichen durch seine Prozeßgrenzen definiert. Die Prozeßgrenzen werden in Form von Beginn, Ende und Randelementen über den Vorgang der Prozeßausgrenzung bestimmt. Hierbei ist nach *Gaitanides* (1983) zu betonen, daß die Ausgrenzung ein Entscheidungsprozeß ist und maßgeblich von der Perspektive des Betrachters abhängt:

»Die Definition dessen, was als Prozeß abzubilden ist, entspringt also der **subjektiven Problemsicht**, setzt kreative und konstruktive Akte voraus und ist mithin nicht immer aus Beobachtungen realer Vorgänge ableitbar.«[4]

Oft ergeben sich aber für Prozeßbeginn und -ende aus dem inhaltlichen Zusammenhang weitgehend ›natürliche‹ Prozeßgrenzen. Zudem wird die Wahl der Prozeßgrenzen durch den zugrundeliegenden Gestaltungsansatz eingeschränkt (Kap. 4.1.1.3). Entsprechende Beispiele für die bei BPR relevanten interfunktionalen Prozesse finden sich bei *Hammer/Champy* (1994):[5]

- Fertigung: Beschaffung bis Auslieferung;
- Produktentwicklung: Entwurf bis Prototyp;
- Verkauf: Interessent bis Auftrag;
- Auftragsabwicklung: Auftrag bis Zahlung;
- Kundendienst: Anfrage bis Problemlösung.

Indes berücksichtigt diese Sichtweise nur die Ausgrenzung des Prozesses von vor- und nachgelagerten Aktivitäten. Eine Prozeßausgrenzung erfolgt allerdings immer auch bezüglich nebengelagerten sowie inhaltlich verwandten Aktivitäten. Als Beispiel nennt *Gaitanides* (1983) »Beschaffungsvorgänge **und** zugehörige Finanzierungsprozesse«: Sie sind sowohl in einer Prozeßstruktur als auch getrennt darstellbar.[6] Welche Prozeßdarstellung zweckmäßiger ist, hängt von der Problemstellung ab.

## 4.1.1.2. Prozeßzerlegung

Mit dem Vorgang der Ausgrenzung werden in einem ersten Schritt Prozesse identifiziert. In einem zweiten Schritt kann dann a) im Rahmen der *Prozeßanalyse* die Gliederung existierender Prozesse nachvollzogen werden bzw. b) im Rahmen des *Prozeßdesigns* die gegliederte Neugestaltung von Prozessen stattfin-

---

[4] Vgl. *Gaitanides* (1983) S. 64f.
[5] Nach *Hammer/Champy* (1994) S. 154.
[6] Vgl. *Gaitanides* (1983) S. 65.

den. Die Zerlegung eines Prozesses in Teilprozesse bedarf laut *Gaitanides* (1983) vorab der Entscheidungen über

- die anzuwendenden Gliederungskriterien und
- die angestrebte Gliederungstiefe.[7]

Zu beachten ist, daß sich aus »der Definition des Prozesses allein [...] der Gliederungsvorgang nicht herleiten läßt«.[8] Entscheidend ist folglich auch hier wie bei der Prozeßausgrenzung die subjekte Wahrnehmung der Problemsituation.

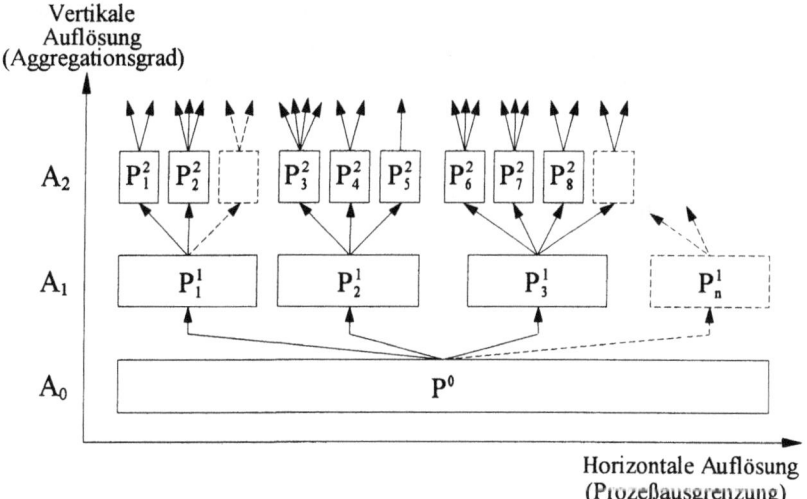

Abb. 4.3: Vertikale und horizontale Auflösung von Prozessen. Quelle: Nach *Milling*, abgebildet in *Gaitanides* (1983) S. 80.

Auf jeder Gliederungsebene kann ein Prozeß nach den **Gliederungskriterien** Verrichtung, Phase oder Objekt zerlegt werden:[9]

- Bei der **Verrichtungsgliederung** wird der Prozeß in Teilprozesse oder Aktivitäten zerlegt, die in einem unmittelbaren Leistungszusammenhang stehen;
- Bei der **Phasengliederung** erfolgt eine Ausgliederung von Planungs-, Koordinations- und Kontrollaufgaben als eigenständige Teilaufgaben.
- Bei der **Objektgliederung** (Variantenbildung) wird der Prozeß in mehrere Prozeßvarianten gegliedert. Jede Variante bildet die Prozeßaktivitäten spezifisch für ein bestimmtes Objekt bzw. eine bestimmte Objektklasse (Produkte,

---

[7] Vgl. *Gaitanides* (1983) S. 75.
[8] Vgl. *Gaitanides* (1983) S. 77.
[9] Vgl. *Gaitanides* (1983) S. 75ff.

Stoffe) ab. Anders als bei Produktionsprozessen können bei Verwaltungsprozessen als betrachtete Objekte – neben den materiellen Objekten – auch »Informationsträger (Anträge, Meldungen, Aufträge, Anforderungen, Belege)« zur Variantenbildung genutzt werden.[10] Neben den angewandten Gliederungskriterien ist für die Prozeßzerlegung noch die angestrebte **Gliederungstiefe** (Detaillierungsgrad) relevant. Diese ist abhängig von der horizontalen und vertikalen Auflösung (Abb. 4.3). Obwohl die Gliederungstiefe nichts über den Grad der Arbeitsteilung aussagt, hält *Gaitanides* (1983) ein hohes Auflösungsniveau für abwegig, wenn dieses bei der Gestaltung der Arbeitsorganisation nicht genutzt wird.[11] Zudem spricht gegen einen sehr hohen Detaillierungsgrad, daß zwangsläufig viele Aktivitäten »**explizit vernachlässigt**« werden müssen, die sonst »**implizit erfaßt**« wären.[12]

### 4.1.1.3. Prozeßkategorien

Die wichtigsten Prozeßkategorien beziehen sich sich auf die **Organisationsebene**, den **Wiederholungsgrad** und die **Objektart**.

*a. Prozeßkategorien bezüglich der Organisationsebene*

Laut *Davenport/Short* (1990) sind bezüglich der Organisationsebene zu unterscheiden:[13]
- **Interorganisatorische Prozesse**, die zwischen zwei oder mehreren Organisationen verlaufen.
- **Interfunktionale Prozesse**, die innerhalb einer Organisation zwischen den abgegrenzten organisatorischen Funktionsbereichen verlaufen.
- **Interpersonale Prozesse**, die innerhalb abgegrenzter Organisationsbereiche zwischen Mitarbeitern und Gruppen verlaufen.
- **Stellenbezogene Prozesse**, die jeweils von einem Stelleninhaber vollständig bearbeitet werden.

Die Beziehung zwischen diesen Kategorien ist geordnet: Interorganisatorische Prozesse lassen sich in interfunktionale Prozesse zerlegen, interfunktionale Pro-

---

[10] Vgl. *Gaitanides* (1983) S. 78.
[11] Vgl. *Gaitanides* (1983) S. 81.
[12] Vgl. *Gaitanides* (1983) S. 80.
[13] Vgl. *Davenport/Short* (1990) S. 18ff.

zesse in interpersonale Prozesse usw. Aus Kapitel 1.1 ist bekannt, daß aus der unterschiedlichen Prozeßsicht – und damit aus der Prozeßausgrenzung – unterschiedliche Gestaltungsansätze resultieren. Bei inkrementellen, kontinuierlichen Ansätzen (wie TQM oder Localized Exploitation) ist das Ergebnis der Prozeßausgrenzung eine Menge von interpersonalen Prozessen. Die gestalterischen Maßnahmen im Rahmen von BPR betreffen zwar auch interpersonale Prozesse, richten sich aber gezielt auf die innovative Neugestaltung zumindest interfunktionaler Prozesse. Dabei sind die bei BPR zu betrachtenden interfunktionalen Prozesse so auszugrenzen, daß sie zum Kerngeschäft der Unternehmung gehören. Als solche werden sie dann auch als **Kernprozesse** (core processes, key processes, major processes) bzw. **Unternehmensprozesse** bezeichnet (Kap. 6.2.1.2). Der Einfachheit halber ist im folgenden mit dem Begriff **Prozeß** stets ›interfunktionaler oder interorganisatorischer Prozeß‹ gemeint.

*b. Prozeßkategorien bezüglich des Wiederholungsgrads*

Bezüglich dem Wiederholungsgrad ist zwischen temporären und permanenten Prozessen zu unterscheiden:
- **Temporäre Prozesse** sind gekennzeichnet durch einen geringen Wiederholungsgrad aufgrund einer hohen Varianz des Prozeßablaufs bezüglich verschiedener Objekte. Ermöglicht wird die hohe Ablaufvarianz durch einen geringen Standardisierungsgrad. In der Form zeitlich befristeter, zumeist komplexer, ganzheitlicher Aufgabenstellungen werden temporäre Prozesse auch als *Projekte* bezeichnet.[14]
- **Permanente Prozesse** weisen einen hohen Wiederholungsgrad auf. Die geringe bis mittlere Varianz des Prozeßablaufs ist das Ergebnis einer hohen Ablaufstandardisierung. Permanente Prozesse lassen sich auch als Routineprozesse kennzeichnen.

In welcher Form ein Prozeß ausgeprägt ist, entscheidet sich mit der Prozeßzerlegung. Dabei bewirkt eine zunehmende Gliederungstiefe eine präzisere Festschreibung (Standardisierung) der Prozeßabläufe. Gleichzeitig wird ab einem bestimmten Differenzierungsgrad die Unterscheidung objektspezifischer Prozeßabläufe notwendig.[15] Allerdings erhöht sich die Varianz der Prozeßabläufe nur scheinbar: Während bei einer geringen Gliederungstiefe der Prozeß sehr allgemein beschrieben ist und dementsprechend eine hohe Varianz der Prozeßabläufe

---

[14] Vgl. *Frese* (1993) S. 448.
[15] Vgl. *Gaitanides* (1983) S. 82.

implizit subsumiert, wird bei einer hohen Gliederungstiefe die Varianz der Prozeßabläufe explizit ausgewiesen und dabei zwangsläufig erheblich reduziert. Somit resultieren aus einer Prozeßzerlegung mit niedriger Gliederungstiefe eher temporäre Prozesse, aus einer mit hoher Gliederungstiefe dagegen eher permanente Prozesse.

Es sei noch einmal betont, daß die Prozeßzerlegung ein subjektiver Entscheidungsprozeß ist. Ein vorgefundender Routineprozeß läßt nicht darauf schließen, daß das relevante Umweltsegment eine geringe Varianz erfordert, sondern lediglich, daß die Umwelt mit einer geringen Differenzierung im Prozeß abgebildet ist.

*c. Prozeßkategorien bezüglich der Objektart*

In Anlehnung an *Davenport/Short* (1990) lassen sich einerseits Produktions-und Transportprozesse und andererseits Verwaltungsprozesse unterscheiden:[16]
• **Produktions- und Transportprozesse** (physical processes) betreffen Herstellung, Bearbeitung oder Transport materieller Güter.
• **Verwaltungsprozesse** (informational processes) haben allgemein informationsverarbeitenden Inhalt.

Während in Dienstleistungsunternehmungen i.d.R. nur Verwaltungsprozesse anzutreffen sind, finden sich in Fertigungsunternehmungen beide Kategorien. Sowohl für Produktions- und Transportprozesse als auch für Verwaltungsprozesse haben lange Zeit ausschließlich Automatisierungskonzepte dominiert. Während Flexibilisierungsstrategien für Produktionsprozesse einigermaßen erfolgreich umgesetzt wurden, sind diese bei Verwaltungsprozessen weitgehend erfolglos geblieben (Kap 3.3). Neue Konzepte wie Workflow Management basieren bislang vorrangig auf dem Automatisierungsansatz und fokussieren sich damit auf die Unterstützung permanenter Prozesse (Kap. 4.5.2.1).

### 4.1.2. Prozeß als Strukturdimension

Die Betrachtung von Prozessen ist in der Organisations- und Managementtheorie nicht grundlegend neu. Allerdings spielt der Prozeß als Strukturdimension sowohl in der klassischen Theorie als auch in der betrieblichen Praxis eine untergeordnete Rolle.

---

[16] Vgl. *Davenport/Short* (1990), auch *Harrington* (1991) S. 9.

## 4.1.2.1. Die Prozeßorientierung in der Organisationsheorie

Laut *Gaitanides* (1983) stammen die ersten Beiträge zu einer prozeßorientierten Organisationslehre aus den 30er Jahren von *Nordsieck* und *Hennig*, in denen erstmals Aufbau von Ablauf getrennt wird. *Nordsieck* entwirft zudem das **Prinzip der Prozeßgliederung**, welches die Orientierung der Aufgabengliederung an den Unternehmensprozessen fordert.[17] Diese Überlegungen werden in der Folgezeit verschiedentlich aufgegriffen, aber nur die Unterscheidung von **Aufbau** und **Ablauf** setzt sich in der Organisationstheorie durch, während dem Prinzip der Prozeßgliederung *Nordsiecks* nicht diese Beachtung zuteil wird.[18] In der weiteren Entwicklung entsteht schließlich eine ungleichgewichtige Bedeutungsbeimessung zugunsten des Aufbaus. Entscheidener Einfluß geht hier von der Arbeit *Kosiols* aus, der ein Analyse-Synthese-Konzept zur Organisationsgestaltung vorstellt.[19] Ausgangspunkt ist die Aufgabenanalyse, bei der die Organisation in kleinere Teilaufgaben hierarchisch zerlegt wird. Anschließend folgt der eigentliche Gestaltungsvorgang in Form der Aufgabensynthese, indem die Teilaufgaben zu arbeitsteiligen Einheiten, d.h. zu Stellen und Abteilungen, vereinigt werden. *Gaitanides* (1983) bemerkt hierzu:

»Doch auch unter Berücksichtigung der Arbeit Kosiols unter dem Aspekt des Ablaufs bleibt die quantitative und auch qualitative Diskrepanz bei der Behandlung aufbau- und ablauforganisatorischer Fragen auffällig: Dem Aufbau wird die weitaus größere Bedeutung beigemessen.«[20]

Zudem wird unter Ablaufgestaltung bzw. -organisation nicht eine Form der Prozeßgestaltung verstanden, wie sie der vorliegenden Arbeit zugrundeliegt. Zwar wird in der klassischen Organisationstheorie »die Strukturierung materieller wie informationeller Prozesse unter dem Begriff Ablauforganisation abgehandelt«,[21] die ablauforientierte Interpretation der Prozeßgestaltung ist dabei allerdings sehr restriktiv. Nach dem klassischen Analyse-Synthese-Konzept von *Kosiol* kann eine Ablauforganisation erst einsetzen, wenn die Stellenbildung abgeschlossen ist. Da die Aufgabenaufteilung auf die Stellen vorab entschieden ist, reduziert sich die Ablauforganisation auf das Problem der Reihenfolgeplanung.[22] Diese eingeschränkte Betrachtungsweise hält *Gaitanides* (1983) für problema-

---

[17] Vgl. *Gaitanides* (1983) S. 5f und S. 14.
[18] Vgl. *Gaitanides* (1983) S. 16.
[19] Vgl. *Gaitanides* (1983) S. 17 und S. 23ff.
[20] Vgl. *Gaitanides* (1983) S. 19.
[21] Vgl. *Gaitanides* (1983) S. 22.
[22] Vgl. *Gaitanides* (1983) S. 53f und S. 61.

tisch. *Kosiols* Ansatz ist produktionswirtschaftlich motiviert, wie auch die Reihenfolgeplanung ihre Relevanz bei Fertigungsprozessen hat. Dies gilt nicht für Unternehmensprozesse allgemein. Zudem vernachlässigt der Ansatz

»die Existenz funktionaler sowie stellenübergreifender Prozeßabläufe in Organisationen, die unabhängig vom Problem der Stellenbildung beobachtbar sind, z.B. Bearbeitung von Steuererklärungen in Finanzverwaltungen, Abwicklung von Einkaufsvorgängen, Rechnungsstellungen, Forschungs- und Entwicklungsaufträgen, Bearbeitung von Schadensfällen in Versicherungsunternehmen, um nur einige zu nennen.«[23]

Insgesamt kommt *Gaitanides* (1983) bei seiner Analyse der Entwicklungsstufen der prozeßorientierten Organisationslehre zu dem Ergebnis, daß »ablauforganisatorische Fragen auch in neuerer Zeit meist nur als ›Nebenprodukt‹ des Aufbaus behandelt« werden.[24] Daß sich daran in der Folgezeit wenig geändert hat, lassen grundlegende Arbeiten wie *Bleicher* (1991), *Kieser/Kubicek* (1992), *Frese* (1993) oder *Hill/Fehlbaum/Ulrich* (1992/1994) erkennen, in die prozeßorientierte Betrachtungen bisher keinen Eingang gefunden haben. Eine Ausnahme könnte man vielleicht in jenen Dimensionen sehen, die den Regelgrad bestimmter ablauforganisatorischer Aspekte beschreiben, wie Standardisierung, Programmierung oder Formalisierung. Aber auch dort beschäftigen sich die Autoren üblicherweise ausschließlich mit den Vor- und Nachteilen unterschiedlicher Ausprägungen der Standardisierung und Programmierung im Kontext aufbauorientierter Organisationsstrukturierung.[25]

### 4.1.2.2. Die Prozeßorientierung in der Organisationspraxis

Die Vernachlässigung der Prozeßstruktur in der Organisationstheorie findet kaum überraschend ihre Entsprechung in der Organisationspraxis. Zuweilen wird allerdings in der BPR-Literatur bei dieser Feststellung die Betrachtung undifferenziert auf rein funktionale Organisationsstrukturen eingeschränkt.[26] Bezüglich der funktionalen Organisation wird festgehalten, daß entgegen der vertikalen Anordnung der Funktionsbereiche wesentliche Unternehmensprozesse horizontal verlaufen und typischerweise eine größere Zahl von Funktionsbereichen involvieren. Auf die Diskrepanz zwischen vertikaler Organisationsstruktur und horizontaler Prozeßstruktur lassen sich dann wesentliche Ineffizienzen funktionaler Orga-

---

[23] Vgl. *Gaitanides* (1983) S. 62.
[24] Vgl. *Gaitanides* (1983) S. 19.
[25] Vgl. *Gaitanides* (1983) S. 20ff.
[26] Vgl. *Hammer/Champy* (1994) und *Davenport* (1993a).

nisationen zurückführen, insbesondere die geringe prozeßbezogene Koordinationseffizienz. Unterstellt wird dabei allerdings implizit die hierarchische Koordination der funktionalen Prozeßsegmente, wie in Abb. 4.4 dargestellt ist. Danach sind die Vorgesetzten A und B jeweils für die Koordination der intraprozessualen Prozesse $P_v$ und $P_{v+1}$ zuständig, während die interprozessuale Koordination beider Teilprozesse durch den Vorgesetzten V erfolgt.[27] Diese Form der Koordination ist, »da sie immer den hierarchischen Instanzenweg benutzen muß, sehr aufwendig«.[28]

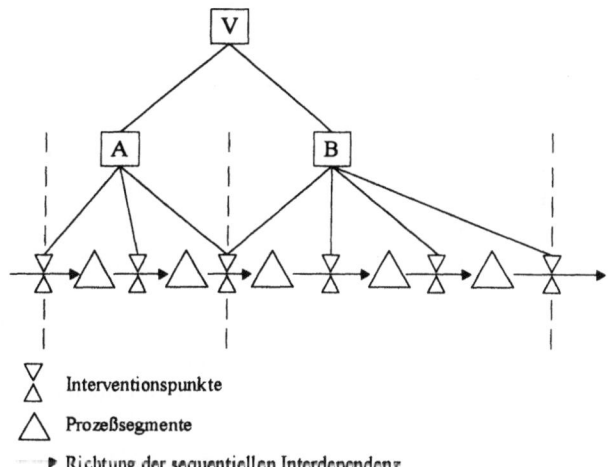

Abb. 4.4: Hierarchische Koordination von zwei Prozessen. Quelle: *Gaitanides* (1983) S.219.

Indes bleibt bei obiger Argumentation unberücksichtigt, daß in der Organisationspraxis neben rein funktionalen Strukturen zahlreiche Modifikationen und alternative Organisationsstrukturen vorzufinden sind, die u.a. auf eine effizientere Prozeßkoordination abzielen. In Anlehnung an *Gaitanides* (1983) sind hier folgende Koordinationsverfahren zu nennen:[29]

(1) Direkte **Kontaktmöglichkeiten** zwischen Mitarbeitern interdependenter Prozesse als Form der Selbstabstimmung.

(2) **Übertragung von Koordinationsfunktionen** auf einzelne Stellen, die die Kooperation von Mitarbeitern betroffener Prozesse unterstützen.

---

[27] Vgl. *Gaitanides* (1983) S. 219.
[28] Vgl. *Gaitanides* (1983) S. 220.
[29] Vgl. *Gaitanides* (1983) S. 220.

(3) Bildung einer zeitlich befristeten **Arbeitsgruppe**, die sich aus Mitarbeitern der betroffenen Prozesse zusammensetzt und vorhandene Koordinationsprobleme löst.

(4) Einsatz von regelmäßig tagenden **Gremien, Kommitees** oder **Kommissionen** für die Lösung von dauerhaften Koordinationsproblemen.

(5) Einrichtung von speziellen **Integrationsstellen** für die Bewältigung hochkomplexer und stark wechselseitiger Koordinationsprobleme (z.B. bei der Verknüpfung von Verkaufs- und Produktionsprozessen).

(6) Einrichtung eines **Produktmanagements** (**Einfluß-Projektmanagements**), bei dem Produktmanager (Projektmanager) die interfunktionale Koordinationsaufgabe übertragen bekommen, ohne allerdings mit Weisungskompetenzen ausgestattet zu sein.

(7) Einrichtung einer **Produkt-Matrixorganisation** (**Projekt-Matrixorganisation**), bei der – neben den weiterbestehenden funktionalen Instanzen – Produktmanager (Projektmanager) als zusätzliche Instanzen mit Weisungskompetenz ausgestattet, die interfunktionale Koordination erfüllen.

Während die ersten fünf Koordinationsverfahren sich innerhalb eines interfunktionalen Prozesses im wesentlichen nur auf die Abstimmung der Interdependenzen *einer* Schnittstelle beziehen, sind die genannten Formen des Produktmanagements (Projektmagements) prinzipiell auf die Koordination *aller* Schnittstellen-Interdependenzen innerhalb eines Prozesses ausgerichtet (Abb. 4.5). Mit der Rolle des Produktmanagers (Projektmanagers) werden Instanzen eingeführt, die – wenn auch mit unterschiedlichem Grad an Weisungskompetenz – unmittelbar für interfunktionale Prozesse zuständig sind.

Produkt- wie Projektmanagement erlauben somit eine Form prozeßorientierter Organisationsgestaltung. Insofern greift eine undifferenzierte Betrachtung rein funktionaler Organisationsstrukturen zu kurz und läßt gegebenenfalls die Relevanz dieser Organisationskonzepte für die Gestaltungsempfehlungen von BPR verkennen. Allerdings beschränkt sich in der Organisationspraxis das aufgezeigte Potential beim Projektmanagement nur auf temporäre Prozesse, während es beim Produktmanagement generell nur eingeschränkt genutzt wird: Produktmanager befassen sich häufig nur mit der Koordination von absatzwirtschaftlichen Aktivitäten und sind daher überwiegend funktional (im Marketing) und nicht funktionsübergreifend in die Gesamtorganisation eingeordnet.[30]

Gegenüber den bisher diskutierten Koordinationsverfahren, die auf einer Modifikation funktionaler Organisationsstrukturen basieren, existieren mit der Pro-

---

[30] Vgl. *Kieser/Kubicek* (1992) S. 144.

duktorganisation und der reinen Projektorganisation schließlich auch alternative Strukturkonzepte zur funktionalen Organisation.

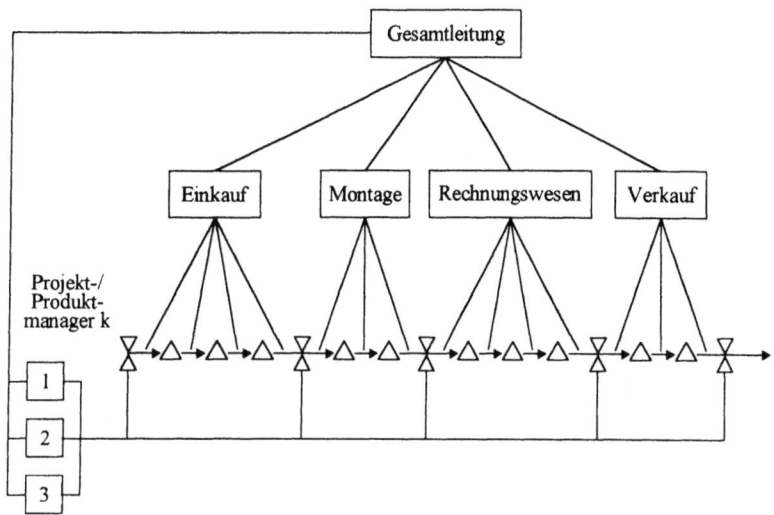

**Abb. 4.5:** Koordination durch Matrix-Strukturen. Quelle: *Gaitanides* (1983) S. 222.

Bezüglich eindimensionaler Organisationsmodelle ist neben der **funktionalen** Organisation (Verrichtungsorganisation) noch die **divisionale** Organisation zu unterscheiden. Diese unterteilt sich auf der ersten Gliederungsebene in Geschäftsbereiche (Divisionen, Sparten) anstelle der Funktionsbereiche.[31] Abhängig vom angewandten Gliederungskriterium (Region oder Produkt bzw. Objekt) handelt es sich um Regional- oder Produktorganisationen. Bei der **Produktorganisation** werden für die Produkte bzw. Produktgruppen mit den Geschäftsbereichen eigene Organisationseinheiten gebildet. Produktbezogene Prozesse verlaufen dann ausschließlich innerhalb der abgegrenzten Geschäftsbereiche, nicht zwischen diesen. Auf der ersten Gliederungsebene sind Produktorganisationen somit gewissermaßen prozeßorientiert strukturiert. Entscheidend ist allerdings, daß bei divisionalen Organisationen die Geschäftsbereiche generell funktional strukturiert sind (entweder auf der zweiten oder einer tiefer liegenden Gliederungsebene der Organisation). Dementsprechend weist die Produktorganisation tendenziell die gleiche Diskrepanz zwischen Prozeß- und Organisationsstruktur auf wie die eindimensionale Verrichtungsorganisation. Tatsächlich werden in der Praxis selbst in

---

[31] Vgl. *Kieser/Kubicek* (1992) S. 88.

den Geschäftsbereichen von Produktorganisationen durchaus Produktmanager eingesetzt.[32] Das Modell der Produktorganisation bietet folglich für sich alleine genommen keinen Ansatz prozeßorientierter Organisationsgestaltung.

Anders als die Produktorganisation bezieht sich die reine Projektorganisation mit der Bildung von Projektgruppen oder -teams typischerweise auf sehr kleine Organisationseinheiten. Deren Leitung übernimmt jeweils ein Projektmanager, der mit allen Kompetenzen und Weisungsbefugnissen gegenüber seiner Projektgruppe ausgestattet ist. Der projektbezogene Koordinationsbedarf vollzieht sich somit nicht zwischen abgegrenzten Organisationsbereichen, sondern interpersonal innerhalb einer eigens für die Projektaufgabe zusammengestellten Gruppe. Diese Organisationsform bietet erhebliche Vorteile bezüglich des Koordinationsaufwandes und unter bestimmten Voraussetzungen auch hinsichtlich der Leistungsmotivation der Mitarbeiter. Eine Relevanz für die Gestaltung prozeßorientierter Organisationsstrukturen ergibt sich durch die vorliegenden Ähnlichkeiten zwischen Projekt- und Prozeßorientierung.

Insgesamt lassen sich zwei Organisationsformen als zweckmäßige Grundlage einer prozeßorientierten Unternehmungsorganisation identifizieren: Bei Prozessen mit relativ hoher Ressourceninterdependenz erlaubt die Matrixorganisation durch die Berücksichtigung der Funktionen einen Ausgleich zwischen Prozeß- und Ressourceneffizienz. Bei Prozessen mit geringer Ressourceninterdependenz ist dagegen die reine Projektorganisation ein geeignetes Modell der Prozeßorganisation. Aufgrund dieser fundamentalen Bedeutung der Matrixorganisation und der reinen Projektorganisation werden beide Organisationsformen später ausführlich behandelt (Kap. 4.3).

### 4.1.2.3. Konsequenzen der klassischen Organisationsgestaltung

Die fehlende Berücksichtigung der Prozesse als Strukturdimension führt allgemein zu organisatorischen Strukturen, die sich nachteilig auf die Prozeßeffizienz auswirken. Bei den klassischen Organisationsmodellen und -formen (ohne der reinen Projektorganisation) fallen

- **der hohen Schnittstellenzahl** hinsichtlich der involvierten Funktionsbereiche und
- **der nicht-institutionalisierten Verantwortlichkeit** für Prozesse

besonderes Gewicht zu. Auf diese beiden typischen Eigenschaften klassischer Organisationsgestaltung lassen sich einige prozeßbezogene Ineffizienzen zurück-

---

[32] Vgl. *Kieser/Kubicek* (1992) S. 144.

führen, die auch durch die in Kapitel 4.1.2.2 beschriebenen alternativen Koordinationsverfahren nicht behoben werden:

- Hohe **Intransparenz**: Durch die hohe Schnittstellenzahl und die vielen unterschiedlichen Prozeßbeteiligten, die nur ihre eigenen, eng abgegrenzten Prozeßbereiche kennen, ist der Gesamtablauf der Prozesse für Kunden wie Mitarbeiter oft gleichermaßen intransparent.[33] Da die Mitarbeiter innerhalb des Prozeßablaufs häufig nicht wissen, welche Konsequenzen ihre Arbeit für die nachfolgende Prozeßbearbeitung hat, bleiben Wirtschaftlichkeitsaspekte bei bearbeitungsbezogenen Entscheidungen unberücksichtigt.
- Stetig zunehmende **Komplexität**: Verändert sich die Organisationsgröße oder die Qualität der von der Organisation erstellten Güter oder Dienstleistungen, verändern sich damit die Anforderungen an die optimale Prozeßstruktur. Aufgrund der fehlenden Verantwortlichkeit für den jeweiligen Gesamtprozeß erfolgt allerdings die Anpassung der Prozeßstruktur – wenn überhaupt – selten ganzheitlich.[34] Infolgedessen entwickelt sich die Prozeßstruktur innerhalb von klassisch strukturierten Organisationen weitgehend unkoordiniert und komplexitätssteigernd.[35]
- Funktionsweise nach **überholten Gestaltungsannahmen und Geschäftsprinzipien**: Hinter jeder Prozeßstruktur stehen grundlegende Annahmen, die die Gestaltung der Prozesse wesentlich bestimmen. Insbesondere für Verwaltungsprozesse gilt, daß viele der Gestaltungsannahmen immer noch aus einem Zeitalter stammen, in denen das durch die Informationstechnik eröffnete Gestaltungspotential unbekannt war.[36] Dazu folgendes Beispiel:

Beim Beschaffungsprozeß der Ford Motor Company der frühen 80er Jahre erfolgte die Bezahlung der Ware bei *Rechnungseingang* (alte Geschäftsregel). Die Kreditorenbuchhaltung hatte die Aufgabe, bei Übereinstimmung von Bestellung, Lieferschein und Rechnung die Zahlung zu veranlassen. Unstimmigkeiten zwischen diesen drei Dokumenten verursachten einen erheblichen Arbeitsaufwand. In dem neu gestalteten Prozeß erfolgte die Bezahlung der Ware bei *Wareneingang* (neue Geschäftsregel), indem der Einkauf Bestellungen in einer zentralen Datenbank eintrug, so daß schon bei der Entgegennahme der Waren über Datenbankzugriff geprüft werden konnte, ob eine korrespondierende Bestellung vorlag. Traf dies zu, wurde durch die Bestätigung des Wareneingangs in der Datenbank automatisch die Bezahlung des Lieferanten veranlaßt, während andernfalls die Lieferung zurückging. Mit

---

[33] Vgl. *Hammer/Champy* (1994) S. 41f.
[34] Die Geschäftsleitung ist zwar formal für die Unternehmensprozesse verantwortlich, kann sich aber auf operativer Ebene nicht mit der Prozeßstruktur auseinandersetzen.
[35] Vgl. *Harrington* (1991) S. 17 und *Hammer* (1990) S. 110.
[36] Vgl. *Hammer* (1990) S. 104, S. 107 und S. 110 und *Davenport/Short* (1990) S. 13.

der Eliminierung der Rechnung als Dokument konnte gleichzeitig die Kreditoren-buchhaltung drastisch verkleinert werden.[37] Wie in diesem Beispiel beziehen sich die prozeßbezogenen Gestaltungsannah-men und Geschäftsprinzipien üblicherweise auf die gesamte Prozeßstruktur interfunktionaler oder interorganisatorischer Prozesse. Innerhalb funktionaler Organisationsstrukturen beschränken sich Verbesserungsmaßnahmen dagegen generell auf interpersonale Prozeßsegmente abgegrenzter Funktionsbereiche. Dies erlaubt häufig nicht, mit den Verbesserungen grundsätzlich neue Gestal-tungsannahmen einzuführen. Die Prozeßstruktur kann dann nur auf der Basis der alten Annahmen und Geschäftsprinzipien optimiert werden mit dem Er-gebnis der vielbeklagten suboptimalen Insellösungen, die unternehmensweit nur geringe Verbesserungseffekte nach sich ziehen.[38]

Diese Darstellung einiger Eigenschaften klassischer Organisationsformen läßt erkennen, daß dementsprechend strukturierte Organisationen als Gestaltungsan-satz eher eine Localized Exploitation favorisieren und Gestaltungskonzepten ab der von *Venkatraman* (1991) unterschiedenen Ebene 2 strukturell entgegenstehen (siehe Abb. 1.1).

Das vorstehend beschriebene Konzept der Prozeßorientierung ist fundamental für die im Rahmen von BPR vollzogene Weiterentwicklung klassischer Organi-sationskonzepte. Bei der weiteren Beschreibung der einzelnen Gestaltungsemp-fehlungen bildet die Prozeßorientierung den integrativen Bezugspunkt, über den die Gestaltung der verschiedenen Organisationsvariablen in eine ganzheitliche Organisationsgestaltung zweckmäßig zusammengeführt wird.

## 4.2. Arbeitsorganisation

Neben der bisher benutzten institutionellen Begriffsbedeutung von Organisa-tion wird in den folgenden zwei Kapitel mit der Betrachtung der Arbeits- und Un-ternehmungsorganisation schwerpunktmäßig die **instrumentelle** Bedeutung ver-wendet. Die **Arbeitsorganisation** umfaßt im hier verstandenen Sinne alle Frage-stellungen der Organisation von Einzel- und Gruppenarbeit, während die Unter-nehmungsorganisation die Gestaltung der organisationsweiten Zusammenarbeit von Mitarbeitern und Arbeitsgruppen behandelt.

Bei der Diskussion von Formen der Arbeitsorganisation dominieren in der Ma-

---

[37] Vgl. *Hammer/Champy* (1994) S. 57ff, auch *Hammer* (1990) S. 105f.
[38] Vgl. *Harrington* (1991) S. 14, *Hammer* (1990) S. 104 und *Davenport/Short* (1990) S. 13.

nagement- und Organisationstheorie motivationstheoretische Überlegungen (bei Einzelarbeit) bzw. sozioemotionale und problemlösungsbezogene Aspekte (bei Gruppenarbeit). Auf der Basis der Prozeßorientierung steht demgegenüber im Konzept von BPR bei der Gestaltung der Arbeitsorganisation die **Koordinationseffizienz** im Vordergrund. Zielsetzung ist die Nutzung der durch die Informationstechnik geschaffenen Gestaltungsspielräume zur Reduktion des Koordinationsbedarfs, da Koordination kosten- und zeitaufwendig ist.[39]

Auf der Grundlage der neuen Konzeption des strategischen Managements berücksichtigen die Gestaltungempfehlungen von BPR bezüglich der Arbeitsorganisation ebenfalls, daß zunehmend die Vorhaltung einer organisatorischen und personellen **Anpassungsbereitschaft** notwendig wird, die eine aktive Anpassung an Umweltveränderungen ermöglicht (Kap. 3.1.2). Auch wenn die Forderung nach Anpassungsfähigkeit nicht für alle Prozesse einer Organisation gleich hoch ist, rücken aufgrund der allgemeinen Umweltentwicklung im Konzept von BPR solche Modelle der Arbeitsorganisation in den Vordergrund, die bei einer möglichst effizienten Prozeßbearbeitung das Potential einer hohen Anpassungsfähigkeit besitzen.

### 4.2.1. Aspekte der Arbeitsorganisation

Die **Arbeitsorganisation** umfaßt zum einen die Aufgabengestaltung am einzelnen Arbeitsplatz, im weiteren als Arbeitsgestaltung bezeichnet. Zielsetzung neuerer Ansätze der **Arbeitsgestaltung** ist es primär, eine höhere Leistungsmotivation zu erreichen. Zum anderen umschließt die Arbeitsorganisation auch die Gestaltung der Arbeitsbeziehungen innerhalb der Kleingruppe. In der Organisations- und Managementtheorie werden hier seit langem alternative Ansätze von **Führung** und **Gruppenarbeit** diskutiert.

### 4.2.1.1. Arbeitsgestaltung

Neuere Formen der Arbeitsgestaltung waren bisher wesentlich durch motivationstheoretische Konzepte und hier insbesondere durch die Ansätze von *Maslow* und *Herzberg* begründet. Im folgenden wird zuerst ein kurzer Überblick über die Motivationstheorie gegeben, um dann auf Konzepte der Arbeitsgestaltung einzugehen.

---

[39] Vgl. *Staehle* (1994) S. 533.

*a. Motivationstheorie*

Allgemein lassen sich Motivationstheorien in Inhaltstheorien und Prozeßtheorien unterscheiden:

»• **Inhaltstheorien** versuchen zu erklären, was im Individuum oder in seiner Umwelt Verhalten erzeugt und aufrechterhält. Hierzu zählen z.B. die Ansätze von *Maslow, Herzberg, McClelland.*

• **Prozeßtheorien** versuchen zu erklären, wie ein bestimmtes Verhalten hervorgebracht, gelenkt, erhalten und abgebrochen wird. Hierzu zählen die Ansätze von *Vroom, Porter/Lawler.*«[40]

Eine der bekanntesten **Inhaltstheorien** bildet die **Bedürfnistheorie** von *Maslow*, obwohl diese ursprünglich nicht als Motivationstheorie im Kontext der Arbeitsgestaltung entwickelt worden war.[41] *Maslow* erklärt anhand einer Bedürfnispyramide, daß mit der Erfüllung von Bedürfnissen einer niedrigeren Ebene, die noch unbefriedigten, ranghöheren Bedürfnisse das Individuum zu Handlungen motiviert, die auf deren Befriedigung abzielen. Danach strebt der Mensch ausgehend von der Befriedigung von Basisbedürfnissen über mehrere Stufen schließlich zur Selbstverwirklichung. Ungeachtet der Kritik, die sich u.a. gegen die begrenzte empirische Überprüfbarkeit und die geringe Vorhersagekraft bezüglich des Verhaltens von Individuen richtet, fand die Bedürfnistheorie eine breite Aufnahme in der Managementpraxis.[42] Wesentlich dazu beigetragen hat *McGregor*, der aufbauend auf *Maslow* die klassische Betonung von Kontrolle im Führungsverhalten (Theorie X) gegenüber einem motiviationsförderlichen Führungsverhalten (Theorie Y) kritisiert (Kap. 3.2.2.1).[43]

Anders als *Maslows* Bedürfnistheorie basiert die **Zwei-Faktoren-Theorie** von *Herzberg* auf empirischen Untersuchungen, bei denen festgestellt wurde, daß Arbeitszufriedenheit und Arbeitsunzufriedenheit durch weitgehend unterschiedliche Klassen von Faktoren beeinflußt werden. Entsprechend ihrer Wirkung sind zu unterscheiden:[44]

• **Hygiene-Faktoren**, die auf die Unzufriedenheit wirken (wie Unternehmenspolitik und Verwaltung, Überwachung, interpersonale Beziehungen, Arbeitsbedingungen, Entlohnung), und

• **Motivatoren**, die auf die Zufriedenheit wirken (wie Leistung, Anerkennung,

---

[40] Vgl. *Staehle* (1994) S. 206.
[41] Vgl. *Staehle* (1994) S. 206.
[42] Vgl. *Staehle* (1994) S. 156f.
[43] Vgl. *Staehle* (1994) S. 209.
[44] Vgl. *Staehle* (1994) S. 210ff.

Arbeitsinhalte, Verantwortung, Beförderung). Mittels Hygiene-Faktoren läßt sich höchstens Unzufriedenheit vermeiden, aber keine Zufriedenheit erreichen. Ebenso führt eine ungünstige Ausprägung der Motivatoren zu einem Fehlen von Zufriedenheit, aber nicht zwangsläufig zu Unzufriedenheit. Kritisiert wird an *Herzbergs* Theorie insbesondere die eingeschränkte Trennschärfe zwischen den Faktorklassen, die durch nachfolgende empirische Überprüfungen aufgezeigt wurde und nach *Locke* wahrscheinlich auf Kausalattributierungen zurückzuführen ist.[45]

*Staehle* (1994) weist schließlich darauf hin, daß die Ansätze von *Maslow* und *Herzberg* einander sehr ähnlich sind, wenn man eine Zweiteilung der Bedürfnispyramide in»Wachstumsbedürfnisse und Defizitbedürfnisse« vornimmt und diese der Trennung von Motivatoren und Hygienefaktoren gegenüberstellt.[46]

Während bei den Inhaltstheorien Motivation aus der allgemeinen Veranlagung des Individuums gefolgert wird, erklären die komplexeren **Prozeßtheorien** motiviertes Handeln (Verhalten) aus dem situationsbezogen erwarteten, individuellen Nutzen:[47]

»Verhalten erklärt sich aus der psychologischen Kraft, die innerhalb des Lebensraums auf eine Person in Richtung auf ein Ziel wirkt. [...] Dabei ist die Kraft eine Funktion der Qualität und Entfernung des Ziels. Ziele sind mit positiven oder negativen Valenzen [Wertigkeiten] ausgestattet, die vom Individuum unterschiedlich wahrgenommen werden (Qualität); sie werden auch als unterschiedlich nah oder fern (Entfernung) und damit unterschiedlich schwer erreichbar wahrgenommen.«[48]

Nach der **Valenz-Instrumentalitäts-Erwartungs-(VIE)-Theorie** von *Vroom* sind Ergebnisse von Handlungen danach zu unterscheiden, ob sie als Mittel dienen oder das eigentliche Ziel bilden. Die Leistungsmotivation eines Individuums aufgrund der Akzeptanz einer Aufgabe ist dabei positiv abhängig von

• der **Erwartung I** des Individuums, mit einer bestimmten Handlung ein wahrgenommenes Aufgabenziel zu erreichen, für welches eine Belohnung (als Mittel zum Zweck) versprochen wurde. Diese Erwartung ist im wesentlichen beeinflußt durch die Selbsteinschätzung des Individuums;

• der **Erwartung II** des Individuums, daß mit Erreichen des Aufgabenziels auch tatsächlich die Belohnung erfolgt. Beeinflußt wird diese durch externe Bedingungen wie das »Vorgesetztenverhalten und organisatorische Regelungen«;[49]

---

[45] Vgl. *Staehle* (1994) S. 211.
[46] Vgl. *Staehle* (1994) S. 178 und S. 212.
[47] Vgl. *Staehle* (1994) S. 216.
[48] Vgl. *Staehle* (1994) S. 216.
[49] Vgl. *Staehle* (1994) S. 218.

• der vom Individuum wahrgenommenen **Instrumentalität** der Belohnung (Mittel) zur Erreichung der eigenen Bedürfnisse (Zweck). Individuuen unterscheiden sich hierbei durch die Präferenzen für unterschiedliche Ziele.

Die **Zieltheorie der Arbeitsmotivation** von *Locke* basiert auf der zentralen These, daß anspruchsvolle Ziele stark leistungsmotivierend wirken, wenn diese vom Individuum akzeptiert worden sind. Die Motivationswirkung von Zielen wird insgesamt von folgenden Faktoren positiv verstärkt:

• Zielidentifikation
• Zielakzeptanz
• Zielklarheit
• Zielschwierigkeit
• Feedback über Zielerreichung.[50]

Die Zielidentifikation wird durch finanzielle Anreize erreicht, die Zielakzeptanz durch Partizipation. Die Zielklarheit erleichtert die Wahrnehmung des Aufgabenziels. Über die Zielschwierigkeit wird die Höhe der Anstrengung bestimmt, wenn Zielakzeptanz besteht. Feedback wirkt korrigierend auf die Ausrichtung der Handlungen bezüglich Richtung, Intensität, Ausdauer und Strategien.[51]

**Gleichheitstheoretische Motivationsmodelle** gehen von einem Harmoniemodell aus, nach dem das Individuum bedingt durch Dissonanzen bzw. Ungleichheiten motiviert handelt, indem es diese abzubauen bestrebt ist, um einen Gleichgewichtszustand zu erreichen. Entsprechend dieser Theorie bewirkt eine Diskrepanz zwischen Belohnung und Leistung (Benachteiligung wie Bevorzugung) ein korrigierendes Leistungsverhalten. Empirische Untersuchungen zeigen allerdings, daß die leistungskorrigierende Wirkung bei Überbezahlung von dem Werteverständnis des jeweiligen Individuums abhängt.[52]

*Portner/Lawler* integrieren mit ihrem **Motivationsmodell** sowohl Ansätze der Erwartungstheorie als auch der Gleichheitstheorie (Abb. 4.6). Danach hängt die **Anstrengung** eines Individuums für die Aufgabenerfüllung von der Wertigkeit und Eintrittswahrscheinlichkeit der Belohnung ab. Fähigkeiten, Persönlichkeitszüge und die Rollenwahrnehmung des Individuums bestimmen, inwieweit die Anstrengung zu einer **Leistung** führt. Die resultierende **Belohnung** kann sowohl intrinsisch (Befriedigung aus der Tätigkeit selbst) als auch extrinsisch sein (Begleitumstände der Tätigkeit wie Bezahlung oder Anerkennung).[53] Die **Zufriedenheit** ist Ergebnis einer als gerecht bzw. angemessen empfundenen Belohnung der erbrachten Leistung.

---

[50] Vgl. *Staehle* (1994) S. 222.
[51] Vgl. *Staehle* (1994) S. 222.
[52] Vgl. *Staehle* (1994) S. 226.
[53] Vgl. *Staehle* (1994) S. 151f.

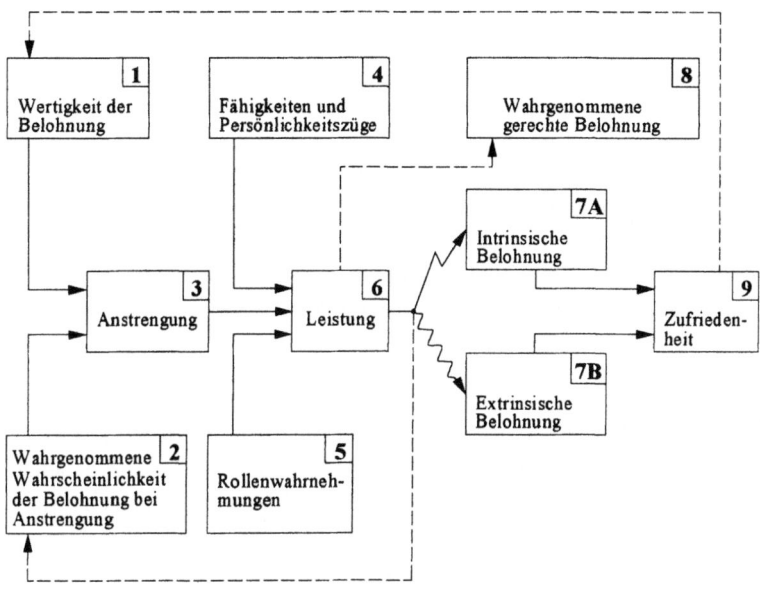

Abb. 4.6: Die Motivationstheorie von *Porter/Lawler*. Quelle: Abgebildet in *Staehle* (1994) S. 223.

Nach den **Attributionstheorien** hängt Leistungsverhalten davon ab, auf welche Faktoren das Individuum die Ergebnisse des bisherigen Verhaltens zurückführt. *Weinert* unterscheidet die internen Faktoren **Fähigkeit** und **Anstrengung** und die externen Faktoren **Aufgabe** und **Zufall**.[54] Die Betrachtung der Attributierungskombinationen liefert dabei wichtige Erkenntnisse über das mögliche Verhalten eines Individuums. Niedrig Leistungsmotivierte beispielsweise begründen – im Gegensatz zu hoch Leistungsmotivierten – Mißerfolge im bisherigen Verhalten mit »unzureichenden Fähigkeiten, Schwierigkeit der Aufgabe und fehlendem Glück«, nicht aber mit unzureichenden Anstrengungen.[55]

Leider bleiben die Erklärungsansätze der Prozeßtheorien bei der Diskussion der nachfolgend beschriebenen Arbeitsgestaltungskonzepte weitgehend unberücksichtigt. Aufgrund der ausschließlichen Beachtung der einfacheren Inhaltstheorien wird dabei die Motivationswirkung dieser Konzepte generell überschätzt.

---

[54] Vgl. *Staehle* (1994) S. 226.
[55] Vgl. *Staehle* (1994) S. 227.

*b. Arbeitsgestaltung*

In den 70er Jahren wurden im Rahmen der Programme **Humanisierung der Arbeit (HdA)** und **Quality of Working Life (QWL)** neue Formen der Arbeitsgestaltung propagiert, die sich durch humane und motivationsgerechte Arbeitsinhalte auszeichnen sollten. Diese in der betrieblichen Praxis weitgehend unbeachtet gebliebenen Ansätze erfahren heute mit Managementkonzepten wie Lean Production oder BPR eine Renaissance.[56] Die derzeit auflebende Diskussion erfolgt allerdings in einem **ganzheitlichen Kontext**, während die älteren Ansätze humaner **Arbeitsstrukturierung** sich überwiegend eng »auf den einzelnen isolierten Arbeitsplatz oder die Arbeitsgruppe« beziehen.[57]

Zentraler Ansatzpunkt der Arbeitsstrukturierung ist der **Arbeitsinhalt**, dessen Gestaltung »sowohl nach ökonomischen als auch humanen Kriterien« erfolgt.[58] Ausgehend von den durch tayloristische Arbeitsteilung überwiegend stark reduzierten Arbeitsinhalten zielen Konzepte der Arbeitsstrukturierung vor allem auf eine **Arbeitsinhaltsvergrößerung** (Abb. 4.11).[59] Bei den drei wichtigsten Ansätzen der Arbeitsstrukturierung handelt es sich um

- **Job Enlargement** als Ansatz zur quantitativen, horizontalen Arbeitsinhaltsvergrößerung durch Aufnahme vorgelagerter und/oder nachgelagerter Tätigkeiten;
- **Job Rotation** als Ansatz horizontaler Arbeitsinhaltsvergrößerung durch geplantes Rotieren zwischen Arbeitsplätzen mit unterschiedlichen Arbeitsinhalten;
- **Job Enrichment** als Ansatz zur qualitativen, vertikalen Arbeitsinhaltsvergrößerung, der neben der Zusammenfassung horizontaler Aufgaben zusätzlich die Reintegration von übergeordneten Kompetenzen wie Planung und Kontrolle umfaßt.

Theoretische Grundlage dieser Ansätze bilden die Motivationstheorien von *Maslow* und *Herzberg*, die den **Arbeitsinhalt** als einen wichtigen intrinsischen Motivationsfaktor identifizieren.[60] Danach führt eine bedeutungsvolle, vielseitige Arbeit mit Möglichkeiten der Entwicklung und Selbstentfaltung zu einer hohen Arbeitszufriedenheit. Diese Grundüberlegungen finden sich auch im **Job Characteristics Model** von *Hackman* wieder, welches als theoretisches Fundament neuerer Arbeitsgestaltungskonzepte dient. Die Kernaussage des Modells lautet, daß eine hohe Ausprägung hinsichtlich der fünf Dimensionen Aufgabenvielfalt,

---

[56] Vgl. *Staehle* (1994) S. 781.
[57] Vgl. *Staehle* (1994) S. 657.
[58] Vgl. *Staehle* (1994) S. 660f.
[59] Vgl. *Staehle* (1994) S. 661ff.
[60] Vgl. *Staehle* (1994) S. 663 und 780.

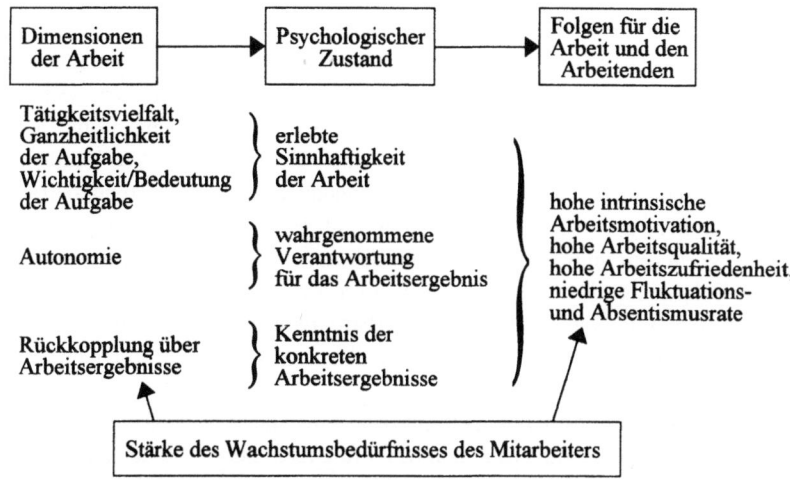

Abb. 4.7:    Job Characteristics Model. Quelle: Abgebildet in *Staehle* (1994) S. 657.

Ganzheitlichkeit, Bedeutung, Handlungsautonomie und Ergebnisrückkopplung zu einer hohen Arbeitszufriedenheit und einer intrinsischen Arbeitsmotivation führt (Abb. 4.7).[61]

Entgegen dem universellen Anspruch der Arbeitsstrukturierungskonzepte belegen Studien jedoch, daß Maßnahmen der Arbeitsinhaltvergrößerung wie Job Enrichment nicht generell eine motivationssteigernde Verhaltenswirkung zugesprochen werden kann. Stattdessen »finden sich in empirischen Untersuchungen immer wieder Hinweise darauf, daß bestimmte Arbeiter repetitive, monotone Tätigkeiten vorziehen.«[62]

Entscheidend für die Verhaltenswirkung der Arbeitsgestaltung ist somit auch die Arbeitsorientierung des Stelleninhabers, welche nach *Niederfeichtner* beeinflußt wird durch

• personale Faktoren,
• außerorganisationale Lebensumstände und
• berufliche und organisationale Faktoren.[63]

Die Kritik an den beschriebenen Formen der Arbeitsstrukturierung und insbesondere dem Job Characeristics Model richtet sich überwiegend gegen die inhaltstheoretische Begründung der Motivationswirkung. Unter Berücksichtigung

---

[61] Vgl. *Staehle* (1994) S. 657.
[62] Vgl. *Staehle* (1994) S. 664.
[63] Vgl. *Staehle* (1994) S. 667.

der Prozeßtheorien kann diesen neuen Formen der Arbeitsgestaltung eine zufrie-
denheits- und leistungssteigernde Wirksamkeit nicht per se zugesprochen werden.
Nach der VIE-Theorie wird eine am Job Characteristics Model orientierte Arbeitsgestaltung nur dann in beabsichtigter Weise verhaltenswirksam, wenn der
betroffene Stelleninhaber bezüglich seiner Bedürfnisse, Erwartungen und Bewer-
tungen entsprechend ausgeprägt ist.[64] So muß der Stelleninhaber Bedürfnisse
aufweisen, die instrumentell über die Belohnung der Arbeitsleistung befriedigt
werden können, und diese Instrumentalität muß auch als solche wahrgenommen
werden. Weiterhin muß er das Erreichen des Arbeitsziels wie auch der anschlie-
ßenden Belohnung als wahrscheinlich werten. Erst wenn der Stelleninhaber erkennt, daß er mit dem durch die Arbeitsstrukturierung intendierten Verhalten
gleichzeitig seine eigenen Ziele erreichen kann, wird sich die intendierte Leistungsmotivation einstellen.

Nach der Attributionstheorie ist ferner eine Einstellung bedeutsam, bei der das
Individuum die Gründe für Erfolg und Mißerfolg nicht außerhalb der eigenen Person sucht, sondern auf das eigene Verhalten zurückführt. Dies gilt insbesondere
für die Wirksamkeit von Feedback über die bisherige Arbeitsleistung. Schließlich
ist mit der Kritik von *Sandner* laut *Staehle* (1994) anzuführen, daß »Arbeits-
merkmale und deren Ausprägung *sozial* vermittelte Konstrukte sind, und daß die
Einschätzung der Güte eines Arbeitssystems stark von der Meinung von Arbeits-
kollegen abhängt«.[65]

### 4.2.1.2. Führung und Gruppenarbeit

Konzepte der Arbeitsgestaltung leisten aufgrund der weitgehend auf den einzelnen Arbeitsplatz fokussierten Betrachtung nur eine Teilbeschreibung der Arbeitsorganisation. Funktionsweise und Leistungsvorteil einer Arbeitsorganisation
sind weiterhin abhängig von Art und Aufbau der Gruppen als kleinste soziale Einheiten. Die gruppeninterne Arbeitsbeziehung wird hierbei wesentlich bestimmt
durch die Ausprägung der Führung.

*a. Führung*

Insofern Führung ein besonderes zwischenmenschliches Verhalten ist, bezieht

---

[64] Vgl. *Staehle* (1994) S. 220.
[65] Vgl. *Staehle* (1994) S. 658.

es sich stets auf die soziale Einheit *Gruppe*. Unter **Gruppe** wird dabei in dem
hier vorgegebenen ökonomischen Kontext eine kleine Anzahl von Personen verstanden, die über einen längeren Zeitraum hinweg persönlich interagieren und eine aus der Gesamtaufgabe der Organisation bestimmte Aufgabe gemeinsam erfüllen.[66] Eine dominante, zielgerichtete Einflußnahme eines Gruppenmitgliedes,
welche innerhalb der Gruppe anerkannt wird, wird als **Führung** bezeichnet.[67]
Situationsbedingt können sich unterschiedliche Gruppenmitglieder als Führer
durchsetzen, die nicht zwangsläufig mit dem (im Regelfall) offiziell bestimmten
Vorgesetzten übereinstimmen müssen. Erst wenn der Vorgesetzte durch sein Verhalten als Führer in der Gruppe akzeptiert wird und eine Identifikation der Gruppenmitglieder mit der Gruppenaufgabe herstellen kann, werden sich die anderen
Gruppenmitglieder motiviert und emotional an der Aufgabenerfüllung beteiligen.[68]

Um zu Aussagen über praktiziertes und zu praktizierendes Führungsverhalten
zu gelangen, wurde in der Führungsforschung das Konstrukt des Führungsstils
eingeführt. Ein **Führungsstil** ist »ein langfristig relativ stabiles, situations-
invariantes Verhaltensmuster des Führers«.[69] Grundlage der Identifizierung von
Führungsstilen ist die Annahme, daß wesentliche Aspekte des Führungsverhalten
situationsunabhängig durch persönliche Eigenschaften und Vorstellungen über die
menschliche Natur geprägt sind.[70]

Ein sehr bekannter Ansatz, dessen Typologie von Führungsstilen idealtypisch,
d.h. nicht empirisch hergeleitet wurde, stammt von *Tannenbaum/Schmidt* (Abb.
4.8).[71] Anhand der Verteilung des Entscheidungsspielraumes auf einerseits den
Vorgesetzten und andererseits die Mitarbeiter werden mehrere Führungsstile unterschieden, die sich auf einem Kontinuum entsprechend anordnen lassen. Die
Effizienz der Führungsstile sehen *Tannenbaum/Schmidt* determiniert durch Merkmale des Vorgesetzten, der Mitarbeiter sowie der Situation.[72] Insofern gibt es
keinen situationsunabhängig effizienten Führungstil.

Typologien und die Effizienz von Führungsstilen ist auch Gegenstand von empirischen Untersuchungen in den USA. Kennzeichnend für diese frühen Studien
ist der dichotomische Ansatz bei der Abbildung von Führungsverhalten auf zwei
konzeptionell sehr ähnliche Dimensionen (Abb. 4.9).[73]

[66] Vgl. *Hill/Fehlbaum/Ulrich* (1994) S. 85.
[67] Vgl. *Hill/Fehlbaum/Ulrich* (1994) S. 105 und *Staehle* (1994) S. 308.
[68] Vgl. *Hill/Fehlbaum/Ulrich* (1994) S. 105.
[69] Vgl. *Staehle* (1994) S. 314.
[70] Vgl. *Staehle* (1994) S. 314.
[71] Vgl. *Staehle* (1994) S. 316.
[72] Vgl. *Staehle* (1994) S. 316ff.

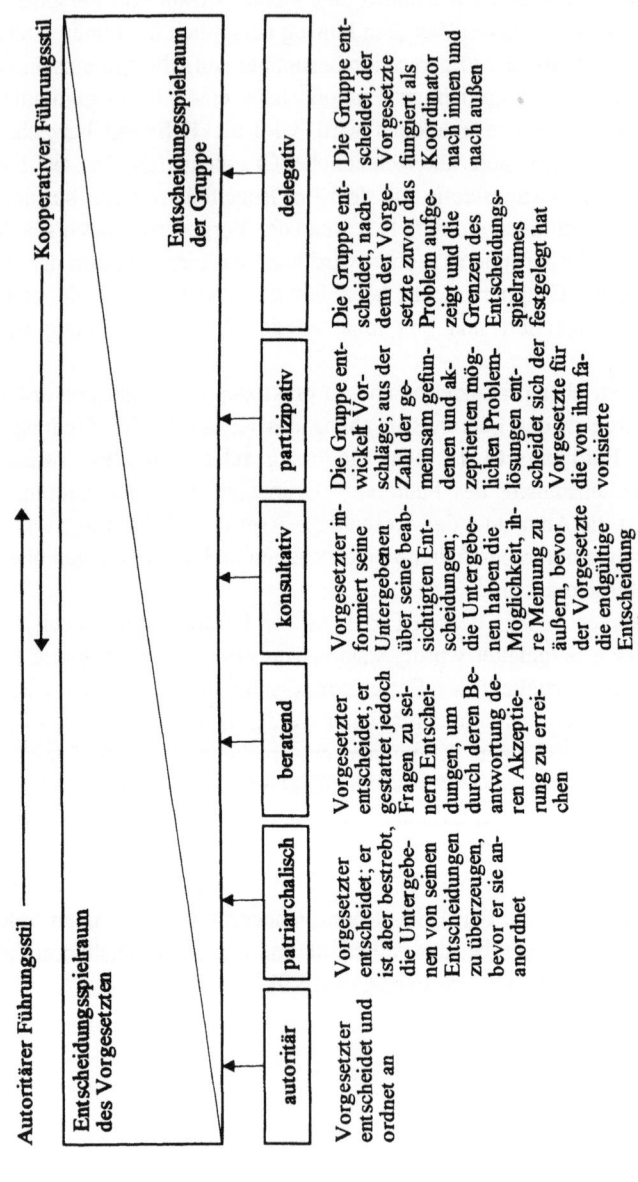

Abb. 4.8: Autoritärer und kooperativer Führungsstil. Quelle: *Tannenbaum/Schmidt*, abgebildet in *Staehle* (1994) S. 317.

---

[73] Vgl. *Staehle* (1994) S. 318ff.

Dieser Ansatz findet sich auch bei der Unterscheidung von *Hill/Fehlbaum/ Ulrich* (1994) zwischen **instrumentaler Führung** (Aufgabenorientierung) und **sozio-emotionaler Führung** (Beziehungsorientierung):

»– [..] der instrumentalen Führung entspricht ein ›*aufgaben-strukturierendes*‹ Verhalten des Führers: er definiert die Gruppenaufgabe, setzt Ziele fest, verteilt die Rollen der einzelnen Gruppenmitglieder in bezug auf die Aufgabenerfüllung, plant und ergreift Maßnahmen zur Erreichung der Ziele und treibt die Gruppe zu Leistung an.

– [..] der sozio-emotionalen Führung entspricht ein ›*gruppen-integrierendes*‹ *Verhalten* des Führers: er berücksichtigt die Bedürfnisse der Gruppenmitglieder und bemüht sich, die Beziehungen zwischen den Gruppenmitgliedern zu intensivieren, eine Atmosphäre des Vertrauens zu schaffen, und die Gruppenkohäsion zu erhalten.«[74]

Erfolgreiches Führungsverhalten wird bei den in Abb. 4.9 aufgeführten Ansätzen weitgehend situationsunabhängig auf die Ausprägung der Beziehungs- und Aufgabenorientierung zurückgeführt. Nach der Ohio-Schule sind beide Dimensionen voneinander unabhängig. Hohe Zufriedenheit resultiert aus einer hohen Beziehungsorientierung, während Führungserfolg sowohl hoher Beziehungs- als auch Aufgabenorientierung bedarf.[75] Der frühe Ansatz der Michigan-Schule versteht dagegen die beiden Orientierungen als Endpunkte eines Kontinuums. Hiernach führt eine hohe Mitarbeiterorientierung zu Führungserfolg und Zufriedenheit.[76]

| Ohio State Studien | Michigan Studien | Group Dynamics Studien |
|---|---|---|
| Beziehungsorientierung | Mitarbeiterorientierung | Kohäsionsfunktion |
| Aufgabenorientierung | Leistungsorientierung | Lokomotionsfunktion |

Abb. 4.9: Dimensionen des Führungsverhaltens bei einigen Ansätzen der empirischen Führungsstilforschung.

Nachfolgende empirische Untersuchungen konnten diese Aussagen jedoch nicht bestätigen. Letztlich gibt es neben dem Führungsverhalten weitere wichtige Einflußfaktoren auf die Effizienz einer Organisation wie die Persönlichkeitsmerkmale der Geführten oder die strukturellen Gegebenheiten.[77] Somit läßt sich nach *Staehle* (1994) bezüglich der Führungsstiltheorien festhalten:

---

[74] Vgl. *Hill/Fehlbaum/Ulrich* (1994) S. 106.
[75] Vgl. *Staehle* (1994) S. 323.
[76] Vgl. *Staehle* (1994) S. 324.
[77] Vgl. *Staehle* (1994) S. 323ff.

»Die Ergebnisse der Führungsstilforschung bleiben ex definitione auf zeit- und situationsinvariante Verhaltensmuster beschränkt, die zu global beschrieben werden, als daß sie von großem praktischen Wert wären.«[78]

Ungeachtet dessen werden in Unternehmungen weiterhin Führungsstile als Grundlage schriftlich fixierter Führungsrichtlinien herangezogen. Gemäß der in der Praxisliteratur verbreiteten Auffassung, erfolgreiche Führung müsse kooperativ erfolgen, wird in entsprechenden Führungsgrundsätzen zumeist ein beziehungsorientierter, **kooperativer Führungsstil** vertreten.[79]

## b. Gruppenarbeit

Allgemein kann Führungsverhalten innerhalb einer Gruppe von der autoritären bis zur delegativen Ausprägung alle in Abb. 4.13 beschriebenen Führungsstilvarianten annehmen. Unter **Gruppenarbeit** werden dagegen nur solche Arbeitsformen verstanden, bei denen die Gruppenmitglieder zumindest an den wesentlichen Entscheidungen mit echten Einflußmöglichkeiten partizipieren.[80] Ausgehend von der obigen Diskussion situationsgerecher Führung ist allerdings hinzuzufügen, daß bei erfolgreicher Gruppenarbeit die von einzelnen Gruppenmitgliedern oder einem designierten Vorgesetzten wahrgenommene Führung situationsspezifisch variieren kann.

Im Zusammenhang von Gruppenarbeit wird in der Literatur auch häufig von **Teamarbeit** gesprochen. Im folgenden wird der Begriff **Team** nach *Forster* (1978) wie folgt definiert:

»Ein Team in einer Unternehmung ist eine kleine, funktionsgegliederte Arbeitsgruppe mit gemeinsamer Zielsetzung, verhältnismäßig intensiven wechselseitigen Beziehungen, einer spezifischen Arbeitsform, einem ausgeprägten Gemeinschaftsgeist und damit einer relativ starken Gruppenkohäsion.«[81]

Anders als es allgemein für Gruppen gilt, nehmen die Mitglieder eines Teams unterschiedliche Funktionen wahr. Weiterhin ist ein Team bezüglich Gemeinschaftsgeist, Gruppenkohäsion und der Arbeitsform (teamwork) stärker ausgeprägt.[82]

Bedingt durch technologische und umweltbezogene Veränderungen rückt die

---

[78] Vgl. *Staehle* (1994) S. 326.
[79] Vgl. *Staehle* (1994) S. 816f.
[80] Vgl. *Hill/Fehlbaum/Ulrich* (1994) S. 246ff und *Staehle* (1994) S. 269.
[81] Vgl. *Forster* (1978) S. 17.
[82] Vgl. *Forster* (1978) S. 17f.

Gruppe mit ihren Leistungseigenschaften bei der Gestaltung der Arbeitsorganisation zunehmend in den Vordergrund.[83] Der von kooperativ arbeitenden Gruppen erwartete Leistungsvorteil ergibt sich als Folge von (vgl. auch Abb. 4.10)[84]

- **hoher Leistungsmotivation** der Gruppenmitglieder durch Identifikation mit Gruppenzielen und durch gruppeninterne Konkurrenz;
- **hoher Entscheidungsqualität** durch breite Urteilsbasis und Irrtumsausgleich;
- **hoher Koordinationseffizienz** durch größere Kontaktintensität und effiziente Kommunikationsmöglichkeiten;
- **hoher Zufriedenheit** durch Befriedigung sozialer Bedürfnisse wie Geselligkeit und Anerkennung.

Der potentielle Leistungsvorteil von Gruppenarbeit ist jedoch situativ zu relativieren, insofern bestimmte Voraussetzungen erfüllt sein müssen, damit der Leistungsvorteil der Gruppe tatsächlich wirksam wird.[85] In der Managementpraxis wird dagegen mit Rückgriff auf »Legenden« oft ein generell eintretender Leistungsvorteil von Gruppen bzw. Teams erwartet:[86]

»Der Glaube an die Überlegenheit von Gruppen geht heute soweit, daß das Management im **Team** und in der Teamarbeit bisweilen das Allheilmittel für seine Probleme sieht«.[87]

Für die **Gruppenbildung** vorteilhaft sind nach *Staehle* (1994)[88]

- interdependente, ganzheitliche Aufgabenstellungen;
- Partizipationsmöglichkeiten an inhaltlichen Entscheidungen;
- die Belohnung der Gruppen-, nicht der Einzelleistung;
- ein durch hohe hierarchische Einordnung bedingter hoher Gruppenstatus.

Wichtig für die Gruppenentwicklung ist das Entstehen eines Gemeinschaftsgefühls, welches im Zusammenhalt der Gruppe als sogenannte **Gruppenkohäsion** zum Ausdruck kommt.[89] Eine hohe Gruppenkohäsion tritt dann ein, wenn sich die Gruppenmitglieder mit den **Gruppenzielen** identifizieren. Eine solche Identifikation setzt voraus, daß – ausgehend von den Ergebnissen der Motiviationstheorien – der einzelne Mitarbeiter der Gruppenarbeit einen Wert beimißt. Speziell die Partizipation muß instrumentell der individuellen Bedürfnisbefriedigung dienen und diese Instrumentalität muß als solche auch von dem Gruppenmitglied erkannt

---

[83] Vgl. *Staehle* (1994) S. 246.
[84] Vgl. *Hill/Fehlbaum/Ulrich* (1994) S. 86 und S. 257 und *Staehle* (1994) S. 269f.
[85] Vgl. *Staehle* (1994) S. 693.
[86] Vgl. *Staehle* (1994) S. 693. Zitat ist im Original hervorgehoben.
[87] Vgl. *Staehle* (1994) S. 247.
[88] Vgl. *Staehle* (1994) S. 261.
[89] Vgl. *Hill/Fehlbaum/Ulrich* (1994) S. 257 und *Staehle* (1994) S. 262.

werden.[90] Neben aufgabenbezogenen Merkmalen spielen hier die systemextern durch die Sozialisation geprägte Persönlichkeit und die Grundmotivation des Gruppenmitgliedes eine maßgebliche Rolle.[91]

Die Gruppenkohäsion hat entscheidenden Einfluß auf das Leistungsverhalten der Gruppe, jedoch gilt nicht die generelle Aussage, daß eine hohe Kohäsion ebenfalls hohe Produktivität bedingt. Eine hochkohäsive Gruppe arbeitet nur dann produktiv, wenn eine Übereinstimmung von Gruppenzielen und Organisationszielen besteht. Ist diese Zielkonformität nicht vorhanden, bildet eine hochkohäsive Gruppe aufgrund ihrer kontraproduktiven Arbeitsorientierung eine Gefahr für die Organisation.[92]

Weiterhin wichtig für das Leistungsverhalten einer Gruppe ist die optimale Größe und die Gruppenzusammensetzung.[93] Bei Gruppen, die face-to-face zusammenarbeiten, sollte die Mitgliederzahl nicht mehr als sechs bis neun Personen überschreiten und die Gruppenarbeit durch räumliche Gegebenheiten unterstützt werden.[94] Auch wenn der mögliche Leistungsvorteil stark von der zu lösenden Aufgabe abhängt, halten *Hill/Fehlbaum/Ulrich* (1994) die Vermutung für zulässig, »daß der Leistungsvorteil der Gruppe zumindest in Industrieländern recht häufig zur Geltung kommt«.[95]

Die wesentlichen Vor- und Nachteile hoher **Partizipation** sind in Abb. 4.10 zusammengefaßt. Hinsichtlich der Nachteile der Gruppenarbeit wurde schon die Gefahr nicht zielkonform ausgerichteter hochkohäsiver Gruppen genannt. Weitere Problembereiche sind[96]

• der Anpassungswiderstand von Gruppen bei hoher Gruppenkohäsion, welcher die organisatorische Anpassungsfähigkeit beeinträchtigt;

• die Entwicklung der Selbstabstimmung zu einer Form der ›Selbstreinigung‹, wenn »selbstgesetzte Gruppennormen [...] zur Diskriminierung von leistungsschwächeren und weniger beliebten Mitarbeitern führen«;

• die Gruppenbefangenheit als Folge übertriebenen Teamgeistes, welche einer Einschränkung der analytischen Leistungsfähigkeit zur Folge hat.

---

[90] Vgl. *Staehle* (1994) S. 269f und Kap. 4.2.1.1.
[91] Vgl. *Hill/Fehlbaum/Ulrich* (1994) S. 253f.
[92] Vgl. *Staehle* (1994) S. 264.
[93] Vgl. *Staehle* (1994) S. 267f.
[94] Vgl. *Staehle* (1994) S. 261.
[95] Vgl. *Hill/Fehlbaum/Ulrich* (1994) S. 258, auch *Staehle* (1994) S. 693.
[96] Vgl. *Staehle* (1994) S. 270f und S. 693.

| | Vorteile | Nachteile |
|---|---|---|
| Kapazitätsaspekt | - höhere Kommunikationskapazität (mündlich, direkt, sofort) <br> - Konsolidierung der Kompetenzen | - setzt qualifizierte bzw. lernfähige und lernbereite Mitarbeiter voraus <br> - Gruppenentscheidungen sind in Mann-Stunden zeit- und damit auch kostenintensiver |
| Koordinationsaspekt | - gruppeninterne Selbstkoordination <br> - Aufrechterhaltung der Koordination ohne permanente Überwachung der Mitarbeiter <br> - Möglichkeit zur frühzeitigen, gruppeninternen Offenlegung und Lösung von Konflikten | - evtl. Verlust des individuellen Verantworungsbewußtseins bei Gruppenverantwortung <br> - individuelle Beiträge schwierig zu bewerten <br> - Gefahr, daß Gruppenziele sich von den Zielen des Gesamtsystems entfernen <br> - Transparenz der Willensbildungsprozesse geht verloren |
| Aspekt der Entscheidungsqualität | - Wissens-Integration <br> - Irrtumsausgleich <br> - soziale Unterstützung: Sicherheit, Enthemmung, geistige Anregung <br> - Identifikation mit Leistungszielen <br> - gegenseitige Konkurrenz und Gruppendruck; erhöhte Zielniveaus, einheitliche Ausrichtung | - Entscheidungsverzögerungen <br> - Kompromiß-Denken <br> - Gefahr der Informationsfilterung der Gruppe nach innen und außen <br> - Gefahr der Vernachlässigung potentieller Beiträge nicht diskussionsgewandter und nicht motivierter Mitarbeiter |
| Personenbezogener Aspekt | - Geborgenheit in der Gruppe (Befriedigung sozialer Bedürfnisse) <br> - vermehrte Subjekt- anstatt Objektstellung der Mitarbeiter <br> - Entfaltungsmöglichkeiten in der Gruppe <br> - Motivation | - Gruppensituation für Einzelgänger ungünstig <br> - zu starke Identifikation mit der Gruppe schafft Abhängigkeit, Verlust der Eigeninitiative und der übrigen sozialen Beziehungen |

Abb. 4.10: Mögliche Vor- und Nachteile einer ausgeprägten Partizipation.
Quelle: *Hill/Fehlbaum/Ulrich* (1994) S. 260f.

## 4.2.2. Koordination in Prozessen

Die dargestellten Ansätze der Arbeitsgestaltung und Gruppenarbeit werden zu einem großen Teil motivationstheoretisch begründet. Mit der expliziten Prozeßorientierung steht demgegenüber bei BPR eine **koordinationseffiziente** Gestaltung der Arbeits- und Unternehmungsorganisation im Vordergrund. Eine wesentliche Grundlage für diesen Gestaltungsansatz bilden die von *Gaitanides* (1983) aus Prozeßsicht diskutierten Kooperationsformen.

## 4.2.2.1. Koordination

Seit *Fayol* wird Koordination als wesentliche Managementfunktion angesehen.[97] Nach *Staehle* (1994) versteht man unter **Koordination**

»die Abstimmung und Harmonisierung von Handlungen der Organisationsmitglieder sowie die Ausrichtung arbeitsteilig gebildeter Stellen, beides in Hinblick und Richtung auf die Ziele und Zwecke der Organisation.«[98]

Ursache für den Koordinationsbedarf in Organisationen sind zum einen »Ziel- und Interessensdivergenzen« zwischen den Organisationsmitgliedern und zum anderen die »arbeitsteilige Stellen-/Abteilungsbildung«.[99] Die Notwendigkeit der Koordination entsteht hierbei durch die **Interdependenzen** der durch die Prozeßzerlegung arbeitsteilig getrennten Aktivitäten.[100] Je höher die Differenzierung und Arbeitsteilung bei interdependenten Aufgaben ist, umso notwendiger werden Koordinationsmechanismen bzw. -instrumente, die die Integration arbeitsteiliger Prozesse sichern.

In der Literatur werden im wesentlichen zwei Arten von Interdependenzen unterschieden:[101]

• die auf Leistungsverflechtung beruhende **Leistungsinterdependenz**, bei der ein Prozeßsegment leistungsbezogener Kunde eines anderen Prozeßsegmentes ist, und

• die **Ressourceninterdependenz**, bei der sich zeitlich überlappende Prozeßsegmente eine Ressource teilen.

Mit der Prozeßorientierung steht vorrangig die Leistungsinterdependenz im Vordergrund. Damit wird die klassische Priorisierung der Ressourceninterdependenz bei der Bestimmung organisatorischer Strukturen zugunsten der Leistungsinterdependenz umgekehrt. Letztere kann hinsichtlich der Art der Leistungsverflechtung wie folgt weiter differenziert werden:[102]

• **Sequentielle Interdependenz** besteht dann, wenn die betrachteten Prozeßsegmente in einer Vorrangbeziehung stehen. Ist diese Vorrangbeziehung strikt, d.h. daß die Prozeßbearbeitung in einem Prozeßsegment erst nach Beendigung der vorgelagerten Prozeßsegmente beginnen kann, handelt es sich um eine **zeitlich disjunkte Interdependenz**. Ist es dagegen bei Einhaltung der Vor-

---

[97] Vgl. *Staehle* (1994) S. 528.
[98] Vgl. *Staehle* (1994) S. 528.
[99] Vgl. *Staehle* (1994) S. 529. Das erste Zitat ist im Original hervorgehoben.
[100] Vgl. *Staehle* (1994) S. 529 und *Gaitanides* (1983) S. 160.
[101] Vgl. *Gaitanides* (1983) S. 160f.
[102] Vgl. *Gaitanides* (1983) S. 161ff.

rangbeziehung möglich, daß die Bearbeitung in einem Prozeßsegment vor Beendigung der vorgelagerten Prozeßsegmente begonnen werden kann, handelt es sich um eine **zeitlich konjunkte Interdependenz.**

- **Reziproke Interdependenz** besteht dann, wenn die Leistungsverflechtung gegenseitig ist, d.h. jedes der betrachteten Prozeßsegmente leistungsbezogener Kunde des anderen ist.

Durch die beschriebenen Interdependenzen entsteht ein Koordinationsbedarf, dem Organisationen durch den Einsatz von **Koordinationsinstrumenten** zu entsprechen versuchen. In der Literatur wird hier »zwischen Fremdkoordination (Managementkontrolle) und Selbstkoordination (Selbstabstimmung) unterschieden«.[103] Zu Formen der **Fremdkoordination** zählen »Hierarchie, Stäbe, Regeln und Programme, Pläne und Ziele, Komitees, Ausschüsse, Teams, Koordinatoren, formale Autorität, Beurteilungssysteme, Personalselektion und -entwicklung, Architektur (z.B. Großraumbüro), Abteilungsbildung« (Kap. 4.1.2.2).[104] Diese lassen sich trennen in

- **persönliche Kontrollsysteme** wie Führung, Hierarchie, Komitees und
- **unpersönliche** (bürokratische) **Kontrollsysteme** wie Standardisierung und Regeln.[105]

Von der Fremdkoordination abgegrenzt ist die **Selbstkoordination** in Form von »Partizipation, Delegation, kooperative Führung, Organisations- und Personalentwicklung, Selbst-Management, Intrapreneurship« und teilautonomen Gruppen.[106] In Anlehnung an *Gaitanides* läßt sich die Unterscheidung beider Koordinationsformen am Konstrukt des **Handlungsspielraums** vollziehen, welcher die »Möglichkeiten der Einfluß- *und* Rücksichtnahme auf Handlungsrestriktionen« beschreibt.[107] Kennzeichnend für die Fremdkoordination ist, daß der Handlungsträger **generelle verhaltensverbindliche Vorgaben** bekommt (explizite Berücksichtigung von Interdependenzen), während ihm bei der Selbstkoordination **Handlungsautonomie** eingeräumt wird (implizite Berücksichtigung von Interdependenzen). Diese Handlungsautonomie ist »nicht mit bedingungslosem bzw. prämissenfreiem Handeln oder Entscheiden« gleichzusetzen, sondern bedeutet, daß dem Handlungträger die Berücksichtigung und Abstimmung der Interdependenzen übertragen werden.[108] Der Handlungsspielraum eines Stelleninhabers wird

---

[103] Vgl. *Staehle* (1994) S. 531.
[104] Vgl. *Staehle* (1994) S. 532.
[105] Vgl. *Staehle* (1994) S. 532f.
[106] Vgl. *Staehle* (1994) S. 538.
[107] Vgl. *Gaitanides* (1983) S. 171.
[108] Vgl. *Gaitanides* (1983) S. 171. Gleiches gilt für die Selbstabstimmung in Gruppen, vgl. *Staehle* (1994) S. 718f.

durch Selbstkoordination erhöht und durch Fremdkoordination reduziert. Zur ge-
naueren Kennzeichnung des Handlungsspielraums führt Gaitanides drei Dimensionen an, von denen die ersten beiden aus der Literatur bekannt sind:[109]

• Handlungsspielraum als **Tätigkeitsspielraum**: Innerhalb eines Zeitintervalls
  sind unterschiedliche Aufgabenverteilungen und -vollzüge möglich, und der
  Handlungsträger kann Einfluß auf diese nehmen. Besteht die Einflußnahme
  nicht,»dann ist Tätigkeitsspielraum gleich Null«, auch wenn der Tätigkeitsraum unter Umständen sehr groß sein kann.[110]

• Handlungsspielraum als **Entscheidungsspielraum**: Der Handlungsträger entscheidet über die zur Wahl stehenden Handlungsalternativen oder partizipiert
  an entsprechenden Gruppenentscheidungen. Die Wahlmöglichkeit muß real
  bestehen und darf nicht durch vorgegebene Prämissen vollständig determiniert
  sein.

• Handlungsspielraum als **Interpretationsspielraum**: Der Handlungsträger interpretiert die Situation hinsichtlich ihres Handlungsbedarfs und entscheidet
  dabei über die Art des Handlungsvollzuges. Während der Entscheidungsspielraum sich nur auf erwartete Situationen bezieht (Ausnahmen werden z.B. an
  Vorgesetzte delegiert), umfaßt der Interpretationsspielraum alle denkbaren Situationen und führt insgesamt zu einem größeren Handlungsspielraum.

Selbstabstimmung als eigenes Koordinationsinstrument konstituiert sich in dem
vorhandenen Handlungsspielraum. Der verbleibende Koordinationsbedarf ist
durch Instrumente der Fremdkoordination abzudecken, die demzufolge den
Handlungsspielraum einschränken. Entsprechend dem Ansatz von *Gaitanides*
sollen hier nur Standardisierung und Hierarchie als weitere Koordinationsinstrumente betrachtet werden.[111]

## 4.2.2.2. Koordination durch Standardisierung

Die Standardisierung dient dem »Ausschluß potentieller Handlungs- und Ent-
scheidungsalternativen«, soweit dies durch eine Formulierung von generell gülti-
gen, dauerhaft festgelegten Handlungsvorgaben möglich ist.[112] Unberührt davon
ist allerdings der Tätigkeitsraum (als Resultat der Arbeitsteilung), der gerade bei
hoher Standardisierung sehr groß sein kann.[113] Das zu erwartende Verhalten der

---

[109] Vgl. *Gaitanides* (1983) S. 171ff.
[110] Vgl. *Gaitanides* (1983) S. 172.
[111] Vgl. *Gaitanides* (1983) S. 177ff.
[112] Vgl. *Gaitanides* (1983) S. 183 und S. 177. Das Zitat ist im Original hervorgehoben.
[113] Vgl. *Gaitanides* (1983) S. 183.

Stelleninhaber unterscheidet sich je nach Grad der realisierten Standardisierung:[114]

• **Routinisiertes Verhalten**: Die Stimuli sind bekannt, und die Handlungsvollzüge vorgegeben.

• **Adaptives Verhalten**: Die Stimuli sind bekannt, aber es bestehen Entscheidungsmöglichkeiten hinsichtlich der Handlungsalternative.

• **Innovatives Verhalten**: Unbekannte Stimuli erfordern mitunter eine Interpretation. Die Aufgabenstellung hat die Form einer Problemlösung.

Die Grenzen der Standardisierung finden sich spätestens in Kontexten, die keine explizite Formulierung genereller Verhaltensprogramme zulassen, insbesondere bei sehr komplexen und dynamischen Umweltbedingungen.[115] Allerdings wird selbst für stabile Umweltsituationen in Frage gestellt, ob »Regel und Programme [...] das geeignetste Integrationsinstrument seien«.[116]

### 4.2.2.3. Kooperationsformen auf der Basis hierarchischer Koordination

Das Verhältnis zwischen den einzelnen Koordinationsinstrumenten ist zu einem wesentlichen Teil substitutiv, so daß ein Spielraum bei der Einsatzintensität unterschiedlicher Koordinationsinstrumente besteht. In der traditionellen Organisationstheorie und -praxis dominiert die Hierarchie als Ausgangsgröße, indem »der hierarchische Aufbau von oben nach unten vollzogen« wird.[117] Dagegen ist nach *Gaitanides* (1983) aus der Sicht der prozeßorientierten Organisationsgestaltung die Hierarchiebildung umgekehrt aus den ausgegrenzten Unternehmensprozessen abzuleiten.[118] Diese Kennzeichnung der Hierarchie als Residualgröße entspricht dem Ansatz von *Türk*, welcher der persönlichen, direkten Führung nur eine »Lückenfüllerfunktion [zuspricht], indem sie als Residualfaktor lediglich den neben anderen Kontrollformen verbleibenden Restbedarf an Führung deckt«.[119] Vor diesem Hintergrund beschreibt *Gaitanides* hinsichtlich den Gestaltungsmöglichkeiten hierarchischer Koordination vier unterschiedliche Kooperationsformen, die sich im Kontext der prozeßorientierten Arbeitsorganistion als funktional erweisen.[120] Die hierarchische Koordination umfaßt dabei »alle Varianten der

---

[114] Vgl. *Gaitanides* (1983) S. 178.
[115] Vgl. *Gaitanides* (1983) S. 181f.
[116] Vgl. *Staehle* (1994) S. 718.
[117] Vgl. *Gaitanides* (1983) S. 192.
[118] Vgl. *Gaitanides* (1983) S. 192f.
[119] Vgl. *Staehle* (1994) S. 361.
[120] Vgl. *Gaitanides* (1983) S. 193ff.

Verteilung personeller und funktioneller Weisungsrechte an unterschiedliche Ränge«,[121] d.h. die direkte und indirekte Führung. Als Kooperationsformen zwischen Instanz und Handlungsträger sind nach *Gaitanides* aufzuführen:[122]
(1) Die **hierarchisch-lineare, vertikale Kooperation** (Abb. 4.11): Zwei Fälle sind hier von Bedeutung: Entweder kann der betroffene Prozeß, in voneinander unabhängige Prozeßsegmente aufgeteilt, auf mehrere Stellen parallel bearbeitet werden, oder jede Stelle bekommt jeweils die vollständige Prozeßbearbeitung übertragen.[123] In beiden Fällen besteht kein expliziter intraprozessualer Koordinationsbedarf, denn im »ersten Fall ist er strukturell gar nicht vorhanden, im zweiten durch die Aufhebung der Arbeitsteilung beseitigt«.[124] Umweltveränderungen werden durch die hierarchische Instanz wahrgenommen, interpretiert und in Form von Handlungsinstruktionen an die Stelleninhaber weitergegeben. Letztere besitzen weder einen Entscheidungs- noch einen Interpretationsspielraum. Eine sachbezogene Kommunikation zwischen den Stelleninhabern ist nicht notwendig.

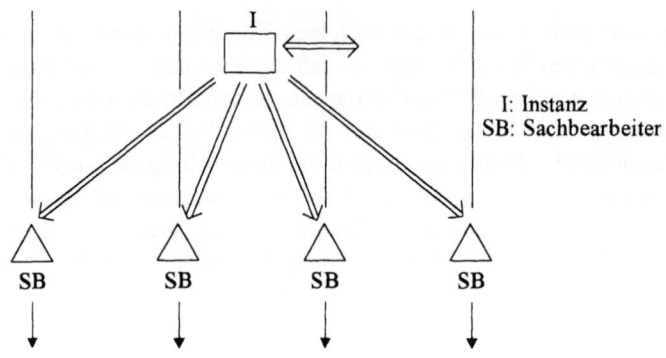

I: Instanz
SB: Sachbearbeiter

⟹ sachlich-funktionale Instruktionen (einseitig)
⟺ (wechselseitig)
⟶ symbolisierte Richtung des Prozeßablaufs

Abb. 4.11: Hierarchisch-lineare, vertikale Kooperation. Quelle: *Gaitanides* (1983) S. 194.

---

[121] Vgl. *Gaitanides* (1983) S. 191.
[122] Vgl. *Gaitanides* (1983) S. 193ff.
[123] Vgl. *Gaitanides* (1983) S. 193f.
[124] Vgl. *Gaitanides* (1983) S. 194.

(2) Die **hierarchisch-lineare, sequentiell-horizontale Kooperation** (Abb. 4.12):
Der betroffene Prozeß erfordert eine sequentielle Bearbeitung der Prozeßsegmente, indem jedes Prozeßsegment handlungsbestimmende Prämissen für
die nachfolgenden Prozeßsegmente setzt. Die Prozeßbearbeitung erfolgt adaptiv, indem die Instanz nur auf extern bestimmte Prozeßelemente instruie-
rend wirkt und die restlichen Stelleninhaber in Ausnahmesituationen unterstützt (Management by Exception). Entsprechend nehmen die Stelleninhaber
zwar Handlungsspielräume wahr, der Instanz bleibt aber die Interpretation von
Umweltveränderungen vorbehalten.

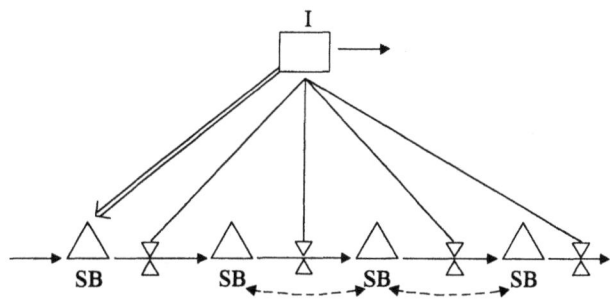

=⇒ sachlich-funktionale Instruktionen (einseitig)

⟶ Richtung des Prozeßablaufs bzw. zu berücksichtigende
Interdependenzen

◀--▶ Kommunikation

-▷◁ unterstützende Interaktion

Abb. 4.12: Hierarchisch-lineare, sequentiell-horizontale Kooperation. Quelle:
*Gaitanides* (1983) S. 196.

(3) Die **hierarchisch-zweiseitige, zeitlich und inhaltlich interdependente Kooperation** (Abb. 4.13): Die Prozeßbearbeitung ist aufgrund der zeitlich-in-
haltlichen Abhängigkeiten auf eine gegenseitige Abstimmung der Stelleninhaber angewiesen. Das gleiche gilt für die Zusammenarbeit mit der Instanz, die
nicht mehr einseitig Anweisungen an die Stelleninhaber geben kann. Die
Abstimmungserfordernisse verlangen nicht nur Entscheidungsspielräume,
sondern einzelfallbezogen auch Interpretationsspielräume auf der operativen
Ebene. Der Instanz bleiben allerdings zentrale Funktionen hinsichtlich Koordination und Aufgabenverteilung vorbehalten.

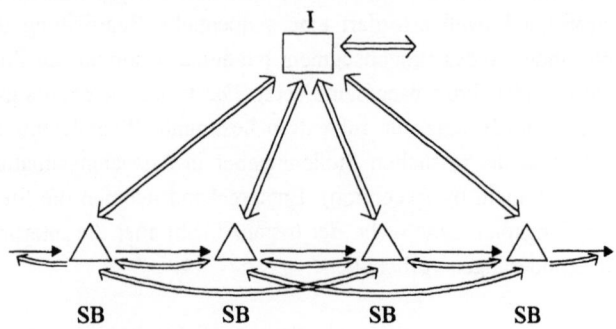

$\Longleftrightarrow$ sachlich-funktionale Instruktionen (wechselseitig)

$\longrightarrow$ Richtung des Prozeßablaufs

Abb. 4.13: Hierarchisch-zweiseitige, wechselseitig-interdependente
Kooperation. Quelle: *Gaitanides* (1983) S. 197.

(4) Die **innovativ-egalitäre Kooperation** (Abb. 4.14): Die innovative Aufga-
benstellung erzwingt bei vorgegebenem Handlungsziel die Entwicklung neuer
Verfahrensweisen. Entsprechend wird der Handlungs- und insbesondere der
Interpretationsspielraum durch die Instanz nicht eingeschränkt, damit den re-

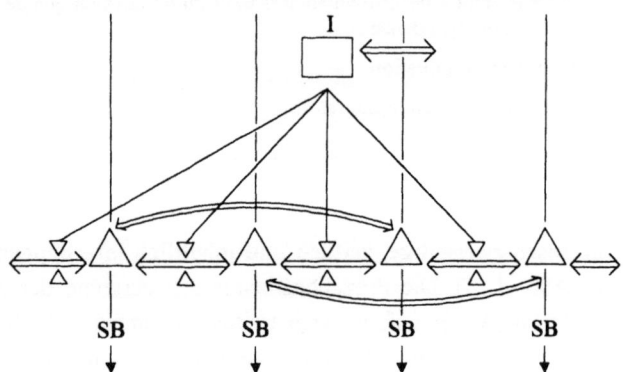

$\Longleftrightarrow$ sachlich-funktionale Instruktionen (wechselseitig)

$\dashv\!\bowtie$ unterstützende Interaktion

$\longrightarrow$ symbolisierte Richtung des Prozeßablaufs

Abb. 4.14: Innovativ-egalitäre Kooperation. Quelle: *Gaitanides* (1983) S. 199.

ziproken Interdependenzen zweckmäßig begegnet werden kann. Instruktionen der Instanz thematisieren das Handlungsziel und richten sich stets an das Team. Die Koordination und Aufgabenverteilung erfolgt auf operativer Ebene durch das Team, während die Instanz den Problemlösungprozeß beratend unterstützt. Die Koordination durch Selbstabstimmung versteht *Gaitanides* als Residualfall der Koordination durch Hierarchie, indem die Gruppe selbst sämtliche Interpretations- und Koordinationsaktivitäten übernimmt. Dabei beschränkt er die Anwendung der Selbstabstimmung auf parallel, zeitlich-inhaltlich interdependente Prozesse (Kooperationsformen 3 und 4).[125]

### 4.2.3. Formen der prozeßorientierten Arbeitsorganisation

Das mit BPR einhergehende Konzept einer prozeßorientierten Arbeitsorganisation wird in der aktuellen Literatur unter dem Begriff des **Case Management** diskutiert. Unverkennbar erleben in diesem Konzept die bekannten Ansätze der HdA-Bewegung eine deutliche Rennaisance, wenn auch nicht mehr die motivationstheoretische Begründung im Vordergrund steht. Stattdessen liegt der Betrachtungsschwerpunkt auf einer koordinationseffizienten Gestaltung der Arbeits- **und** Unternehmungsorganisation. Zentrales Gestaltungsprinzip beim Case Management ist die Bearbeitung von abgeschlossenen Prozessen durch möglichst kleine Organisationseinheiten (einzelner Mitarbeiter, Arbeitsgruppe), die zweckmäßige Entscheidungs- und Interpretationsspielräume wahrnehmen können.[126] Da der Koordinationsaufwand mit der Zahl organisatorischer Schnittstellen zunimmt, verspricht eine solche schnittstellenarme Arbeitsorganisation eine hohe Koordinationseffizienz auch auf der Ebene der Unternehmungsorganisation.

In seiner ursprünglichen Form ist das Case Management primär auf eine effektivere Gestaltung der Kundenschnittstelle ausgerichtet und wird daher in erster Linie bei der Gestaltung von Prozessen mit ausgeprägtem Kundenkontakt diskutiert.[127] *Hammer/Champy* (1994) beschreiben den Ansatz des Case Management dagegen generell als **Grundkonzept einer prozeßorientierten Arbeitsorganisation**. Diese Ausdehnung des Case Management auf die Prozeßgestaltung allgemein wird auch von *Davenport/Nohria* (1994) angedeutet.

---

[125] Vgl. *Gaitanides* (1983) S. 200.
[126] Vgl. *Davenport/Nohria* (1994) S. 11.
[127] Vgl. *Davenport/Nohria* (1994) S. 22.

Aufbauend auf diesen Arbeiten werden im weiteren zwei Formen der prozeßorientierten Arbeitsorganisation unterschieden:
- die **homogene Prozeßgruppe** (Gruppe von Caseworkern) und
- die **heterogene Prozeßgruppe** (Caseteam).

### 4.2.3.1. Homogene Prozeßgruppe

Die einfachste Form der prozeßorientierten Arbeitsorganisation ist die Bearbeitung eines abgeschlossenen Prozesses durch einen einzelnen Mitarbeiter, den
*Hammer/Champy* (1994) als **Caseworker** bezeichnen. Zielsetzung ist die Reduktion interfunktionaler Prozesse auf stellenbezogene Prozesse, indem die Arbeitsteilung aufgehoben wird. Der Caseworker ist »für den gesamten Prozeß zuständig
und fungiert auch als einziger Ansprechpartner des Kunden«.[128] Diese spezielle
Form des **Job Enlargement** wird insbesondere durch den Einsatz moderner Informationstechnik möglich.

Mit der Bearbeitung ganzheitlicher Prozesse ist i.d.R. dem Caseworker auch
ein gewisses Maß an Entscheidungskompetenzen zu übertragen. Die genaue Ausgestaltung der Entscheidungs- und Interpretationsspielräume richtet sich nach den
externen Anforderungen aus der Prozeßumwelt. Während in einer eher stabilen
Prozeßumwelt die Handlungsspielräume durch Standardisierung eingeschränkt
werden können, erfordert eine dynamische Prozeßumwelt die Nutzung weitrei-
chender Entscheidungs- und Interpretationsspielräume, um ein adaptives bzw. innovatives Verhalten zu ermöglichen. Die Ausstattung des Caseworkers mit umfassenden Entscheidungs-, Planungs- und Kontrollbefugnissen wird in der BPR-
Literatur als **Empowerment** bezeichnet und entspricht einem prozeßbezogenen
**Job Enrichment**.[129] Wegen der hohen Verantwortung dieser speziellen Form des
Caseworkers benutzen *Davenport/Nohria* (1994) die Bezeichnung **Casemanager**. Der Casemanager verspricht eine effiziente Gestaltung der organisatorischen
Schnittstelle zum Kunden beispielsweise dort, wo eine hohe Produktauswahl besteht oder Produkte kundenspezifisch zu konfigurieren sind.[130] Nach *Daven-
port/Nohria* (1994) ist die Rolle des Casemanagers durch vier Merkmale gekennzeichnet:[131]
- Der Casemanager bearbeitet einen geschlossenen Unternehmensprozeß,
beispielsweise von der Auftragserteilung bis zur Produktauslieferung bzw.

---

[128] Vgl. *Hammer/Champy* (1994) S. 73.
[129] Vgl. *Hammer/Champy* (1994) S. 75.
[130] Vgl. *Davenport/Nohria* (1994) S. 16.
[131] Vgl. *Davenport/Nohria* (1994) S. 13.

Serviceleistung beim Kunden.

- Er wird an der Schnittstelle von Kunde und verschiedenen organisatorischen Funktionen bzw. Matrixdimensionen eingesetzt.
- Er kann Entscheidungsspielräume wahrnehmen, um gezielt auf den Kunden eingehen zu können.
- Er kann über ein benutzerfreundliches Informationssystem auf alle relevanten organisationsweiten Informationsquellen zugreifen und wird bei der Entscheidungsfindung durch entsprechende Informationstechnik unterstützt.

Im Unterschied zu diesem Verständnis schränken *Hammer/Champy* (1994) die Definition des Casemanagers bezüglich des ersten Punktes dahingehend ein, daß dieser lediglich einen geschlossenen Prozeß betreut, aber nicht unbedingt vollständig bearbeitet.[132] Der Casemanager entspricht dann eher einer reinen Integrationsstelle zwischen Kunde und Organisation.[133] Diese Variante des Case Managements ist dann angebracht, wenn die vollständige Prozeßbearbeitung nur über mehrere getrennte Organisationsbereichen erfolgen kann und somit sonst eine für den vollständigen Vorgang operativ verantwortliche Person fehlen würde.[134]

Als Vorteile des Caseworker-Ansatzes sind aufzuführen, daß bezogen auf den ganzheitlich betrachteten Prozeß[135]

- weder Abteilungs- noch Bearbeiterwechsel stattfinden;
- die Zuständigkeit für den prozeßbezogenen Kunden eindeutig ist (>one face to the customer<);
- die Ausgestaltung der Prozeßbearbeitung sowohl standardisiert wie auch kundenspezifisch erfolgen kann und somit der Ansatz sehr flexibel ist.

Ausgehend von dem Job Characteristics Model sieht *Davenport* (1993a) auch Vorteile der prozeßorientierten Arbeitsgestaltung in einer potentiell verbesserten Leistungsmotivation, da den von *Hackman/Oldham* empfohlenen Gestaltungsprinzipien mit der Prozeßorientierung unmittelbar entsprochen wird (Abb. 4.15).[136] Die Betrachtung der Motivationstheorien in Kapitel 4.2.1.1 zeigt allerdings, daß diese motivationalen Leistungsvorteile nur unter bestimmten Voraussetzungen zum Tragen kommen und insbesondere von den persönlichen Eigenschaften des Stelleninhabers abhängen.

---

[132] Vgl. *Hammer/Champy* (1994) S. 86f.

[133] Ist der Casemanager zudem für einen sehr eingeschränkten Kundenkreis verantwortlich, lassen sich Ähnlichkeiten zum Key-Account-Management feststellen vgl. *Kieser/Kubicek* (1992) S. 149.

[134] Der Prozeßverantwortliche ist dagegen auf einer leitenden Ebene für den *Gesamtprozeß* verantwortlich (Kap. 4.3.3).

[135] Vgl. *Hammer/Champy* (1994) S.83ff.

[136] Vgl. *Davenport* (1993a) S. 110.

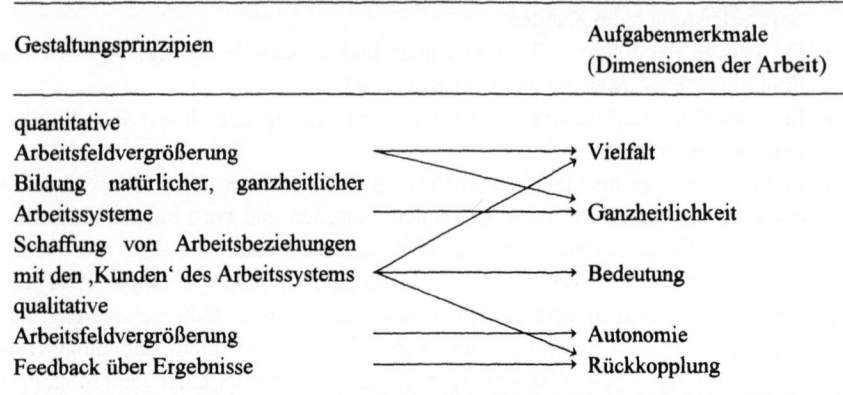

| Gestaltungsprinzipien | Aufgabenmerkmale<br>(Dimensionen der Arbeit) |

quantitative
Arbeitsfeldvergrößerung                                          Vielfalt
Bildung natürlicher, ganzheitlicher
Arbeitssysteme                                                   Ganzheitlichkeit
Schaffung von Arbeitsbeziehungen
mit den ‚Kunden' des Arbeitssystems                              Bedeutung
qualitative
Arbeitsfeldvergrößerung                                          Autonomie
Feedback über Ergebnisse                                         Rückkopplung

Abb. 4.15: Gestaltungsprinzipien nach dem Job Characteristics Model. Quelle:
*Hackman/Oldham*, abgebildet in *Staehle* (1994) S. 658.

Generell verlangt eine Caseworker-Lösung gegenüber einer strikt arbeitsteiligen Arbeitsgestaltung deutlich höherqualifizierte Mitarbeiter. Bedingt durch die Bearbeitung ganzheitlicher, prozessualer Aufgabenbereiche bezieht sich die Höherqualifizierung primär auf ein breites Prozeßwissen und weniger auf Spezialkenntnisse. Diese Qualifikationsanforderungen bilden eine wesentliche Einschränkung für die Anwendbarkeit des Caseworker-Ansatzes, insbesondere wenn die Prozeßbearbeitung sehr unterschiedliches und gegebenenfalls tiefgehendes Wissen erfordert, so daß der als Generalist arbeitende Caseworker auch mit IT-Unterstützung nicht sinnvoll einsetzbar ist.[137]

Da Caseworker eigenverantwortlich ganzheitliche Arbeitsvollzüge bearbeiten, besteht nur ein geringer sachbezogener Interaktionsbedarf mit anderen Organisationsmitgliedern. Insofern bietet sich zur Koordination mehrerer Caseworker eine **vertikale Kooperationsform**, bei der sachbezogene Kommunikation ausschließlich mit der hierarchischen Instanz erfolgt (vgl. Abb. 4.11).[138] Nach *Davenport/Nohria* (1994) erscheint es jedoch zweckmäßiger, mehrere Caseworker, die identische oder ähnliche Prozeßvarianten unabhängig voneinander parallel bearbeiten, in einer Arbeitsgruppe zu organisieren.[139] Diese Kooperationsform wird im weiteren aufgrund der weitgehend gleichen Mitarbeiterqualifikation als **homogene Prozeßgruppe** bezeichnet. Ein Kriterium für die Abgrenzung von homogenen Prozeßgruppen kann u.a. eine definierte Menge von Kunden sein.

---

[137] Vgl. *Davenport/Nohria* (1994) S.16.
[138] Vgl. *Gaitanides* (1983) S. 194f.
[139] Vgl. *Davenport/Nohria* (1994) S.19f.

Für die Organisation von Caseworkern in einer **homogenen Prozeßgruppe** sprechen folgende Gründe:

- Mit den höheren Qualifikationsanforderungen gehen häufig bei den Mitarbeitern auch höhere Partizipationserwartungen einher. Die Übertragung des bestehenden Entscheidungs- und Interpretationsspielraumes auf eine Gruppe erhöht dabei auch die Zielakzeptanz der Arbeitsaufgaben.[140]

- Es ist durchaus sinnvoll, daß Caseworker neben dem breiten Prozeßwissen unterschiedliche Wissensschwerpunkte entwickeln. Mehrere Caseworker können dann, in einer Arbeitsgruppe zusammengefaßt, auch Prozesse mit einer höheren Bearbeitungsvarianz effizient bewältigen, indem sie sich gegenseitig mit Wissen aushelfen und dabei weiterqualifizieren.[141] Ungeachtet dessen wird die reguläre Prozeßbearbeitung allerdings komplett von jedem Mitarbeiter vollzogen.

- Die hierarchisch-linare, vertikale Kooperationsform erlaubt eine über den geringen sachbezogenen Interaktionsbedarf hinausweisende Isolation der Caseworker, während die Organisation als Arbeitsgruppe die soziale Interaktion sichert.[142]

Der beschriebene Ansatz der homogenen Prozeßgruppe ist entgegen dem in der Managerliteratur vermittelten Eindruck nicht wesentlich neu. Schon bei den aus dem Versicherungswesen bekannten Konzepten der **Rundumsachbearbeitung** sind nach *Kieser/Kubicek* (1992) alle wesentlichen Gestaltungskomponenten der prozeßorientierten Arbeitsorganisation zu finden: Vermittels des Einsatzes von benutzerfreundlichen Informationssystemen, gezielten Weiterbildungsmaßnahmen und einer nach Kundenkreisen differenzierten Gruppenorganisation wurde eine ganzheitliche Versicherungsbearbeitung selbst über unterschiedliche Versicherungsarten hinweg eingeführt.[143]

Während allerdings bei BPR die Gestaltung der Arbeitsorganisation nur als Teil einer ganzheitlichen Gestaltung der Gesamtorganisation betrachtet wird, beschränken sich die mit der Einführung von Rundumsachbearbeitung einhergehenden Veränderungen i.d.R. auf einen sehr begrenzten arbeitsorganisatorischen Kontext innerhalb bestehender Organisationsstrukturen. So stellen *Kubicek/Höller* (1991) mit Verweis auf eine Untersuchung von *Baethge/Oberbeck* fest, daß die in Dienstleistungsunternehmungen eingeführte Rundumsachbearbeitung für die Sachbearbeitung zwar zu einer Zusammenführung ganzheitlicher Tätigkeitsbereiche führte, aber gleichzeitig sich deren Entscheidungsspielräume durch die

---

[140] Vgl. *Staehle* (1994) S. 222.
[141] Vgl. *Kieser/Kubicek* (1992) S. 354.
[142] Vgl. *Davenport/Nohria* (1994) S.19f.
[143] Vgl. *Kieser/Kubicek* (1992) S. 354.

Herausnahme der Steuerungs- und Kontrollaufgaben verringerten, die externe Kontrolle zunahm und die hierarchischen Strukturen damit verfestigt wurden.[144]

### 4.2.3.2. Heterogene Prozeßgruppe (Prozeßteam)

Die Prozeßbearbeitung durch einen Caseworker bzw. durch eine homogene Prozeßgruppe ist auch bei intensiver IT-Unterstützung nur bis zu einer bestimmten prozeßinternen Komplexität möglich. Der Ansatz des **Caseteams** bzw. **Prozeßteams** wird dort notwendig, wo die Aufgabenstellung vielfältiges Spezialwissen erfordert, welches durch eine Person nicht abgedeckt werden kann.[145] Dazu werden in einem Prozeßteam die notwendigen Spezialisten organisatorisch zusammengefaßt, um eine effiziente Abstimmung intraprozessualer Interdependenzen zu erreichen. Entgegen dem Einsatz crossfunktionaler Teams in funktionalen Strukturen ist die primäre Aufgabe des Prozeßteams nicht die crossfunktionale Abstimmung, sondern die operative Prozeßbearbeitung. Die Konsequenz ist dementsprechend eine Dominanz der Prozeßdimension gegenüber der funktionalen Dimension auf unternehmungsorganisatorischer Ebene (Kap. 4.3.3). In Abgrenzung zur homogenen Prozeßgruppe wird das Prozeßteam wegen der unterschiedlichen Qualifikation der Gruppenmitglieder  im weiteren auch als **heterogene Prozeßgruppe** bezeichnet.

Abhängig von der Prozeßumwelt kann die heterogene Prozeßgruppe mit Bezug auf die von *Gaitanides* (1983) beschriebenen Kooperationsformen in drei verschiedenen Ausprägungen gestaltet sein:

- In einer planbaren Prozeßumwelt werden die Handlungspielräume zu einem deutlichen Teil durch Regeln und Programme beschränkt. Die verbleibenden Entscheidungsbefugnisse werden von der Gruppe gemeinsam wahrgenommen. Durch die **sequentiell-horizontale Kooperation** verhalten sich die Gruppenmitglieder bei der sequentiellen Prozeßbearbeitung adaptiv.
- In einer eingeschränkt antizipierbaren Umwelt erfolgt bei gegebenen Verfahrensweisen die Prozeßbearbeitung durch **wechselseitig-interdependente Kooperation**. Die Gruppenmitglieder verhalten sich i.d.R. adaptiv, können aber situationsbedingt für Problemlösungen auch innovativ agieren. Die Gruppe übernimmt die Koordination und Aufgabenverteilung im Rahmen der Prozeßbearbeitung.

---

[144] Vgl. *Kubicek/Höller* (1991) S. 153.
[145] Vgl. *Hammer/Champy* (1994) S.72ff und *Davenport/Nohria* (1994) S.19f.

• In einer diskontinuierlichen Umwelt bedarf die Prozeßbearbeitung bedingt durch den hohen Problemlösungscharakter einer **innovativ-egalitären Kooperation**. Lediglich das Handlungsziel ist vorgegeben, während die Verfahrensweise erst von der Gruppe entwickelt werden muß. Dazu werden die weit definierten Entscheidungs- und Interpretationsspielräume von der Gruppe gemeinsam wahrgenommen. Die Gruppenmitglieder verhalten sich überwiegend innovativ.

Vorteile der heterogenen Prozeßgruppe finden sich in der effizienten Abwicklung von Koordinationsaktivitäten und der hohen Anpassungsfähigkeit bedingt durch gruppeninterne Selbstkoordination.[146] Neben den unter bestimmten Bedingungen geltenden motivationstheoretischen Vorteilen der prozeßorientierten Aufgabengestaltung sind auch die allgemeinen Vorteile der Gruppenarbeit anzuführen, insbesondere die verbesserte Entscheidungsqualität. Wird die Identifikation der Gruppen mit den Organisationszielen durch Instrumente des Personalmanagements weitgehend gesichert, bleiben als Nachteile der heterogenen Prozeßgruppe u.a. die Anforderungen an die Gruppenmitglieder bezüglich sozialer Kompetenz und Teamfähigkeit (Kap. 4.2.1.2).

## 4.3. Unternehmungsorganisation

Das Konzept der Prozeßgruppe betrifft als prozeßorientierten Ansatz der Arbeitsorganisation die Mikrostruktur einer Unternehmung. Für eine vollständige Beschreibung der betrieblichen Gesamtstruktur ist das Prozeßgruppen-Konzept durch ein **makrostrukturelles Modell** der Unternehmungsorganisation zu ergänzen, welches die Strukturen behandelt, in denen Prozeßgruppen interagieren.

In der Literatur wird diesbezüglich vermehrt von einer innerbetrieblichen ›**Netzwerkstruktur**‹ oder ›Netzwerkorganisation‹ gesprochen.[147] Im Vordergrund steht die Struktur der Organisation als Netzwerk vielfältig miteinander kommunzierender und kooperierender Arbeitsgruppen und Experten wie beispielsweise im **Modell lose gekoppelter Gruppen** von *Kubicek/Höller* (1991). Netzwerkmodelle zeichnen sich gegenüber den klassischen Organisationsmodellen durch einen geringeren Strukturgrad aus. Dieser Umstand wird durch die Zunahme und Vielseitigkeit lateraler Kommunikations- und Koordinationsprozesse

---

[146] Vgl. *Hammer/Champy* (1994) S.72ff.
[147] Mit der Beschreibung strategischer Netzwerken wird diese Sichtweise auch im interorganisatorischen Kontext angewendet, vgl. *Staehle* (1994) S. 712ff.

begründet.[148] Insofern aber häufig neben dem netzwerkartigen Leistungs- und Kommunikationszusammenhang der Arbeitsgruppen keine wesentlich tiefergehende Strukturierung beschrieben wird, gehen Netzwerkmodelle hinsichtlich ihres Aussagengehaltes über arbeitsorganisatorische Gruppenkonzepte kaum hinaus. Es erscheint jedoch bei weitem unzureichend, die strukturelle Komponente von Organisationen auf den Aspekt der Arbeitsgruppe zu reduzieren. Kritisch bemerkt hierzu *Davenport* (1993a):

»Although the problem of rigid functional organizations is widely recognized, the proposed solution – to abandon any form of structure beyond the self-managing team – is frequently worse than the problem, or at least much less well defined. We cannot imagine that real firms will abandon structure to the degree suggested by the set of concentric circles, the orchestra, or something else, or that they would be effective if they did so.«[149]

In diesem Kapitel werden zwei unterschiedlich dimensionale Modelle der Prozeßorganisation skizziert, die genauere strukturbezogene Aussagen zulassen, als dies Netzwerk-Konzepte allgemein hin tun: Die **eindimensionalen Prozeßorganisation**, welche auf dem Modell der klassischen ›reinen Projektorganisation‹ basiert, und die **mehrdimensionale Prozeßorganisation**, welche auf das Modell der Matrix-Projektorganisation zurückgeht.

Bei einem eindimensionalen Modell bedeutet die Betonung einer Dimension die gleichzeitige Vernachlässigung aller anderen Dimensionen. Eine rein prozeßorientierte Organisation löst somit keineswegs alle Strukturprobleme. Bestehen allerdings nur geringe interprozessuale Interdependenzen, kann sich ein eindimensionales Modell als durchaus angemessen erweisen. Bestehen jedoch zwischen Prozessen ausgeprägte Ressourceninterdependenzen, erscheint ein mehrdimensionaler Ansatz angebracht, insbesondere auch dann, wenn die Organisation schon bisher nach dem Matrixprinzip strukturiert war.[150]

Im weiteren wird zuerst das Konzept der Matrixorganisation vorgestellt, anschließend auf die Gestaltung von Projektorganisationen eingegangen, bevor die beiden Modelle der Prozeßorganisation skizziert werden.

### 4.3.1. Matrixorganisation

Das Problem der organisatorischen Gliederung von Aufgaben ist mehrdimen-

---

[148] Vgl. *Hammer/Champy* (1994) S. 107.
[149] Vgl. *Davenport* (1993a) S. 160.
[150] Vgl. *Davenport* (1993a) S. 160.

sional, da mehrere Kriterien (Verrichtung, Produkt, Region) zur Auswahl stehen. Bei eindimensionalen Organisationsmodellen findet auf jeder Gliederungsebene nur eine Dimension Anwendung.»Damit erfolgt jeweils eine *Reduzierung* auf diese Aufgabenbelange, bei Vernachlässigung aller anderen Aspekte der Aufgabe.«[151] Dieses Strukturierungsprinzip eignet sich dann, wenn zwischen den Dimensionen keine komplexen Harmonisationsprobleme auftreten, beispielsweise weil das Produktprogramm nicht sehr diversifiziert ist oder ein einheitlicher Absatzmarkt beliefert wird. Ist allerdings im Rahmen der Gesamtaufgabe eine »gleichwertige Harmonisation dieser Dimensionen« gefordert, so zeigen sich mehrdimensionale Organisationsmodelle vorteilhaft.[152] Bei diesen erfolgt die Gliederung auf einer Ebene nach mindestens zwei verschiedenen Kriterien. *Bleicher* (1991) betont hinsichtlich der Mehrdimensionalität, daß zwischen den gleichzeitig angewandten Dimensionen ein Gleichgewicht anzustreben ist, und stellt damit das Matrixprinzip in den Vordergrund. Dagegen vertritt *Frese* (1993) die Auffassung, daß eine mehrdimensionale Ausgestaltung auch nach dem Stabs- oder Ausgliederungsprinzip erfolgen kann.[153] Da bei diesen Strukturierungsprinzipien deutliche Ungleichgewichte zwischen den Dimensionen bestehen – so besitzen beispielsweise Stäbe keine Weisungskompetenz – sieht hierin *Bleicher* keine tatsächliche Mehrdimensionalität begründet.

Nach *Leumann* (1979) besteht die Grundstruktur einer Matrixorganisation aus drei Schlüsselstellen: Matrix-Leitung, Matrix-Stellen und Schnitt-Stellen.[154] Der **Matrix-Leitung** fällt die Aufgabe zu, geeignete Rahmenbedingungen für die anspruchsvollen Kooperationsprozesse zu schaffen. Insbesondere hat sie darauf zu achten, daß die Problemstellungen tatsächlich durch die Matrix- und Schnitt-Stellen gelöst und nicht etwa zurückdelegiert werden. Die **Matrix-Stellen** vertreten die eigene Dimension und haben dafür Sorge zu tragen, daß ihre Sichtweisen in Entscheidungsprozesse angemessen miteinbezogen werden. In den **Schnitt-Stellen** treffen die unterschiedlichen Interessen aufeinander, wobei auftretende Probleme hier im Einvernehmen der beteiligten Dimensionen – vertreten durch die Matrixstellen – zu lösen sind. *Leumann* betont, daß dabei die Form der Zusammenarbeit zwischen den beiden Stellen notwendigerweise partizipativ ist.[155]

Mögliche Strukturformen der Matrixorganisation sind nach *Leumann* die reife Matrix, die Traversal-Matrix und die unvollständige Matrix (Abb. 4.16).

---

[151] Vgl. *Bleicher* (1991) S. 566.
[152] Vgl. *Bleicher* (1991) S. 566.
[153] Vgl. *Frese* (1993) S. 175ff.
[154] Vgl. *Leumann* (1979) S. 61ff.
[155] Vgl. *Leumann* (1979) S. 63f.

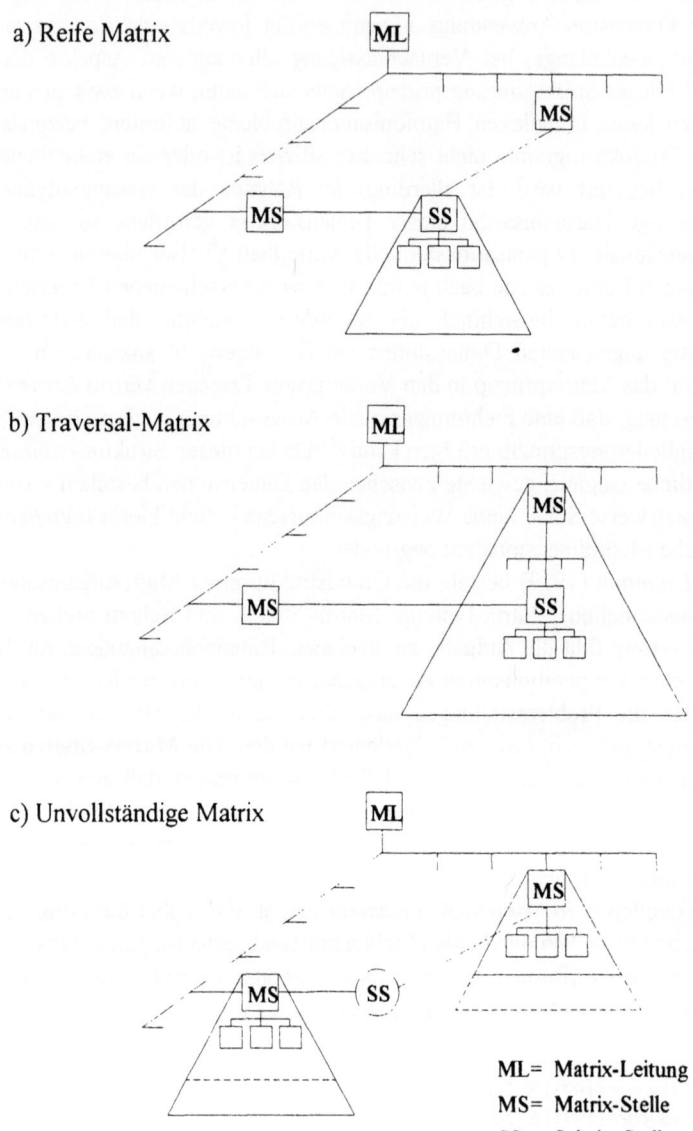

Abb. 4.16: Strukturformen der Matrix-Organisation. Quelle: *Leumann* (1979) S. 89.

Die **reife Matrix** ist die idealtypische Strukturform, da sie »der zentralen Forderung nach einem Gleichgewicht der Dimensionen« entspricht.[156] Dieser gleichgewichtige Einfluß der Matrix-Stellen ist bei der **Traversal-Matrix** gefährdet. Da »alle Schnitt-Stellen entlang einer Dimension zusammenfaßt werden zu einer einzigen Einheit«, steht zu vermuten, daß die Matrix-Stelle dieser Dimension bezüglich des Einflusses auf die Schnitt-Stelle langfristig dominieren wird.[157] In einem entsprechend kooperativen Umfeld ist allerdings eine gleichrangige Beziehung zwischen den beiden Matrix-Stellen durchaus denkbar. Als dritte Strukturform nennt *Leumann* die **unvollständige Matrix**, bei der die Schnitt-Stelle nicht organisatorisch ausgeprägt ist, sondern als gemeinsamer Problembereich der Matrix-Stellen verstanden wird. Zwar werden dadurch die Probleme einer Mehrfachunterstellung vermieden, diese Matrixsstruktur erzwingt aber nicht mehr automatisch die angestrebte gemeinsame Problemlösung, da nunmehr keine ausführende Stelle von Unstimmigkeiten zwischen den Matrixstellen direkt betroffen ist.[158]

Die Matrixorganisation funktioniert in der Praxis nur, wenn die Strukurregelungen und die Mitarbeiter hohen Anforderungen genügen.[159] Werden diese auf Dauer nicht erfüllt, degeneriert die Matrixstruktur i.d.R. zu einer ungeregelten Form der Eindimensionalität.[160] Im einzelnen lassen sich nach *Bleicher* (1991) folgende Problembereiche identifizieren:

- die **problematische Kompetenzabgrenzung**: Sie ergibt sich aus dem Problem der Mehrfachunterstellung, falls es sich bei den Schnitt-Stellen um Organisationseinheiten handelt. Letztere erhalten dann Weisungen von mindestens zwei verschiedenen Matrix-Stellen. Zwischen diesen sind die »Planungs-, Entscheidungs-, Anordnungs- und Kontrollkompetenzen« sachgerecht aufzuteilen. Eine mögliche Verfahrensweise bietet das W-Frageschema *Schemkes*, bei dem anhand der Fragestellung des Problems entschieden werden kann, in welche Dimension die Zuständigkeit fällt. So lassen sich Fragestellungen identifizieren, die primär die Verrichtungsdimension betreffen (wer, wann, womit, etc.), während andere (was, wozu, warum, etc.) eher der Objektdimension zuzuordnen sind.[161] Problematisch bleibt die Trennung von disziplinarischer und funktionaler Weisungsbefugnis, da die mit Disziplinargewalt ausgestattete Dimension in

---

[156] Vgl. *Leumann* (1979) S. 90.
[157] Vgl. *Leumann* (1979) S. 91.
[158] Vgl. *Leumann* (1979) S. 92.
[159] Vgl. *Bleicher* (1991) S. 625.
[160] Vgl. *Bleicher* (1991) S. 613.
[161] Vgl. *Bleicher* (1991) S. 613.

Konfliktsituationen auf die Schnitt-Stelle größeren Druck ausüben kann;
- die **Zunahme der Organisationsprogrammierung**: In der betrieblichen Praxis ist die Tendenz feststellbar, durch Regelungen vorab mögliche Kompetenzkonflikte weitgehend auszuschließen. Dieses Vorgehen kann die strukturelle Flexibilität beschränken, da jede Anpassung an Umweltveränderungen gegebenenfalls eine aufwendige Neuprogrammierung notwendig macht;
- die **Orientierung der Mitarbeitermotivation**: Matrixstrukturen führen zu einem flacheren Organisationsaufbau als bei eindimensionalen Strukturen. Dementsprechend kann sich die Motivation der Mitarbeiter nicht am Aufstieg festmachen, der zu selten realisierbar ist. Stattdessen müssen alternative Anreize geboten werden;
- die **erschwerte Konfliktlösung**: Die gleichzeitige Einbeziehung verschiedener, von den Dimensionen vertretenen Standpunkte bei den Schnitt-Stellen führt bewußt zu Konflikten. Konflikte werden *institutionalisiert*, um sie einem zweckmäßigen Problemlösungsprozeß zuzuführen.[162] In erster Linie ist das für die Sachfragenkonflikte beabsichtigt, jedoch birgt die Matrixstruktur durch Kompetenzaufteilung, Mehrfachunterstellung und hohen personellen Anforderungen weiteres Konfliktpotential, welches einer sachgerechten Aufgabenerfüllung abträglich sein kann;[163]
- die **hohen Anforderungen an die Führungs- und Organisationskultur**: Die Mitarbeiter und Führungskräfte müssen unter anderem an einer sachdienlichen Problemlösung interessiert, kooperativ und konfliktfähig sein.[164]

Die Matrixorganisation erweist sich insbesondere für turbulente, komplexe Umweltsituationen als geeignete Unternehmungsorganisation, in denen sich die anfallenden Aufgaben in ihren Eigenschaften stark unterscheiden und die unterschiedlichen Aspekte gleichrangige Beachtung erfordern (Abb. 4.17).[165] Von ihrem Profil entspricht die Matrixorganisation daher auch deutlich dem organischen Organisationsmodell. Die ganzheitliche Betrachtung dieses Organisationsmodell in Kapitel 3 zeigte, daß neben den rein strukturellen Eigenschaften auch das Personal und die Technologie konsistent ausgeprägt sein muß. Bezogen auf die oben genannte Problembereiche steht hier insbesondere eine Kulturprägung der Organisationsmitglieder im Vordergrund, wie sie mit der Vertrauensorganisation beschrieben wurde.

---

[162] Vgl. *Bleicher* (1991) S. 621.
[163] Vgl. *Bleicher* (1991) S. 621ff.
[164] Vgl. *Bleicher* (1991) S. 624f.
[165] Vgl. *Bleicher* (1991) S. 589.

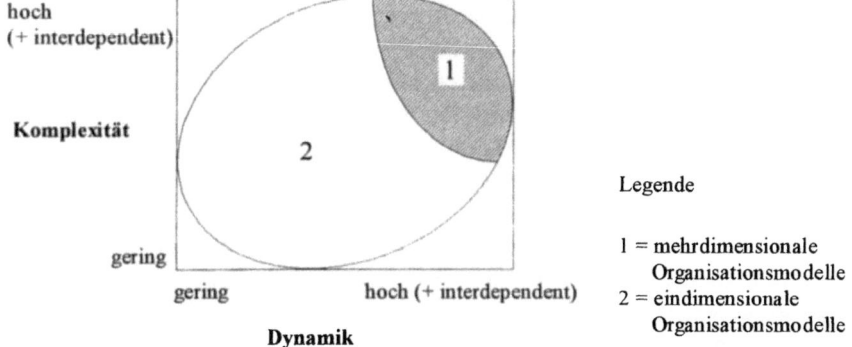

Abb. 4.17: Die Abhängigkeit mehrdimensionaler Organisationsmodelle von Komplexität und
Dynamik der Kontextbedingungen. Quelle: *Bleicher* (1991) S.588.

## 4.3.2. Projektorganisation

Projekte wurden schon zuvor als temporäre Prozesse gekennzeichnet (Kap.
4.1.1.3). Die Besonderheiten von Projekten gegenüber permanenten Aufgaben
führen dazu, daß ein Projektmanagement von klassischen Organisationsformen
abweichende Organisations- und Führungskonzepte notwendig macht.[166] In diesem Sinne wird Projektmanagement auch als »Fremdkörper« innerhalb der traditionellen Organisation empfunden.[167] Bezüglich der **innerbetrieblichen Einglie-
derung** der Projektorganisation in bestehende Organisationsmodelle werden allgemein drei Arten von Projektorganisation unterschieden. Diese ergeben sich
primär aus »der Ausgestaltung der Kompetenzen des Projektmanagers«, die sich
maßgeblich danach richtet, inwieweit unterschiedliche Organisationsbereiche von
der Projektaufgabe tangiert sind.[168]

Beim **Einfluß-Projektmanagement** (Abb. 4.18a), auch Stabs-Projektorgani-
sation genannt, besitzt die Projektleitung keinerlei funktionale oder disziplinarische Weisungsbefugnisse. Die mögliche Einflußnahme der Projektgruppe beschränkt sich auf die Informationsunterstützung und Beratungstätigkeiten der betroffenen Bereiche.[169] Offensichtlich erfordert die Umsetzung dieser Organisationsform kaum organisatorische Veränderungen. Gegen diesen Vorteil stehen al-

---

[166] Vgl. *Bleicher* (1991) S. 136.
[167] Vgl. *Frese* (1993) S. 449.
[168] Vgl. *Kieser/Kubicek* (1992) S. 139 und *Bleicher* (1991) S. 142.
[169] Vgl. *Kieser/Kubicek* (1992) S. 139, *Bleicher* (1991) S. 143 und *Frese* (1993) S. 457.

lerdings gravierende Nachteile. In der Regel werden Projektaufgaben durch mehr oder weniger ausgeprägte Interessenskonflikte begleitet. Organisationseinheiten können die Projektdurchführung einfach blockieren, ohne daß die Projektleitung unmittelbar dagegen vorgehen kann. Die dann notwendige Einschaltung übergeordneter Instanzen erweist sich allgemein als sehr zeitaufwendig. Der Einsatzbereich des Einfluß-Projektmanagements wird daher auch nur bei kleinen, nicht funktionsübergreifenden Projekten gesehen.[170]

Wesentlich bedeutender ist die **Matrix-Projektorganisation** mit dem Projekt als zweite Dimension (Abb. 4.18b).[171] Die Projektleitung besitzt Anordnungsbefugnisse gegenüber den vom Projekt betroffenen Stellen. Allerdings verfügt die Projektgruppe über keine disziplinarischen Weisungsbefugnisse.[172] Weiterhin ist die Projektgruppe nicht vollständig mit festen Ressourcen ausgestattet, sondern bekommt diese zum Teil von den Funktionsbereichen gestellt.[173] Der wesentliche Vorteil gegenüber dem Einfluß-Projektmanagement ist die verbesserte Stellung der Projektleitung, die nun die Erfüllung der Projektaufgaben gezielt verfolgen kann. Hinsichtlich der Nachteile sei auf die obige Diskussion der Problembereiche bei Matrixorganisationen verwiesen. Als Ansatz für eine Kanalisierung der tendenziellen Konflikte nennen *Kieser/Kubicek* (1992) unter anderem eine »langfristige Rahmenplanung« durch einen Lenkungsausssschuß.[174]

Als dritte Variante ist die **reine Projektorganisation**, auch autonome Projektorganisation, anzuführen (Abb. 4.18c).[175] Sie ist gekennzeichnet durch eine vollständige Ausgliederung des Projektbereichs als »Parallel-Linienorganisation«.[176] Die Projektleitung verfügt über sämtliche erforderlichen Ressourcen und vereint alle Weisungsbefugnisse auf sich. Stammen die Projektmitglieder aus der bestehenden Organisation, so spricht man auch von einer Task-Force-Organization.[177] Entscheidend ist, daß die Projektbeteiligten ihre ursprüngliche Bindung in die Funktionsbereiche verlieren und dem Projektleiter voll unterstellt werden. Gegenüber der Matrixorganisation erweist sich die resultierende eindeutige Kompetenzregelung als vorteilhaft, da durch die Unabhängigkeit von der ursprünglichen Linienorganisation die Projektdurchführung unbehindert bleibt.[178] Der damit ver-

---

[170] Vgl. *Kieser/Kubicek* (1992) S. 139f.
[171] Vgl. *Kieser/Kubicek* (1992) S. 141, *Bleicher* (1991) S. 144 und *Frese* (1993) S. 458.
[172] Vgl. *Bleicher* (1991) S. 144.
[173] Vgl. *Kieser/Kubicek* (1992) S. 141.
[174] Vgl. *Kieser/Kubicek* (1992) S. 142.
[175] Vgl. *Frese* (1993) S. 461, *Kieser/Kubicek* (1992) S. 140, *Bleicher* (1991) S. 146 und *Hill/Fehlbaum/Ulrich* (1994) S. 203.
[176] Vgl. *Hill/Fehlbaum/Ulrich* (1994) S. 203.
[177] Vgl. *Bleicher* (1991) S. 146.
[178] Vgl. *Kieser/Kubicek* (1992) S. 140 und *Bleicher* (1991) S. 146.

a) Einfluß-Projektmanagement

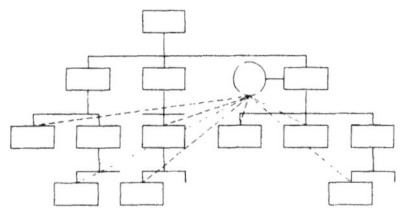

—— Gesamtkompetenz und -verantwortung
---- Informationsbeziehungen des Projektmanagers

b) Matrix-Projektorganisation

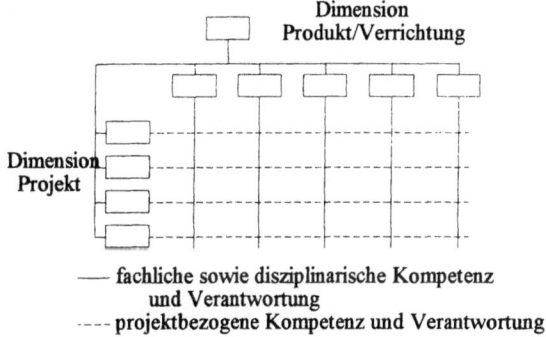

Dimension
Produkt/Verrichtung

Dimension
Projekt

—— fachliche sowie disziplinarische Kompetenz
und Verantwortung
---- projektbezogene Kompetenz und Verantwortung

c) Reine Projektorganisation

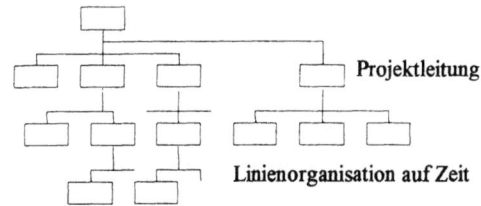

Projektleitung

Linienorganisation auf Zeit

Permanente Linienorganisation

Abb. 4.18: Formen der Projekorganisation. Quelle: In Anlehnung an *Kieser/Kubicek* (1992) S. 140ff.

bundene Nachteil findet sich in der geringen Ressourceneffizienz der reinen Projektorganisation. Typisch für die Ressourcenbeschaffung bei Projekten ist die (ineffiziente) Orientierung am Spitzenbedarf. Dies bedeutet nicht nur, daß Projekten zeitweise zuviel Ressourcen zugeteilt werden, sondern auch, daß kurzfristig benötigte Ressourcen dem Zugriff entzogen bleiben.[179] Weitere Problembereiche zeigen sich in den hohen Anforderungen an eine flexible Personaldisposition und in der schwierigen motivationsbezogenen Situation der Mitarbeiter, wenn nach Projektbeendigung die Rückkehr in die bestehende Organisation oder der Eintritt in das nächste Projekt ansteht.[180]

### 4.3.3. Prozeßorganisation

Ähnlich wie bei der Projektorganisation »aus der Projektaufgabe heraus eine Organisationseinheit gestaltet« wird,[181] sind die Organisationseinheiten bei der Prozeßorganisation um die Prozesse gebildet. Die einfachste prozeßorientierte Organisationseinheit ist die **Prozeßgruppe**, welche sich bezüglich der strukturellen Ausrichtung orthogonal zu der traditionell funktional organisierten Gruppe verhält. Kennzeichnend für die Prozeßgruppe ist die Bearbeitung organisationsweiter Prozesse bei klar definierter Wertschöpfung.

Die Strukturbildung auf nächsthöherer Ebene vollzieht sich anhand der Unternehmensprozesse. Alle Prozeßgruppen, die Teilprozesse oder Prozeßvarianten eines Unternehmensprozesses bearbeiten, werden zusammen als teilautonomer Organisationsbereich von einem **Prozeßverantwortlichen** geführt. Die Prozeßverantwortung wird dabei von einer eigenständigen Führungskraft wahrgenommen und ist nicht die nebenfunktionelle Aufgabe von Führungskräften der Verrichtungs- oder Produktdimension.[182]

Die Gestaltung der Kompetenzen des Prozeßverantwortlichen richtet sich nach der Dimensionalität des Organisationsmodells:

- In der **eindimensionalen Prozeßorganisation** nimmt der Prozeßverantwortliche sämtliche Handlungs- und Weisungbefugnisse gegenüber den ihm zugeordneten Prozeßgruppen wahr.
- In der **mehrdimensionalen Prozeßorganisation** obliegen dem Prozeßverantwortliche die disziplinarischen und leistungsbezogenen Weisungsbefugnisse gegenüber den Prozeßgruppen, während der für die zweite Dimension Verant-

---

[179] Vgl. *Kieser/Kubicek* (1992) S. 140f.
[180] Vgl. *Bleicher* (1991) S. 146 und *Hill/Fehlbaum/Ulrich* (1994) S. 206.
[181] Vgl. *Bleicher* (1991) S. 137.
[182] Vgl. *Davenport* (1993a) S. 161f.

wortliche (Objekt, Verrichtung, Region) fachbezogen weisungsbefugt ist. Durch die Prozeßgruppe als kleinste organisatorische Einheit gestaltet sich die mehrdimensionale Prozeßorganisation als **Traversal-Matrix** mit der Prozeßgruppe als crossfunktionaler Schnitt-Stelle. Im folgenden soll vorausgesetzt werden, daß neben dem Prozeß die Verrichtung als Dimension auftritt. Abb. 4.19 verdeutlicht die Beziehungszusammenhänge zwischen den beiden Matrix-Stellen und der Schnitt-Stelle.

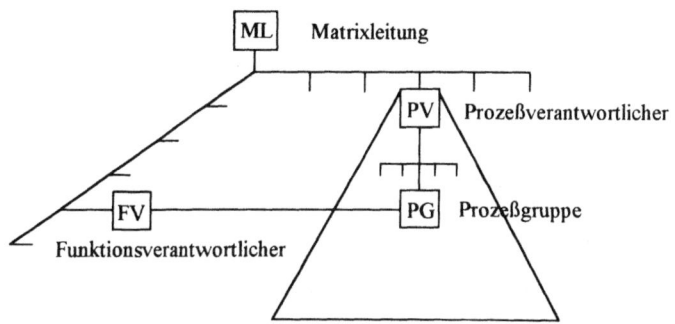

Abb. 4.19: Prozeßorganisation als Traversalmatrix.

Die Matrix-Stellen der Prozeßdimension werden von den Prozeßverantwortlichen eingenommen, die jeweils für einen Unternehmensprozeß voll verantwortlich sind. Bezüglich der zweiten Dimension sind die Matrix-Stellen von Funktionsverantwortlichen besetzt. Entlang der Prozeßdimension fallen die eigentlichen Schnitt-Stellen in der Prozeßgruppe zusammen, wodurch sich die Struktur als Traversal-Matrix ergibt. Der Prozeßverantwortliche kann für mehrere Prozeßgruppen zuständig sein, wenn jene Teilprozesse oder Varianten des ihm zugeordneten Unternehmensprozesses bearbeiten. Dabei sichert er durch seine Funktion die *intraprozessuale* Kommunikation und Koordination zwischen Prozeßgruppen des gleichen Unternehmensprozesses, während die Funktionsverantwortlichen für die *interprozessuale* Kommunikation und Koordination sorgen. Mit der Prozeßgruppe als Schnitt-Stelle liegt die Betonung auf der Prozeßdimension.

Die bisherigen Überlegungen sollen für die mehrdimensionale Prozeßorganisation anhand eines Beispiels genauer erläutert werden. Ausgegangen wird von einem Unternehmensprozeß, der in drei verschiedene Teilprozesse untergliedert ist (Abb. 4.20). Bei diesem Unternehmensprozeß sind zwei unterschiedlich komplexe Varianten zu betrachten: ein Standardprozeß und ein Spezialprozeß. Beim Standardprozeß ist durch Standardisierung und informationstechnischer Unterstützung die Bearbeitungskomplexität der drei Teilprozesse soweit reduziert, daß ein Vorgang vollständig von einem Sachbearbeiter (Caseworker) bearbeitet werden kann. Beim Spezialprozeß erfordert dagegen die kundenspezifische Bearbeitung der Teilprozesse umfassende Sachkenntnis. Hier ist der Einsatz eines heterogenen Prozeßgruppe notwendig. Der Prozeßverantwortliche ist für den gesamten Unternehmensprozeß und daher für beide Prozeßgruppen zuständig.

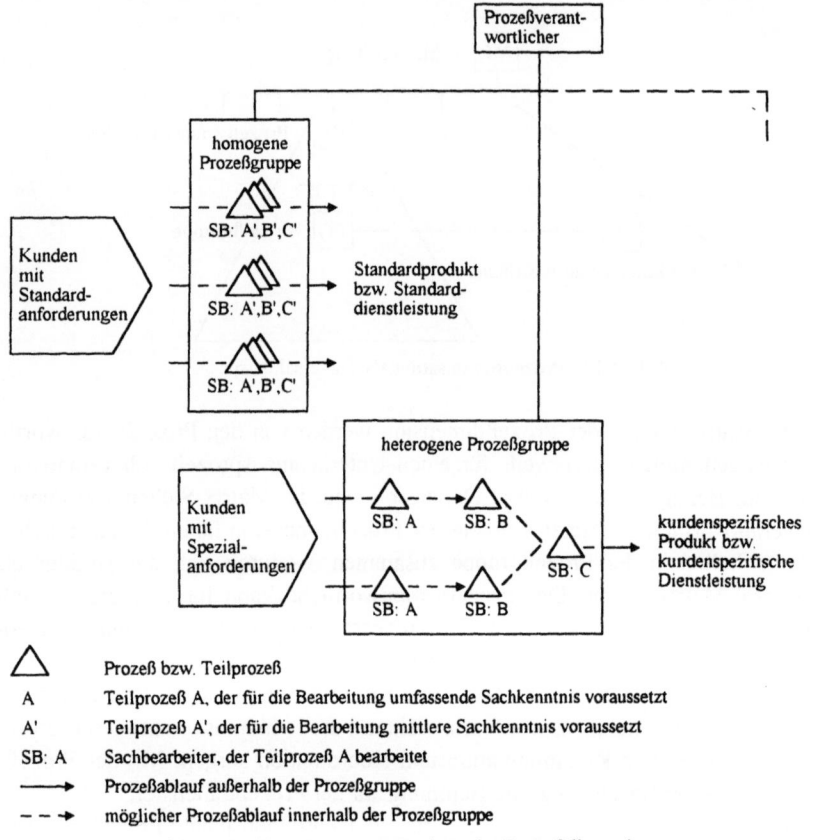

△       Prozeß bzw. Teilprozeß
A       Teilprozeß A, der für die Bearbeitung umfassende Sachkenntnis voraussetzt
A'      Teilprozeß A', der für die Bearbeitung mittlere Sachkenntnis voraussetzt
SB: A   Sachbearbeiter, der Teilprozeß A bearbeitet
——▶    Prozeßablauf außerhalb der Prozeßgruppe
- - ▶   möglicher Prozeßablauf innerhalb der Prozeßgruppe

Abb. 4.20:  Verantwortungsstruktur der Prozeßdimension.

Mit der zusätzlichen Verrichtungsdimension erfolgt eine funktionale Gruppierung von Mitgliedern der Prozeßgruppen (Abb. 4.21). Diese ist für die spezialisierten Mitglieder der heterogenen Prozeßgruppe unmittelbar gegeben. So sind die Sachbearbeiter für den Teilprozeß A bei der heterogenen Prozeßgruppe dem Funktionsverantwortlichen F1 zugeordnet. Bei der homogenen Prozeßgruppe ist dagegen eine Zuordnung nicht direkt ableitbar, da jeder Sachbearbeiter dieser Gruppe auch Aufgaben des Typs A bearbeitet. Über die funktionale Zugehörigkeit entscheidet daher die Prozeßgruppe fallweise selber, wobei sich allerdings durch die Entwicklung unterschiedlicher Wissensschwerpunkte bei den Gruppenmitgliedern i.d.R. ebenfalls eine feste Zuordnung ergeben kann. Anders als im heterogenen Fall muß hier das zugeordnete Gruppenmitglied für einen Wissenstransfer in der Prozeßgruppe sorgen.

Der Funktionsverantwortliche hat keinen direkten Durchgriff auf die Ressourcen, sondern entscheidet zusammen mit dem Prozeßverantwortlichen über die Standards und Handlungsspielräume für den fachbezogenen Teil der Prozeßbearbeitung.

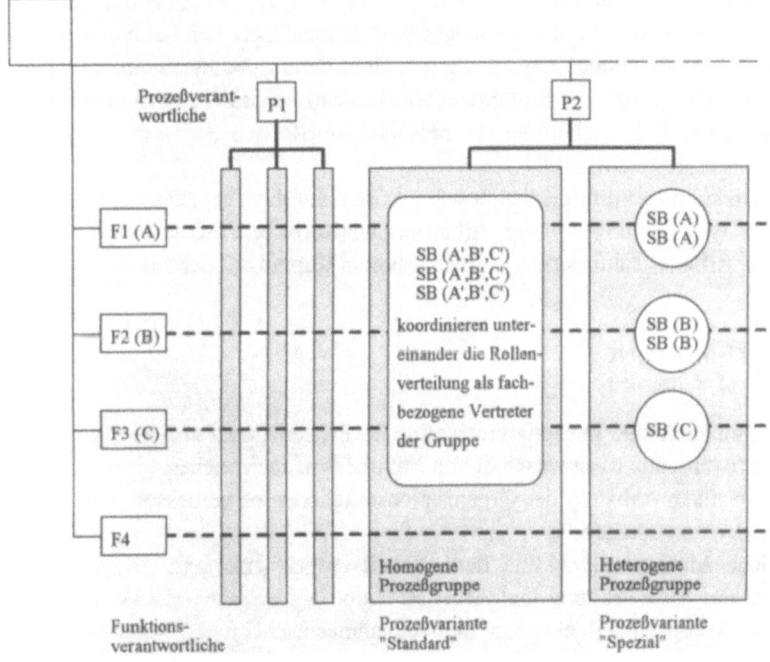

| | |
|---|---|
| ——— | disziplinarische und leistungsbezogene Führung (prozessuale Gruppierung) |
| – – – | fachliche Rahmengebung und Festsetzung von Standards (funktionale Gruppierung) |
| F1 (A) | Funktionsverantwortlicher F1 für Fachgebiet A |
| SB (A) | Sachbearbeiter mit umfassender Sachkenntnis von Fachgebiet A |
| SB (A',B',C') | Sachbearbeiter mit mittlerer Sachkenntnis der Fachgebiete A, B, C |

Abb. 4.21: **Koordinationsbeziehungen in einer mehrdimensionalen Prozeßorganisation.**

## 4.4. Personalmanagement

Die beschriebenen prozeßorientierten Mikro- und Makrostrukturen veränderen traditionelle Motivatoren und bedingen neue Verhaltensweisen. Diese Veränderungen sind durch eine entsprechende Gestaltung der Personalmanagementsysteme geeignet zu unterstützen. Nach *Staehle* (1994) sind beim **Personalmanagement** im wesentlichen drei Politikfelder zu unterscheiden:

*   **Personalmotivation** durch Einsatz unpersönlicher materieller und immaterieller Anreize wie Arbeitsentgelt, Arbeitsinhalt und Arbeitszeit;
*   **Personalführung** durch »direkte, personale Verhaltensbeeinflussung« auf der Basis von Führungskonzepten;
*   **Personalentwicklung (PE)** durch geplante Mitarbeiter-Qualifizierung, die »neben der betrieblichen Bildungsarbeit Maßnahmen der Laufbahnentwicklung, Karriereplanung, Versetzung und Beförderung, Sinnvermittlung, Organisationskulturgestaltung, Einführung von Teamarbeit und Aufgabenbereicherung sowie generell die Schaffung von persönlichkeitsförderlichen Arbeitsstrukturen und -prozessen« umfaßt.[183]

Die Darstellung im folgenden beschränkt sich auf die Themenbereiche *Arbeitsentgelt* sowie *Karriereplanung*. Arbeitsorganisatorische Fragestellungen zu Führung und Arbeitsstrukturierung wurden schon in Kapitel 4.2 behandelt.

### 4.4.1. Arbeitsentgelt

Generell kann eine **Personalmotivation** als Prozeß darauf abzielen,
*   die fortwährende Mitgliedschaft von Mitarbeitern zu erreichen oder
*   das Leistungsverhalten der Organisationsmitglieder zu verbessern und auf hohem Niveau zu halten.[184]

Welche Motivationsfunktion dem **Arbeitsentgelt** zukommt, hängt von der spezifischen Ausgestaltung und Arbeitssituation ab. Allgemein wirken fixe Anteile am Arbeitsentgelt eher auf die Teilnahmeentscheidung, während variable Anteile eher ein Leistungsverhalten verursachen. Insgesamt stellt *Staehle* (1994) fest, daß »eine variable, situativ angepaßte Motivaktivierung gegenüber einer solchen aufgrund von generellen Anreizen, wie sie fixe Lohnbestandteile darstellen, in aller Regel erfolgreicher ist«.[185]

---

[183] Vgl. *Staehle* (1994) S. 824.
[184] Vgl. *Staehle* (1994) S. 770.
[185] Vgl. *Staehle* (1994) S. 774.

Entgegen dieser Erkenntnis ist die Lohngestaltung in der Praxis weithin an der Seniorität und Betriebszugehörigkeit orientiert und üblicherweise organisationsweit stark vereinheitlicht.[186] Diese konservative Handhabe, die den Aspekt der Leistungsmotivation unberücksichtigt läßt, führt *Staehle* auf die Befolgung des **Gleichbehandlungsgebots** zurück, wonach Mitarbeiter nur anhand von »Alter, Betriebszugehörigkeit, Familienstand und Qualifikation« unterschieden werden-dürfen und implizit ein konstantes Leistungsverhalten der Mitarbeiter unterstellt wird. *Frese* (1993) weist zudem darauf hin, daß eine leistungsorientierte Entlohnung eine regelmäßige sowie zweckmäßige **Leistungsmessung** und -**bewertung** voraussetzt, die, da sie an der Wertschöpfung ansetzen muß, bei hochgradiger Arbeitsteilung in funktionalen Organisationsstrukturen oft kaum wirtschaftlich durchführbar ist.[187]

Die in Kapitel 4.2.3 beschriebene prozeßorientierte Arbeitsorganisation wird dagegen durch eine leistungsbezogene Entlohnung wirkungsvoll ergänzt. Durch die Bearbeitung ganzheitlicher Prozesse ist sowohl eine **eindeutigere Zuordnung** als auch die **notwendige Meßbarkeit** der geleisteten Wertschöpfung gegeben.[188] Die Zuordnung der Leistung kann dabei je nach Form der Arbeitsgestaltung individuell und/oder kollektiv (bezogen auf die Prozeßgruppe) erfolgen und ist entsprechend im Gehaltsaufbau zu berücksichtigen (Abb. 4.22).

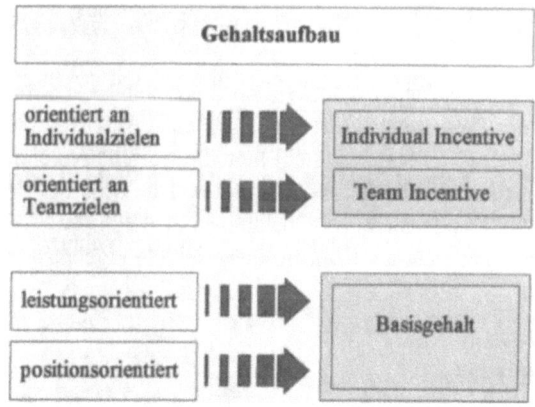

Abb. 4.22: **Gehaltsaufbau mit leistungsbezogenen Bestandteilen.** Quelle: *Maaß* (1993) S. 164.

---

[186] Vgl. *Frese* (1993) S. 122, *Staehle* (1994) S. 771 und *Hammer/Champy* (1994) S. 99f.
[187] Vgl. *Frese* (1993) S. 122.
[188] Vgl. *Hammer/Champy* (1994) S. 100.

Ein an der Gruppenleistung bemessener Teil des variablen Entgeltes ist insbesondere deswegen interessant, da er nicht nur eine quantitäts- und qualitätserhöhende Verhaltensausrichtung fördert, sondern auch ein stärker kooperatives Verhalten erwarten läßt (Abb. 4.23).

| Entgeltart | erwartete Verhaltensergebnisse |
|---|---|
| *Basisaufwand*<br>● fixer Bestandteil<br><br>● variabler Bestandteil<br>– Seniorität<br>– Erfolg<br>– Leistung⟨individuell / Gruppe⟩ | ● Teilnahmeentscheidung, Zufriedenheit bei Erfüllung des Gleichbehandlungsgebots<br>● lange Betriebszugehörigkeit<br>● höhere Qualität der Arbeit<br>● höhere Quantität der Arbeit<br>● höhere Kooperation, höhere Quantität und Qualität |
| *Zusatzaufwand*<br>● Sonderzahlungen<br>● arbeitsfreie Tage<br>● Altersversorgung<br>etc. | ● Teilnahmeentscheidung, Zufriedenheit, gutes Organisationsklima |

Abb. 4.23: Erwartungen an die Verhaltenswirkung des Arbeitsentgeltes. Quelle: Nach *Flippo/Munsinger*, abgebildet in *Staehle* (1994) S. 774.

Da von den Prozeßgruppen ganzheitlich abgeschlossene Prozesse bearbeitet werden, bietet der Prozeßoutput einen geeigneten Ansatz für eine objektive Leistungsbewertung. Im Vordergrund steht hier die quantitative und qualitative Bewertung der Leistung anhand des Prozeßoutputs. Die Wahl der Bemessungskriterien ist dabei aus Kundensicht vorzunehmen, um durch das Feedback der Leistungsbewertung eine stets am Kunden ausgerichtete ergebnisorientierte Korrektur zu erreichen.

## 4.4.2. Karriereplanung

Durch die prozeßorientierte Ausrichtung von Arbeits- und Unternehmungsorganisation besonders beeinflußt wird die **Karriereplanung** als wichtiges Instrument der PE. Traditionell wird **Karriere** in erster Linie mit beruflichem Aufstieg in der Hierarchie gleichgesetzt und ist aufgrund der gesellschaftlichen Implikationen unabhängig von einer Arbeitsentgelterhöhung ein wesentliches Anreizinstrument.[189] Dieses Karriereverständnis wird allerdings seit geraumer Zeit in Frage gestellt: Neben dem durch rezessive Wirtschaftsphasen bedingten Abbau von Hierarchieebenen wächst die Popularität sog. ›Lean‹-Konzepte, die eine generelle Enthierarchisierung propagieren. Die resultierende »drastische Verschlechterung der Aufstiegsmöglichkeiten« wirkt sich zwangsläufig negativ auf die Personalmotivation aus: Karriere im ursprünglichen Sinne ist nur noch wenigen Auserwählten vorbehalten.[190]

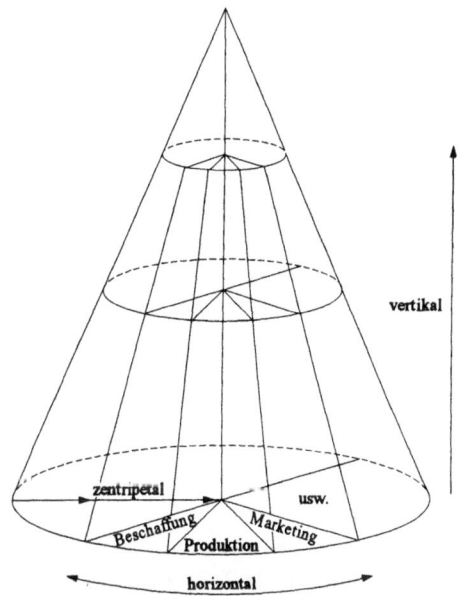

Abb. 4.24: Bewegungsrichtungen innerhalb einer Karriere. Quelle: *Schein*, abgebildet in *Staehle* (1994) S. 840.

Auch BPR bedingt mit der prozeßorientierten Gestaltung der Arbeits- und Unternehmungsorganisation einen flacheren Organisationsaufbau. Für eine konsistente Organisationsgestaltung ist es notwendig, den dadurch bedingten Verlust von Aufstiegsmöglichkeiten durch andere Formen von Anreizsystemen auszugleichen. *Staehle* (1994) nennt als solche:

---

[189] Vgl. *Staehle* (1994) S. 839.
[190] Vgl. *Staehle* (1994) S. 839.

»• Delegation von Aufgaben und Verantwortung auf tiefere Ebenen. Bildung von teilautonomen Einheiten, die unternehmerisch geführt werden können.

• Einrichtung einer Parallel-Hierachie [...] etwa als professionelle Hierarchie, um Spezialisten einen Entwicklungspfad neben dem traditionellen Führungskräfteaufstieg zu ermöglichen.

• Ermöglichung von horizontalen Personalbewegungen (Versetzungen).«[191]

Offensichtlich bietet schon die prozeßorientierte Arbeitsgestaltung selbst mit dem Ansatz des Empowerment, der Prozeßgruppe als ergebnisverantwortlich führbarem Subsystem und dem Prozeßverantwortlichen als prozeßbezogenen Unternehmer wichtige zusätzliche Anreize. Darüberhinaus bedingt Aufstieg in diesen Strukturen nicht zwangsläufig Ausweitung der Personalverantwortung, sondern kann auch bedeuten, daß ein Organisationsmitglied für ein größeres Prozeßsegment verantwortlich wird oder in eine Gruppe mit größerem prozeßbezogenen Verantwortungsbereich wechselt. Langfristig wird es allerdings unverzichtbar sein, mit der Einführung prozeßorientierter Strukturen den Karrierebegriff zumindest auch auf horizontale Versetzungen auszudehnen.[192] Während bei der horizontalen Seitwärtsbewegung ein Organisationsmitglied auf gleicher hierarchischer Stufe in einen neuen Verantwortungsbereich wechselt, sieht *Schein* als weitere Variante auch die zentripetale Bewegung als Wechsel von regionalen Organisationsbereichen hin zur Organisationszentrale (Abb. 4.25).

## 4.5. Informationstechnik

Der **Informationstechnik** ist als Gestaltungsvariable im Kontext der Organisationsgestaltung eine absolut zentrale Rolle zuzusprechen. Wesentliche Anstöße für neue Formen der Organisationsgestaltung sind die Folge einer rasanten Technologieentwicklung, die von der Informationstechnik zunehmend dominiert wird. Zwei Ausrichtungen der Informationstechnik sind in diesem Kontext relevant:

• Neue Informationstechniken eröffnen **prozeßtechnische Gestaltungsspielräume**, die für eine innovative Prozeßgestaltung genutzt werden können, unabhängig von der Ausprägung der restlichen Gestaltungsvariablen.

• Mit der Informationstechnik lassen sich aber auch **organisatorische Gestaltungsspielräume** nutzen, indem bei gleichzeitiger konsistenter Veränderung der Gestaltungsvariablen ein neues Organisationsmodell umgesetzt wird.

---

[191] Vgl. *Staehle* (1994) S. 840.
[192] Vgl. *Staehle* (1994) S. 840f.

## 4.5.1. Informationstechnik als prozeßtechnischer Gestaltungsfaktor

Traditionell werden die Informationstechnik häufig nur als Automatisierungsinstrument zur Optimierung bestehender Abläufe betrachtet. Neue Entwicklungen in der Informationstechnik bieten neben dieser Einsatzmöglichkeit weitaus differenzierte Anwendungsbereiche, die zusätzliche Möglichkeiten der Prozeßgestaltung eröffnen.

| Impact | Explanation |
|---|---|
| • Automational | Eliminating human labor from a process |
| • Informational | Capturing process information for purposes of understanding |
| • Sequential | Changing process sequence, or enabling parallelism |
| • Tracking | Closely monitoring process status and objects |
| • Analytical | Improving analysis of information and decision making |
| • Geographical | Coordinating processes across distances |
| • Integrative | Coordination between tasks and processes |
| • Intellectual | Capturing and distributing intellectual assets |
| • Disintermediating | Eliminating intermediaries from a process |

Abb. 4.25: The Impact of Information Technology on Process Innovation. Quelle: *Davenport* (1993a) S. 51.

Abb. 4.25 zeigt potentielle Wirkungsweisen der Informationstechnik im Rahmen der Prozeßgestaltung.[193] Zusammenfassend lassen sich *automatisierende Wirkungen* (automational, disintermediating), *koordinierende Wirkungen* (sequential, georgraphical, integrative) und *entscheidungsunterstützende Wirkungen* (informational, tracking, analytical, intellectual) unterscheiden.

Neben dieser kontextfreie Bestimmung des Wirkungspotential beschreibt Davenport (1993) Einsatzmöglichkeiten der Informationstechnik anhand sogenannter ›generischen‹ **Anwendungen** konkret für spezifische Prozesse:[194]

• Bei der **Produktentwicklung** liegt eine wesentliche Zielsetzung darin, durch den Einsatz von Informationstechnik die Entwicklungskosten und den Zeitbedarf bis zum Markteinsatz (time to market) zu minimieren. Eine Verringerung der Entwicklungszeiten kann dabei durch eine *Automatisierung von Entwurfsschritten* erreicht werden, beispielsweise mit Hilfe von Optimierungswerkzeu-

---

[193] Vgl. *Davenport* (1993a) S. 50ff.
[194] Vgl. *Davenport* (1993a) S. 55.

gen auf der Basis von Expertensystemen. *Simulationssysteme* ermöglichen kostengünstiges Testen von Produkten schon vor der Prototypenentwicklung. Einen ständig aktuellen Überblick über den Projektfortschritt verschaffen *Ablaufverfolgungssysteme*, die üblicherweise in Form von Projektmanagementsystemen die zeitliche Zuordnung von Ressourcen, Aktivitäten und Personal festhalten. Auf der Basis von finanziellen Daten ermöglichen *entscheidungsunterstützende Systeme*, die Projektrahmenbedingungen so zu gestalten, wie sie finanziell am vorteilhaftesten sind. Schließlich ermöglichen *intraorganisatorische Kommunikationssysteme* eine wirkungsvolle Koordination der Projektaktivitäten, beispielsweise durch zentrale Datenbanken über das Produktdesign, und einen organisationsweiten Ideen- und Erfahrungsaustausch über elektronische »bulletin boards«.[195]

- Die **Auftragsabwicklung** von der Kundenanfrage bis zur Auslieferung läßt sich durch den Einsatz von Informationstechnik beschleunigen und kundenspezifisch ausrichten. Mit *Produktauswahlsystemen* auf der Basis von Expertensystemen und Datenbanken kann dem Kunden eine einfache und direkte Produktauswahl bei komplexen Produktlinien angeboten werden. *Prognosesysteme* und *Analysewerkzeuge* erlauben die Bestimmung von Kundenanforderungen auf der Mikroebene, wodurch die Entwicklung einer Marktstrategie weg vom Massenprodukt hin zur kundenspezifischen Produktlösung unterstützt wird. Mit *elektronischen Vertriebsmedien* eröffnen sich gänzlich neue Vertriebswege beispielsweise durch Terminalzugriff des Kunden oder elektronische Kataloge. Die *interorganistorische Kommunikation* läßt sich unter Nutzung von EDI/EDIFACT vereinheitlichen, während Multimedia-Anwendungen eine komfortable Gestaltung der Kundenschnittstelle eröffnen. Schließlich können dezentrale Akquisitions- bzw. Verkaufsstellen, ausgestattet mit flexiblen *Softwarewerkzeugen zur Angebotserstellung*, gezielt Kunden vor Ort beraten.[196]

- Im Anwendungsbereich von **Logistikprozessen** ermöglicht der Einsatz von Informationstechnik erstens eine effektive Planung von Transport und Lagerung und zweitens eine effektive Verfolgung und Erkennung transportierter Waren. *Systeme zur Standortbestimmung* erlauben eine präzise Koordination der Transportmittel und frühzeitige Reaktionsmöglichkeiten auf außerplanmäßige Ereignisse. Ähnliche Möglichkeiten bieten *Erkennungssysteme*, die Objekte mittels Barcode oder Mustererkennung identifizieren. Einen weitgehend nutzenoptimalen Einsatz der Vermögenswerte durch Beachtung von Lokationen,

---

[195] Vgl. *Davenport* (1993a) S. 56ff.
[196] Vgl. *Davenport* (1993a) S. 59ff.

Bedarfsanmeldungen und Verfügbarkeiten sichern *Systeme zum Vermögensmanagement*. Durch wissenbasierte Systeme lassen sich schließlich traditionelle *Logistikplanungssysteme*, die nur für Spezialisten zugänglich sind, für eine breite Anwenderschicht nutzbar machen. Kennzeichnend für das hier veranschaulichte Potential der Informationstechnik ist, daß die ganzheitliche Gestaltung der Prozesse und Organisation auf dieser Betrachtungsebene davon weitgehend unberührt bleibt. Die beschriebenen Informationssysteme und Softwarewerkzeuge lassen sich **bezüglich der betrachteten Funktionalität** sowohl in einem organischen wie auch mechanistischen Organisationskontext einsetzen.

### 4.5.2. Informationstechnik als organisatorischer Gestaltungsfaktor

Die prinzipiell organisationsneutrale Wirkungsweise der Informationstechnik wird bei der Realisierung von konkreten Informationssystemen üblicherweise aufgehoben. Informationssysteme zur Unterstützung der Prozeßabwicklung können allgemein zwischen extremer Standardisierung und Flexibilität beliebig gestaltet sein. Sie determinieren damit je nach zugrundeliegendem Leitbild in unterschiedlichem Umfang den Spielraum der im Arbeitszusammenhang zu vollziehenden Erfüllungs-, Koordinations- und Kommunikationstätigkeiten (Kap. 3.2.3).

Aufbauend auf Kapitel 3.2.3 wird im weiteren zuerst die Diskussion informationstechnischer Einsatzkonzepte dargestellt, um anschließend die zur Unterstützung der Prozeßgruppen notwendige Technikgestaltung zu beschreiben.

### 4.5.2.1. Infrastrukturelle Einsatzkonzepte der Informationstechnik

Während die konventionelle Datenverarbeitung primär auf stark sequentialisierten arbeitsteiligen Abläufe ausgerichtet ist, entstehen mit der CSCW-Forschung erstmals in umfangreicherem Rahmen Informationssysteme, die auch wechselseitige Kooperationsprozesse unterstützen. Die frühe CSCW-Forschung fokussiert sich dabei ausschließlich auf die Anforderung der egalitär-innovativen Kooperation in Gruppen. Inzwischen finden mit dem Konzept des Workflow Management auch Formen der sequentiell-horizontalen Kooperation Eingang in die CSCW-Diskussion. Charakteristisch für diese unterschiedlichen Einsatzkonzepte ist die strikte Ausrichtung auf die jeweilige Kooperationsform. *Kubicek/Höller* (1991) beschreiben dagegen Systemanforderungen, die sich an einem spezifi-

schen Organisationsmodell orientieren. Auf der Grundlage dieses Ansatzes lassen
sich Systemanforderungen für die auf Prozeßgruppen basierende prozeßorientierte Arbeitsorganisation ableiten.

*a. Informationstechnische Unterstützung auf der Grundlage der frühen CSCW-
Forschung*

Die Unterstützung kooperativer Arbeitsformen durch Computereinsatz wird
seit Mitte der 80er Jahre unter dem Begriff **CSCW** (Computer Supported Cooperative Work) erforscht.[197] Laut *Oberquelle* (1991b) handelt es sich bei **kooperativer Arbeit** um Arbeitssituationen,»in denen mehrere Personen zusammenarbeiten zwecks Erreichung eines Ergebnisses, welches unter den gegebenen Randbe-
dingungen nur gemeinsam, nicht einzeln erzielt werden kann«.[198] Kennzeichnend
für eine kooperative Arbeitssituation sind gruppenspezifische Merkmale, wie
Zielübereinstimmung und gemeinsame Konventionen. Der häufig mit CSCW as-
soziierte Begriff **Groupware** bezeichnet Mehrbenutzer-Software zur Unterstützung kooperativer Arbeit. Als Funktionalitäten sind im wesentlichen Zugriffs-
möglichkeiten auf gemeinsame Daten und der koordinierte Informationsaustausch
zu nennen.[199] CSCW läßt sich dann definieren als »kooperative Arbeit, für deren
Erledigung Groupware zur Verfügung steht«.[200] *Oberquelle* betont, daß diese Definition den tatsächlichen Gebrauch von Groupware bewußt offen läßt, da einer
computergestützen Interaktion auch Grenzen gesetzt sind.

Die bisherige CSCW-Forschung ist nach *Kubicek/Höller* (1991) dadurch geprägt, daß sie mit einem »vagen Gruppenbegriff« arbeitet, der sich weitgehend an
Eigenschaften wissenschaftlicher Arbeitsgruppen orientiert.[201] Die Autoren be-
mängeln hierbei, daß neue Konzepte der organisatorischen Gruppenarbeit in die
CSCW-Forschung kaum Eingang gefunden haben.[202] Diese Einschätzung wird
durch die typischen Produktentwicklungen bestätigt, bei denen es sich vorwie-
gend

»um Anwendungen handelt, die entweder von sehr einfachen und unspezifischen
Annahmen über den Anwendungskontext ausgehen oder sich auf Anwendungsbedarfe

---

[197] Vgl. *Hasenkamp/Syring* (1994) S. 15.
[198] Vgl. *Oberquelle* (1991b) S. 4.
[199] Vgl. *Oberquelle* (1991b) S. 5.
[200] Vgl. *Oberquelle* (1991b) S. 5.
[201] Vgl. *Kubicek/Höller* (1991) S. 149.
[202] Vgl. *Kubicek/Höller* (1991) S. 158.

stützen, die sich auffallend stark aus Arbeitssituationen der forschenden Entwickler selbst ergeben.«[203]

Kennzeichnend für viele derzeit verfügbaren **CSCW-Systeme** ist entsprechend, daß sie in betrieblichen Organisationen bisher keine weite Verbreitung gefunden haben.[204] Bezüglich der allgemeinen *Kommunikationssysteme* haben Email-Systeme für den Austausch unstrukturierter Informationen noch eine relativ geringe Relevanz, während Videokonferenzsystemen bisher die zugesprochene Bedeutung versagt blieb.[205] Dies gilt in gleicher Weise für *Systeme auf Basis der Sprechakttheorie*, die nur auf wissenschaftlicher Seite Beachtung auf sich zogen. Bedingt durch die geringe Nutzung von Email haben auch *intelligente Filtersysteme*, die die Weiterverarbeitung von kommunizierten Informationen erlauben, als Add-on von Email-Produkten in der betrieblichen Praxis keine Bedeutung. Für *Mehrautorensysteme*, die das simultane Arbeiten mehrerer Personen an einem Dokument unterstützen, gibt es in Unternehmungen so gut wie kein Anwendungsbedarf. Dagegen existieren für *Terminvereinbarungssysteme* auf Basis elektronischer Kalender zwar prinzipielle Anwendungsmöglichkeiten, verfügbare Systeme konnten sich in Unternehmungen allerdings nicht durchsetzen.[206]

*b. Workflow Management als ablauforientiertes Einsatzkonzept*

Die Funktionalität der beschriebenen **Groupware-Systeme** macht deutlich, daß die CSCW-Forschung sich fast ausschließlich auf die informationstechnische Unterstützung von Gruppen mit **unstrukturierten** Aufgabenstellungen konzentriert. Dies ist insofern bemerkenswert, als obige Definitionen keine Aussagen über den Strukturierungsgrad machen. Zudem erhält die Fragestellung nach informationstechnischer Unterstützung von kooperativer Arbeit im Kontext **strukturierter** Aufgabenstellungen durch die zunehmende Popularität von **Workflow-Systemen** eine neue Qualität. Es handelt sich dabei um dokumentenorientierte Vorgangssteuerungssysteme, die »eine aktive Steuerung arbeitsteiliger Prozesse« ermöglichen.[207] Diese Systeme sind dabei flexibler an veränderte Anforderungen

---

[203] Vgl. *Kubicek/Höller* (1991) S. 157.
[204] Die folgende Aufzählung der CSCW-Systemkategorien findet sich in *Hasenkamp/Syring* (1994) S. 28ff.
[205] Bezüglich der Probleme bei Videokonferenzsystemen vgl. *Egido* (1988).
[206] Das Scheitern vieler CSCW-Systeme in der betrieblichen Praxis und die Ursachen diskutiert *Grudin* an einigen Beispielen, vgl. *Grudin* (1988).
[207] Vgl. *Hasenkamp/Syring* (1994) S. 29.

anzupassen als konventionelle Anwendungssysteme, da zu einer Korrektur der
abgebildeten Abläufe lediglich die Spezifikation der Steuerungskomponente geändert werden muß.

| | Workflow Management | Workgroup Computing |
|---|---|---|
| Koordinationsmodell | »Aufteilung und Lösung von Teilproblemen« | »Lösung *eines* gemeinsamen Problems« |
| Anzahl der Beteiligten | hoch | niedrig |
| räumliche Verteilung der Beteiligten | an einem Ort / an verschiedenen Orten | an einem Ort / an verschiedenen Orten |
| zeitliche Verteilung | *bisher:* zu unterschiedlichen Zeiten | zur gleichen Zeit / zu unterschiedlichen Zeiten |
| Strukturierungsgrad der Aufgabe(n) | *bisher:* hoch | mittel / gering |
| Bedeutung organisatorischer Regeln | hoch | niedrig |
| »organisatorischer Bezug« | organisationsweite Prozesse | Gruppe |
| Einbindung in Gesamtorganisation | ja | *bisher:* gering |
| Anbindung an betriebliche Informationsverarbeitung | zum Teil | *bisher:* nein |
| primäres Ziel | *bisher:* Effizienz | *bisher:* Flexibilität |
| aktive Steuerung und Verfolgung des Arbeitsfortschrittes | ja | *bisher:* nein |

Abb. 4.26:   Workflow Management und Workgroup Computing. Quelle: *Hasen-kamp/Syring* (1994) S. 27.

In der neueren CSCW-Forschung finden sich unterschiedliche Richtungen, die
diese Entwicklung aufzugreifen und in die bestehende Konzeption zu integrieren
versuchen. Beispielsweise diskutieren *Hasenkamp/Syring* (1994) mit dieser Zielsetzung die Anforderungen an eine CSCW-Unterstützung im Bürobereich. Als
wesentlichen Ansatzpunkt für die Art der Unterstützungsleistung identifizieren
die Autoren die Kategorie der Koordinationsprozesse, indem sie unterscheiden,
ob

• das Aufteilen komplexer Aufgaben in Teilaufgaben und deren getrennte Lösung zu koordinieren ist, oder

• sich die Koordination auf die gemeinsame Lösung **einer** komplexen Aufgabe
bezieht.[208]

---

[208] Vgl. *Hasenkamp/Syring* (1994) S. 22.

Diese unterschiedlichen Koordinationsanforderungen lassen sich in traditionell organisierten Unternehmungen weitgehend eindeutig den prozeßbezogenen bzw. gruppenbezogenen Arbeitsformen zuordnen (Abb. 4.26). In organisationsweiten Prozessen entsteht bei der arbeitsteiligen, sequentiellen Bearbeitung von Aufgaben fast ausschließlich ein Koordinationsbedarf der erstgenannten Art. Die Zielsetzung beim **Workflow Management** ist demnach die Unterstützung der Koordination in der Prozeßbearbeitung.[209] Eine gruppenbezogene Arbeitsform wird dagegen im allgemeinen dort eingesetzt, wo eine gemeinsame Problemlösung im Vordergrund steht. Diese zweitgenannten Koordinationsanforderungen zu unterstützen ist dementsprechend die Zielsetzung beim **Workgroup Computing**.[210]

Nach diesem Verständnis unterstützen Workflow-Systeme kooperative Arbeit, sind also auch dem CSCW-Bereich zuzurechnen. Daß sich die CSCW-Forschung trotzdem schwer tut, das Workflow-Konzept in den eigenen Bereich einzuordnen, führen *Kubicek/Höller* (1991) auf die Orientierung an konträren Gestaltungsleitbildern zurück (Kap. 3.3). Danach ist die CSCW-Disziplin ursprünglich durch einen »emanzipativen Anspruch« geprägt:[211] bei der Gestaltung von CSCW-Systemen wird mehr oder weniger explizit von dem **professionellen Organisationsmodell** ausgegangen, während sich die Gestaltung handelsüblicher Workflow-Systeme unverkennbar am **hierarchisch-bürokratischen Organsiationsmodell** orientiert.

In Abb. 4.27 ist dieses Konfliktfeld genauer dargestellt. Das Konzept des **fremdgesteuerten Workflow Management-Systems** unterliegt der selben Sichtweise wie die konventionelle Datenverarbeitung. Im Vordergrund steht das System, welches durch die zentral implementierte Ablaufsteuerung den Anwender bei der Bedienung steuert. Der Anwender hat einen äußerst eingeschränkten Handlungsspielraum, da direkte Änderungen des Ablaufes nicht möglich sind. Zudem ist für den Anwender der Gesamtablauf im System nicht transparent. Der Einsatz fremdgesteuerter Vorgangssteuerungssystemen führt letztlich nicht zu innovativem Fortschritt, sondern zementiert bestehende hierarchisch-bürokratische Organisationsstrukturen (Kap. 3.3/3.4). Als zusätzlich Folge werden zukünftige Veränderungen in Richtung neuer Organisationskonzepte weiter erschwert.

Mittlerweile beschäftigt sich die Informatik, und hier insbesondere die anwendungsorientierte Softwaretechnik, mit der Entwicklung von Workflow-Konzepten, die sich bezüglich der Gestaltung an dem professionellen Organisationsmodell orientieren. Der Ausgangspunkt sind flexible Einzelplatzkonzepte auf der

---

[209] Vgl. *Hasenkamp/Syring* (1994) S. 26.
[210] Vgl. *Hasenkamp/Syring* (1994) S. 26.
[211] Vgl. *Kubicek/Höller* (1991) S. 149.

Basis der **Werkzeug-Material-Metapher**.[212] Am Einzelplatz benutzt der Anwender (Software-)Werkzeuge, um (Informations-)Materialien zu bearbeiten. Um
dieses Konzept auf den Koordinationskontext mehrerer Arbeitsplätze auszudehnen, wird häufig die aus der Büroarbeit bekannte Umlaufmappe als elektronisches
Äquivalent abgebildet.[213]

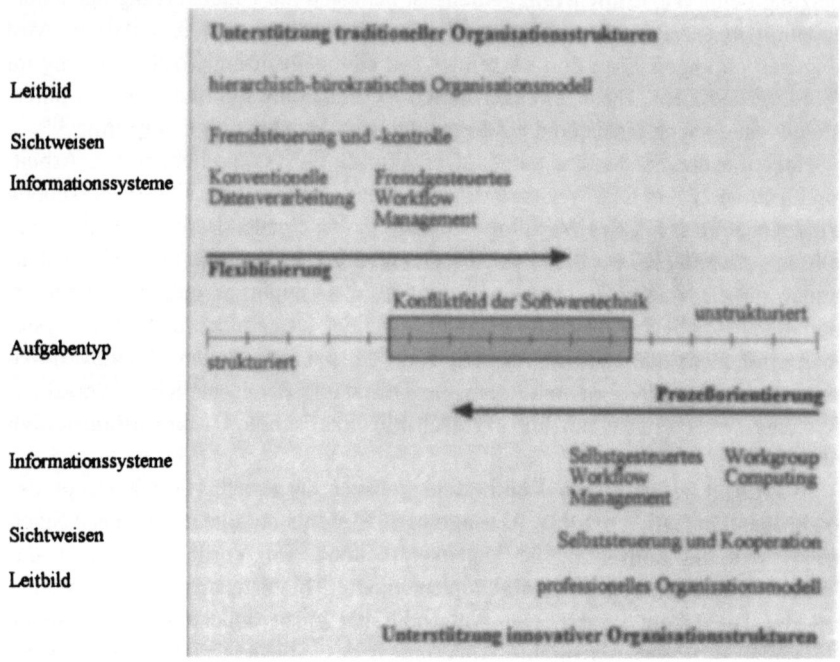

Abb. 4.27:  Konfliktfeld der Softwaretechnik. Vgl. auch *Rolf* (ersch.).[214]

In einem solchen **selbstgesteuerten Workflow Management-System** werden
keine Ablaufregeln implementiert, sondern Default-Wissen über Abläufe festgehalten. Die individuelle Steuerung des Vorgangs erfolgt alleine durch den Benut-
zer, indem dieser Einträge auf die Umlaufmappe hinzufügt, ändert oder löscht. Er
kontrolliert damit den weiteren Verlauf des Vorgangs. Die Ablaufsteuerung ist
durch die Umlaufmappe transparent und kann sich flexibel jeden Änderungen an-

212 Vgl. *Kilberth/Gryczan/Züllighoven* (1993) S. 23ff.
213 Vgl. *Kilberth/Gryczan/Züllighoven* (1993) S. 144f und *Karbe* (1994) S. 118ff.
214 Bezüglich der beiden Trends Flexibilisierung und Prozeßorientierung vgl. *Bullinger/Nie-
meier/Schäfer* (1993) S. 125.

passen. Zusätzlich können in die Werkzeugumgebung am Arbeitsplatz größere Automatisierungsanteile als Werkzeuge integriert werden, um so auch stärker strukturierte Aufgabentypen abzudecken. Insgesamt lassen sich mit diesem Systemkonzept eine große Bandbreite von Aufgabentypen bearbeiten, zumal die Integration von Groupware-Werkzeugen aufgrund des gleichartigen Leitbildes unproblematisch ist.

*c. Anforderungen an CSCW-Systeme für die Unterstützung lose gekoppelter Gruppen*

Kennzeichnend für die Diskussion des Workgroup Computing und Workflow Management ist die weitgehend isolierte Betrachtung beider Einsatzkonzepte. Ursache hierfür sind die den Konzepten – häufig implizit – zugrundeliegenden organisatorischen Leitbilder, die wie das professionelle bzw. bürokratisch-hierarchische Organistionsmodell von der Strukturierung und dem Zusammenwirken der Organistionseinheiten abstrahieren.

*Kubicek/Höller* (1991) orientieren sich bei der Anforderungsbestimmung für CSCW-Systeme dagegen am **Organisationsmodell lose gekoppelter Gruppen**, welches eine ganzheitliche Berücksichtigung von Koordinationsprozessen erlaubt. Die kleinste organisatorische Einheit in diesem Modell ist die teilautonome Gruppe, die durch einen hohen Grad an Selbstkoordination gekennzeichnet ist. Die Aufgabenaufteilung auf der Ebene der Gruppen und diesbezügliche Gruppenbildung erfolgt unter dem Kriterium, daß die Binnenbeziehung der Gruppen maximiert und die Außenbeziehung minimiert wird.[215]

Für diese organisatorische Ausgangssituation beschreiben *Kubicek/Höller* (1991) allgemeine Anforderungen an die Gestaltung von unterstützenden CSCW-Systemen (Abb. 4.28).[216] Für die Bestimmung der Systemanforderungen differenzieren die Autoren bezüglich der zu unterstützenden Kooperation zwischen

*   **ausführender Interaktion** als Austauschprozeß und
*   **Koordination** als Abstimmungsprozeß.

In der **Binnenbeziehung** besteht informationstechnischer Unterstützungsbedarf nur bei der ausführenden Interaktion. Um eine variable Aufgabenverteilung zu ermöglichen, muß der Informationsbedarf der gesamten Gruppe einheitlich verwaltet, dokumentiert und gepflegt werden.[217] Bei der Koordination in der Prozeß-

---

[215] Vgl. *Kubicek/Höller* (1991) S. 164.
[216] Vgl. *Kubicek/Höller* (1991) S. 164.
[217] Vgl. *Kubicek/Höller* (1991) S. 165.

114    4. Gestaltungsleitbild

gruppe macht dagegen eine technische Unterstützung wenig Sinn. Abstimmungs-
notwendigkeiten lassen sich einfacher und schneller durch direkte Kommunikation bewältigen.[218]

| Beziehung / Kooperationsebene | Binnenbeziehung | Außenbeziehung | |
|---|---|---|---|
| | | zu anderen Gruppen in der Organisation | zu externen Stellen |
| Ausführende Interaktion | Pflege von Dateien, Dokumentation von Vorgängen zur Ermöglichung flexibler Arbeitsteilung | Festlegung organisationsweiter Datenbestände, Auskunftsrechte und -pflichten | Festlegung übergreifender Datenbestände, Auskunftsrechte und -pflichten |
| Koordination | keine technische Mediatisierung, Steuerung und Kontrolle | Vorbereitung und Dokumentation von Verhandlungen, Gruppe als Bezugseinheit | auch technische Unterstützung des Abstimmungsprozesses |

Abb. 4.28: Tendenzaussagen zur technischen Unterstützung unterschiedlicher Ko-
operationsfelder. Quelle: *Kubicek/Höller* (1991) S.167.

Die Forderung nach maximierter Außenbeziehung entspricht einem hohen Au-
tonomiegrad der Gruppe. Bei den verbleibenden Interdependezen mit der Außenwelt ist daher zu beachten, daß die »organisatorisch gewollte Autonomie nicht
durch technische Vorgaben, Kontroll- und Eingriffsmöglichkeiten von außen eingeschränkt wird«.[219] In der **Außenbeziehung** betrifft die ausführende Interaktion
die Beschaffung von für die Aufgabenerfüllung notwendigen Informationen. Bezogen auf die innerorganisatorische Beziehung der Gruppen untereinander kommt
es dabei zu einem Konflikt mit dem Autonomieanspruch: »Jede Gruppe möchte
möglichst schnell und einfach auf Informationen anderer Gruppen zugreifen, diese
jedoch nicht ohne Wissen und Kontrolle auf die eigenen Informationen zugreifen
lassen«.[220] Daher ist eine klare Schnittstellenregelung erforderlich, die generelle
Auskunftsrechte und -pflichten festhält. Bezüglich der Koordinationsprozesse
zwischen den Gruppen betonen *Kubicek/Höller* (1991), daß die Koordination im
Kontext der hohen Entscheidungs- und Handlungsautonomie der Gruppen »im
Wege der Aushandlung« erfolgt und als »sozialer Prozeß« zu verstehen ist.[221] Im
Vordergrund steht ein vertrauensbasierter Abstimmungsprozeß, welcher im we-

---

[218] Vgl. *Kubicek/Höller* (1991) S. 165.
[219] Vgl. *Kubicek/Höller* (1991) S. 166.
[220] Vgl. *Kubicek/Höller* (1991) S. 166.
[221] Vgl. *Kubicek/Höller* (1991) S. 166.

sentlichen eine direkte Kommunikation voraussetzt.[222] Zweckmäßige Einsatzmöglichkeiten für Informationstechnik bieten sich lediglich bei den Vorberei-
tungstätigkeiten für die Abstimmungsprozesse. Bei der Koordination mit externen
Stellen ist ein Rückgriff auf informationstechnische Konferenzsysteme gegebenenfalls vertretbar. Wie die Praxis allerdings deutlich zeigt, ist die direkte persönliche Zusammenkunft durch Systeme dieser Art nicht substituierbar.[223]

Am Beispiel eines Vorgangsverfolgungssystems verdeutlichen *Kubicek/Höller*
(1991), wie ein Workflow Management-System für die Zusammenarbeit der innerorganisatorischen teilautonomen Gruppen gestaltet sein sollte.[224] Entscheidend
ist in dem von *Kubicek/Höller* entwickelten **Modell entkoppelter Prozeduren**
die Trennung der Vorgangsebenen nach der Binnen- und Außenbeziehung. Innerhalb der Gruppe erfolgt die Regelfestlegung und die Art der Bearbeitung vollkommen autonom nur durch die Gruppe und bleibt für die Außenwelt verborgen.
Zwischen den Gruppen erfolgt die Interaktion daher im wesentlichen auf der Basis von Gruppen als Rollenträger, indem die Vorgänge nicht direkt an Gruppenmitglieder weitergegeben werden. Es bleibt der Gruppe überlassen, in welchem
Grad die Aufgabenerfüllung auf technische Unterstützung zurückgreift: »Damit
werden die organisatorischen Freiräume der Gruppen – inklusive der technischen
›Null-Option‹ – erhalten.«[225]

### 4.5.2.2. Informationstechnische Unterstützung von Prozeßgruppen

Bei dem Konzept der Prozeßgruppe wird als wesentliche Komponente eine informationstechnische Unterstützung vorausgesetzt, mit der die extreme Arbeitsinhaltsvergrößerung im Rahmen der prozeßorientierten Arbeitsgestaltung überhaupt
erst möglich wird. Hier spielt das in Kap. 4.5.1 aufgeführte Potential der Informationstechnik eine wichtige Rolle. Entscheidend ist allerdings nach der bisherigen Betrachtung auch, an welchem Leitbild sich die Ausgestaltung und das
Zusammenwirken solcher Informationssysteme orientiert. Eine grundsätzliche
Anforderung an die Gestaltung der Informationstechnik, abgeleitet aus der situativen Organisations- und Arbeitsgestaltung, sind flexible Anpassungsmöglichkeiten
der Informationssysteme an Umweltbedingungen, strategischem Verhalten und
Personal.

---

[222] Vgl. *Kubicek/Höller* (1991) S. 166.
[223] Vgl. *Kubicek/Höller* (1991) S. 166 und *Egido* (1988).
[224] Vgl. *Kubicek/Höller* (1991) S. 168ff.
[225] Vgl. *Kubicek/Höller* (1991) S. 169.

Diese Flexibilität ist allgmein nur mittels einer Systemgestaltung auf Basis der Werkzeug-Metapher erreichbar. Zielsetzung ist dabei, den Organisationsmitgliedern Bearbeitungs-, Koordinierungs- und Kommunikationswerkzeuge zur Verfügung zu stellen, die prinzipiell sehr hohe Handlungsspielräume erlauben, durch Parametrisierung jedoch an die situativen Anforderungen adaptiert werden können. Bezüglich der Kooperationsaktivitäten findet sich in den von *Kubicek/Höller* (1991) abgeleiteten Anforderungen an CSCW-Systeme ein geeignetes Grundmodell für die Gestaltung der informationstechnischen Unterstützung von Prozeßgruppen. Eine wesentliche Gemeinsamkeit zwischen dem von *Kubicek/Höller* zugrundegelegten Organisationsmodell lose gekoppelter Gruppen und dem in Kapitel 4.2. entwickelten Konzept der Prozeßgruppe findet sich in der Beziehungsstruktur der Gruppen: Auch bei der Prozeßgruppe ist die Binnenbeziehung weitgehend maximal, da die gesamte intraprozessuale Koordination innerhalb der Prozeßgruppe vollzogen wird, und die Außenbeziehung annähernd minimal ist, da nur ein geringer Bedarf an interprozessualer Koordination mit anderen Prozeßgruppen besteht.

Im folgenden sollen die Systemgestaltung für den einzelnen Arbeitsplatz sowie für die Binnen- und Außenbeziehung der Prozeßgruppe, aufbauend auf der bisherigen Diskussion, kurz beschrieben werden:

• *Einzelner Arbeitsplatz*: Die einzelplatzorientierte Gestaltung des Informationssystems nach der Werkzeug-Material-Metapher erlaubt eine flexible Anpassung der Werkzeugumgebung an die situativen Erfordernisse. Damit läßt sich die Arbeitsstrukturierung effektiv als PE-Instrument einsetzen. Handlungsspielräume und Arbeitsinhalte werden über die Parametrisierung des Anwendungssystems an den Persönlichkeitsmerkmalen und Fähigkeiten des Stelleninhabers angepaßt.

• *Binnenbeziehung der homogenen Prozeßgruppe*: Aufgrund der vollständigen Prozeßbearbeitung durch die Caseworker gibt es kaum ausführende Interaktion innerhalb der Gruppe ausgenommen der gruppeninternen Expertenbefragung. Letztere bedarf ebenso wie die gruppeninterne Koordination (z.B. bezüglich der Arbeitsverteilung) keiner technischen Unterstützung.

• *Binnenbeziehung der heterogenen Prozeßgruppe*: Je nach der Kooperationsform bewegt sich bei der ausführenden Interaktion das Anforderungsprofil an IT-Unterstützung zwischen einem gruppeninternen Workflow Management-System (sequentielle Kooperation) und Groupware-Systemen (egalitäre Kooperation). Der technische Handlungsraum kann zentral vorgegeben werden, die Kontrolle über die verbleibenden Handlungsspielräume bleibt im Kompetenzbereich der Gruppe.

- *Außenbeziehung der (homogenen wie heterogenen) Prozeßgruppe mit anderen innerorganisatorischen Prozeßgruppen:* Die ausführende Interaktion zwischen Prozeßgruppen erfolgt i.d.R. leistungsbezogen am Prozeßanfang und -ende. Erforderlich ist hier ein Workflow Management-System für den Vorgangs- und Informationsaustausch zwischen den Prozeßgruppen. Dabei ist entsprechend dem Modell entkoppelter Prozeduren von *Kubicek/Höller* die Vorgangsebene zwischen den Gruppen strikt von der Vorgangsebene innerhalb der Gruppen getrennt. Bei Abstimmungsprozessen steht wieder primär die direkte Kommunikation im Vordergrund.

## 4.6. Organisationskultur

Aus der hier zugrundegelegten Sicht ist die **Organisationskultur** weniger direkt gestaltbar, sondern kann über die Gestaltung der strukturellen, personalen und technologischen Systemvariablen nur beeinflußt werden. Wesentlich für die Wirksamkeit der beschriebenen Gestaltungsempfehlungen ist, daß diese bei einer ganzheitlichen Anwendung auch auf eine konsistente Kulturprägung ausgerichtet sind. Die Orientierung der prozeßorientierten Gestaltungsempfehlungen erfolgt dabei an Merkmalen der **vertrauensbasierten Organisationskultur** (Kap. 3.2.2.2). Wesentliche Einflußfaktoren sind hier die Arbeitsgestaltung mit der Erweiterung der Handlungsspielräume und den gruppenorientierten Arbeitsformen, eine gegebenenfalls auf dem Matrixprinzip aufbauende Unternehmungsorganisation, leistungsorientierte Entgeltsysteme, eine an der persönlichen Entwicklung orientierte Karriereplanung und flexible, humanzentrierte Informationssysteme.

# 5. Gestaltungsprobleme

Die entscheidende Problematik bei der Durchführung von BPR verbirgt sich in der politischen Umsetzung und Durchsetzung der notwendigen Veränderungen. Wie *Grochla* (1982) ausführt, »treten bei umfangreichen Organisationsproblemen nahezu zwangsläufig Konflikte zwischen den am Gestaltungsprozeß beteiligten Personen auf«, die ihre Ursache zu einem wesentlichen Teil in Veränderungen von Machtstrukturen und Statusgefügen finden.[1] Ausgehend von eher mechanistisch strukturierten Organisationen ist das Widerstandspotential gegen die angestrebten radikalen Veränderungen in Richtung einer Prozeßorganisation beträchtlich.

Im weiteren sollen zuerst einige grundlegende Überlegungen über Widerstände und die Wirkungszusammenhänge ihrer Entstehung wiedergegeben werden. Es folgt die Darlegung der im Rahmen von BPR zu erwartenden Konflikte, wobei auf die Entlassungsproblematik ihrer Bedeutung wegen gesondert eingegangen wird.

## 5.1. Widerstand gegen organisatorische Veränderungen

Als Voraussetzung der Kultur- und Verhaltensentwicklung nennt *Bleicher* (1991) **Anpassungsfähigkeit** und **Anpassungsbereitschaft**. Widerstand gegen Veränderungen resultiert entsprechend aus mangelnder Anpassungsfähigkeit (Trägheit) oder -bereitschaft (Widerstand i.e.S.). Mit der zusätzlichen Differenzierung nach Personen- oder Systembedingtheit erhält man vier nach ihrer Ursache unterschiedliche Widerstandskategorien:[2]

(1) Der **Verhaltenswiderstand** entweder einer einzelnen Führungskraft oder einer Gruppe äußert sich in einer geringen Bereitschaft, Veränderungen zu ak

---

[1] Vgl. *Grochla* (1982) S. 12.
[2] Vgl. *Bleicher* (1991) S. 768ff.

zeptieren und sich an diese anzupassen. Diese resultiert in der Regel aus dem objektiv berechtigten oder lediglich subjektiven Gefühl der Gefährdung oder Unsicherheit, welches entsteht, wenn die Führungskraft oder Gruppe sich in ihrer Machtstellung bedroht sieht, sich unzureichend oder falsch informiert fühlt, Veränderungen für nicht notwendig hält, bisher akzeptierte Normen und Werte in Frage gestellt sieht oder nicht glaubt, die neuen Aufgaben bewältigen zu können.

(2) **Verhaltensträgheit** ist das Unvermögen der Betroffenen, Veränderungen nachvollziehen zu können. Während der Verhaltenswiderstand sich aus dem Umstand ergibt, daß der Betroffene Veränderungen bewußt nicht annehmen *will*, steht hier im Vordergrund, daß er diese eher ungewollt nicht annehmen *kann*. Diese mangelnde Anpassungsfähigkeit kommt vorrangig in »festgefahrenen Denkstrukturen« und »unbewußten, tradierten Wertvorstellungen bzw. Verhaltensnormen« zum Ausdruck.[3]

(3) Unter **Systemwiderstand** ist die fehlende Anpassungsbereitschaft der Organisation und ihrer Führungskräfte zu verstehen. Diese kann nach *Bleicher* aus der »Orientierung des Managements an kurzfristigen Gegebenheiten (statt an strategischer Flexibilität)« und einer Machtverteilung resultieren, bei der »die effektive Macht auf Subsysteme verteilt ist (Tradition)« und nicht bei der Unternehmungsleitung liegt.[4]

(4) Die **Systemträgheit** bezieht sich ebenfalls auf die gesamte Organisation. Bezüglich des Personals ist insbesondere das »Fähigkeitspotential des Mitarbeiterstammes« angesprochen,[5] während hinsichtlich der Infrastruktur die zur Gewohnheit gewordenen bisherigen Strukturen, Prozesse und Führungssysteme sich für Veränderungen als hinderlich erweisen.

Von den letzten drei genannten Widerstandsformen grenzt sich der Verhaltenswiderstand insofern ab, als es sich bei diesem um eine aktives, gegen die Veränderungen gerichtetes Verhalten handelt. Für eine wirkungsvolle Begegnung dieser Widerstandsform ist es von besonderer Wichtigkeit, den typischen Entstehungsprozeß und die Wirkungszusammenhänge zu kennen. Nach *Hill/Fehlbaum/Ulrich* (1992) hängt das Verhalten der von der Reorganisation Betroffenen davon ab, wie das gesamte Vorhaben individuell wahrgenommen wird, welche persönlichen Auswirkungen erwartet und wie die eigenen Handlungsmöglichkeiten eingeschätzt werden. Wird eine Reorganisation von der Geschäftsleitung angestrebt und durchgeführt, erhält das Organisationsmitglied aus formalen wie informalen

---

[3] Vgl. *Bleicher* (1991) S. 771.
[4] Vgl. *Bleicher* (1991) S. 771.
[5] Vgl. *Grochla* (1982) S. 126. Im Original hervorgehoben.

Quellen Informationen unterschiedlichster Art und Qualität. Je stärker es sich von den Maßnahmen betroffen fühlt, umso aufmerksamer wird es zusätzliche Informationen aufnehmen, die alle zusammen ein »mehr oder weniger klares oder vages Bild der Situation« ergeben.[6] Je nachdem welche Auswirkungen das Organisationsmitglied für sich selbst erwartet, wird es entweder kooperieren, sich indifferent verhalten oder aber Widerstand praktizieren.[7] Dieser individuelle Bewertungsprozeß der anstehenden organisatorischen Veränderungen ist sehr komplex und unter anderem abhängig

»• vom Informationsstand des Individuums;
• von seiner Beurteilung des Istzustandes der heutigen Organisation, die ihm eine Reorganisation grundsätzlich wünschbar oder nicht wünschbar erscheinen lassen;
• von der Beurteilung des eigenen Status und dem Grad des Selbstvertrauens, mit neuen Situationen fertig zu werden;
• vom Vertrauen in die Systemleitung und/oder den Organisator;
• von dem Ausmaß, in dem es der Reorganisation passiv unterworfen ist oder die Möglichkeit hat, aktiv auf deren Verlauf und die Neuordnung einzuwirken;
• von der Beeinflussung durch Meinungen und Verhalten anderer Gruppenmitglieder.«[8]

Stellt sich für den Mitarbeiter durch die verfügbaren Informationen und eigenen Erfahrungen die Situation so dar, daß er mit negativen Konsequenzen rechnet – diese Einschätzung muß objektiv nicht zutreffend sein – so wird er entsprechenden passiven oder aktiven Widerstand leisten. Als mögliche Formen von Verhaltenswiderstand nennen *Hill/Fehlbaum/Ulrich* (1992) zum Beispiel
• abweisendes Auftreten gegenüber den Verantwortlichen, in dem sich der Mitarbeiter unaufgeschlossen, starrsinnig, uneinsichtig oder gar renitent zeigt;
• generell streitsüchtiges, unverträgliches Verhalten und Unmutsäußerungen;
• Koalieren mit Gleichgesinnten, zum einen als Bestätigung der eigenen Meinung, zum anderen, um den Veränderungen verstärkt entgegentreten zu können;
• Boykott der Veränderungen, meistens mit dem Ziel, nachzuweisen, daß die Veränderungen unzweckdienlich sind;
• vorgebliches Mitspielen mit der Absicht, später die alten Methoden und Praktiken wieder einzuführen;
• den als letzte Konsequenz gewählten Unternehmensaustritt.[9]

---

[6] Vgl. *Hill/Fehlbaum/Ulrich* (1992) S. 490f.
[7] Vgl. *Hill/Fehlbaum/Ulrich* (1992) S. 492.
[8] Vgl. *Hill/Fehlbaum/Ulrich* (1992) S. 491.
[9] Vgl. *Hill/Fehlbaum/Ulrich* (1992) S. 492.

## 5.2. Konfliktpotential der prozeßorientierten Gestaltungsempfehlungen

In Bezug auf das Widerstandspotential bei organisatorischen Veränderungen ist einerseits die strukturelle Diskrepanz zwischen Ausgangspunkt und Zielsetzung und andererseits die bestehende Organisationskultur relevant. Je stärker eine Organisation dem Idealtyp des hierarchisch-bürokratischen Organisationsmodells entspricht, umso größer ist nicht nur die strukturelle Distanz zu den prozeßorientierten Gestaltungsempfehlungen, sondern auch die durch die tendenziell vorherrschende Mißtrauenskultur bewirkte änderungsfeindliche Verhaltensprägung der Organisationsmitglieder. Eine eher mechanistisch organisierte Unternehmung – von der im folgenden ausgegangen werden soll – wird bei einem BPR-Projekt bei gleichzeitig hohem Widerstands- und Trägheitspotential mit dramatischen Veränderungen konfrontiert. Unter diesen Bedingungen werden die betroffenen Organisationsmitglieder zum Teil die Befürchtungen hegen,

»daß die Reorganisation
* zur Aufhebung von Stellen und damit zur Entlassung führt (Einkommensverlust);
* erfordern könnte, daß neuartige Informationen aufgenommen, neue Erfolgskriterien angewandt und neue Verhaltensweisen erwartet werden (Verunsicherung);
* Beziehungsstrukturen in und von Gruppen ändert (Verlust an sozialer Integration);
* eine Kritik am bisherigen Verhalten darstellt, so daß das Individuum oder die Gruppe eine Statuseinbuße erleidet (Verletzung von Ego-Motiven);
* als eine von außen aufgezwungene Änderung, somit als Unmündigerklärung, als Fremdbestimmung und damit als Verlust an Entfaltungsmöglichkeit empfunden wird (Verletzung des Motivs der Selbstaktualisierung)«.[10]

Bezüglich dieser Bedenken ist im Kontext von BPR festzuhalten, daß die Konfrontation der betroffenen Organisationsmitglieder mit neuen Anforderungen und Erfolgskriterien weitgehend unvermeidlich ist, ebenso wie sich mit der Implementierung prozeßorientierter Organisationstrukturen die bisherigen Beziehungsstrukturen verändern. Die radikale Zielsetzung bei BPR mit der Konsequenz der Veränderung von Machtstrukturen erzwingt zudem ein Vorgehensmodell, welches prinzipiell nicht auf Selbstabstimmung basieren kann, auch wenn es wichtig ist, eine möglichst breite Unterstützung für die Gestaltungsmaßnahmen zu finden.

Dagegen steht die Möglichkeit, durch die organisatorische Neugestaltung freigesetzte Kapazitäten durch Personalsenkung kostenwirksam zu realisieren, in einem methodischen Widerspruch zu den Grundvoraussetzungen des BPR-Ansat-

---

[10] Vgl. *Hill/Fehlbaum/Ulrich* (1992) S. 491.

zes. Hier erscheint für die erfolgreiche Durchführung der Gestaltungsmaßnahmen eine Weiterbeschäftigungspolitik notwendig, mit der den Organisationsmitgliedern zumindest die existentielle Arbeitsplatzfrage genommen wird. Auf die Entlassungsproblematik wird im Anschluß an dieses Kapitel genauer eingegangen (Kap. 5.3), weshalb dieser Problembereich bei der nun folgenden Betrachtung ausgeklammert bleibt.

Es bleibt festzuhalten, daß Widerstände normal und nicht per se negativ sind.[11] Für den Gestaltungsprozeß sind diese sogar ein wichtiges Zeichen, daß tatsächlich Veränderungen angegangen werden. Gleichwohl muß den auftretenden Widerständen beim Gestaltungsablauf angemessen begegnet werden, um nicht den Erfolg der Reorganisation zu gefährden. Wichtig ist ein differenzierter Umgang mit Verhaltenswiderständen, bei dem die Interessen der Organisationsmitglieder berücksichtigt werden. Organisationsmitglieder, die auf irgendeine Weise von dem BPR-Projekt betroffen sind und ein Interesse mit diesem verbinden, werden als **Stakeholder** gekennzeichnet:

»A stakeholder is anyone with a vested interest in the process – a customer, a department manager, an employee involved in one of the process activities. Stakeholder analysis identifies individuals who are likely to be affected by a process innovation.«[12]

Zuweilen ist es ausreichend, die Stakeholder in **Interessengruppen** mit gleichen Zielen und Erwartungen zu gruppieren. Im Bedarfsfall muß die **Analyse der Interessengruppen** (stakeholder analysis) aber sehr differenziert sein, insbesondere für solche Stakeholder, deren Zustimmung für die Umsetzung zwingend ist. Im folgenden soll das Konfliktpotential mit den Anforderungen der prozeßorientierten Gestaltungsempfehlungen anhand der Personengruppen *Mitarbeiter, mittleres Management* und *Top-Management* differenziert dargestellt werden. Die Konsequenzen, die sich aus diesen Überlegungen für die Berücksichtigung dieser Interessengruppen im Vorgehensmodell von BPR ergeben, werden dann in Kapitel 6 behandelt.

*a. Ebene der Mitarbeiter*

Die Situation der **Mitarbeiter** ist – neben der Befürchtung des Arbeitsplatzverlustes – im wesentlichen durch Verunsicherung geprägt. Sind die Mitarbeiter

---

[11] Vgl. *Grochla* (1982) S. 12.
[12] Vgl. *Davenport* (1993a) S. 185.

weitgehend informiert über Gründe, Ziele und Konsequenzen des BPR-Projekts, dürften sich die Bedenken – möglicherweise unterstützt durch negative Erfahrungen aus bisherigen Reorganisationsprojekten – primär gegen eine mögliche Überforderung durch größere Handlungsspielräume und Partizipation und gegen die neuen Anreizsysteme richten:

- **Gefühl der Überforderung durch Empowerment**: Mit der ganzheitlichen Gestaltung von Aufgaben und der expliziten Kundenorientierung werden umfangreiche, ungewohnte Anforderungen an die Mitarbeiter gestellt, die neben erhöhter Sachkenntnis insbesondere eine Abkehr von bisherigen Verhaltensweisen erfordern. Gerade die für mechanistische Organisationen typische Kulturprägung mit dem ausgeprägten Sicherheits- und Bewahrungsstreben erschwert es Mitarbeitern, der neuen Arbeitssituation etwas Positives abzugewinnen. Die größeren Entscheidungs- und Handlungsspielräume bedeuten ein Verlust an Sicherheit, welche bisher durch Regeln und Formalismen vermittelt wurde. Mit der expliziten Orientierung am Kunden werden die Mitarbeiter mit einer Ungewißheit bei der Aufgabendurchführung konfrontiert, vor der sie in der mechanistischen Organisation weitgehend abgeschirmt waren.

  Zudem findet sich bei den Mitarbeitern bedingt durch die bisher erlebte »Bestrafungskultur« ein eher negativ geprägtes Verständnis von Verantwortung.[13] Da bei Fehlern primär »der Schuldige und nicht die Problemlösung gesucht« wurde,[14] ist oft nur eine geringe Bereitschaft vorhanden, zusätzliche Verantwortung im Rahmen des Empowerments zu übernehmen. Ausgehend von dieser Kulturprägung haben Mitarbeiter insbesondere zu Beginn eines BPR-Projekts deutliche Bedenken, von der neuen Arbeitssituation überfordert zu werden.

- **Verunsicherung durch Partizipation**: Bedingt durch autoritative Führungsstile ist ein konstruktives Diskussions- und Kritikverhalten bei den Mitarbeitern oft nur eingeschränkt entwickelt. Zusammen mit dem Verlust eindeutiger Weisungsbeziehung fühlen sich die weniger diskussionsgewandten Mitarbeiter schnell überfordert. Desweiteren ist mit der Einführung von Gruppenarbeit häufig ein vorläufiger Verlust an sozialer Integration zu erwarten.

Diese Bedenken gegen Empowerment und Partizipation dürfen allerdings nicht falsch bewertet werden:

»Die Tatsache, daß die überwiegend in restriktiven Arbeitssituationen sozialisierten Arbeiter und Angestellten den neuen Organisationsformen zunächst überwie-

---

13 Vgl. *Bleicher* (1991) S. 754.
14 Vgl. *Bullinger/Niemeier/Schäfer* (1993) S. 123.

gend ablehnend gegenüberstehen, darf nicht dahingehend interpretiert werden, daß die Arbeitnehmer auf den untersten Hierarchieebenen generell an einer PE desinteressiert seien. Die Akzeptanz anspruchsvoller Tätigkeiten stellt sich vielmehr erst nach längeren Lern- und Einarbeitungsprozessen ein«.[15]

- **Bedenken gegen neue Anreizsysteme**: Die herkömmlichen Entlohnungs- und Karriereprinzipen sind innerhalb der Unternehmungen von vielen Mitarbeitern stark verinnerlicht worden. Insofern bedeutet das prozeßorientierte Personalmanagement einen scharfen Bruch mit traditionellen Rahmenbedingungen. Eine leistungsorientierte Entlohnung wird unter diesen Voraussetzungen eher als Bedrohung (Verlust von Sicherheit) und weniger als Chance begriffen. Die eingeschränkten Karrieremöglichkeiten im traditionellen Sinne machen mit der »Umorientierung der Mitarbeitermotivation« auch hier für alle Betroffenen einen schwierigen Lernprozeß notwendig.[16]

*b. Ebene des mittleren Managements*

Das **mittlere Management** ist schon durch den Trend fortwährender Enthierarchisierung (Lean Organization) unter starken Druck geraten. Für Führungskräfte dieser Hierarchieebene liegt es nahe, ein BPR-Projekt von Beginn an als Bedrohung zu begreifen: Die Prozeßorganisation ist eher flach konfiguriert, denn im Kontext von Selbstorganisation und Gruppenarbeit verliert das mittlere Management deutlich an Bedeutung. Diese allgemeine Aussage ist allerdings zu relativieren, denn das mittlere Management stellt keine homogene Gruppe dar; eher ist eine Polarisierung in ›Gewinner‹ und ›Verlierer‹ zu erwarten. Zum einen wird es Führungskräfte der mittleren Hierarchieebene geben, die ein BPR-Projekt als persönliche Chance sehen und bereit sind ihre derzeitige Position in Frage zu stellen, und zum anderen solche, die ausschließlich Nachteile für ihre Person erwarten und dementsprechend zu Formen des Verhaltenswiderstandes greifen. Betrachtet man die gegen BPR gerichteten Bedenken, dann findet sich beim mittleren Management neben der Sorge um den Arbeitsplatz vor allem die Befürchtung von Macht- und Statuseinbußen:

- **Befürchtung eines Machtverlustes**: Mit dem Empowerment von Mitarbeitern und der Einführung von Gruppenarbeit ist eine weitreichende ›positionelle Entmachtung‹ der Führungskräfte verbunden. Handlungs- und Entscheidungsspiel-

---

[15] Vgl. *Staehle* (1994) S. 848. Bezüglich der Wechselwirkung zwischen Partizipationsangebot und -erwartung vgl. *Hill/Fehlbaum/Ulrich* (1994) S. 255f.
[16] Vgl. *Bleicher* (1991) S. 618.

räume, die bisher Managern aus den unteren und mittleren Führungsebene vorbehalten waren, werden nun weitgehend von Prozeßgruppen wahrgenommen. Leitende Personen können in der neuen Situation ihren Einfluß weiterhin nur geltend machen, wenn sie von der Gruppe als Führer oder Coach akzeptiert werden. Gerade in mechanistischen Organisationen stützen sich jedoch Führungskräfte häufig auf »formale Sanktionen« und ihre »positionsspezifische Autorität«.[17] Konflikte sind insbesondere dort zu erwarten, wo Führungskräfte ihr Selbstverständnis als kontrollierende und steuernde Vorgesetzte nicht in Frage gestellt sehen wollen. Neben den befürchteten Machteinbußen spielen hier auch Befürchtungen eine Rolle, mit den neuen Anforderungen nicht fertig zu werden.

• **Bedenken gegen neue Anreizsysteme**: Die Bedenken, die schon zuvor bei der Betrachtung der Mitarbeiter angeführt wurden, gelten im wesentlichen auch für das mittlere Management. Gerade aus den deutlich reduzierten Aufstiegsmöglichkeiten kann für aufstrebende Führungskräfte ein ›Motivationsvakuum‹ resultieren. Hierbei ist das neue Karriereverständnis, wie es mit dem prozeßorientierten Personalmanagement notwendig wird, beträchtlichen Akzeptanzproblemen ausgesetzt.

### c. Ebene des Top-Management

Im Unterschied zu den beiden ersten Personengruppen muß das **Top-Management** voraussetzungsgemäß an einer Reorganisation interessiert sein, da andernfalls ein solches Vorhaben nicht initiiert wird. Problembereiche finden sich hier zum einen in der Neigung, den radikalen Ansatz des BPR-Konzepts zu verkennen, und zum anderen in der geringen eigenen Änderungsbereitschaft:

• **Mißverständnis des BPR-Konzepts**: Wenn das Top-Management sich für die Durchführung von BPR entscheidet, stellt sich die Frage, ob das Interesse an einer Reorganisation tatsächlich immer so weit geht, wie es in dem BPR-Konzept propagiert wird. Beispielsweise verweist *Manganelli* (1993) auf eine Studie, die aufzeigt, daß Führungskräfte den Ansatz von BPR häufig mißverstehen bzw. vorschnell auf schon bekannte Reorganisationsansätze reduzieren.[18] Zwar beachtet man auf höheren Führungsebenen zunehmend auch kundenorientierte Faktoren wie Qualität und Service, der Fokus bei Reorganistio-

---

[17] Vgl. *Hill/Fehlbaum/Ulrich* (1994) S. 109f.
[18] Vgl. *Manganelli* (1993) S. 47.

nen liegt jedoch weiterhin auf Kosteneinsparungen. Die dem BPR-Konzept zugrundeliegende Nutzenorientierung wird dagegen weit seltener wahrgenommen.[19] Die Konseqenz ist, daß viele BPR-Projekte mit grundlegend falschem
Verständnis und falschen Erwartungen angegangen werden und unter diesen
Voraussetzungen nur geringe Erfolgschancen haben.

• **Geringe eigene Änderungsbereitschaft**: Auch das Top-Management ist im
Rahmen von BPR von radikalen Veränderungen betroffen. Im Gestaltungsprozeß fällt den höchsten Führungskräften zudem eine wichtige *Leitbildfunkti-
on* zu, indem sie die neuen Werte nicht nur artikulieren, sondern glaubhaft und
sichtbar vorleben müssen (Kap. 6.1.1).[20] Der notwendige Rollenwechsel in eine stärker vertrauensbasierte Organisationskultur ist für diese Führungsebene
ähnlich schwierig wie für das mittlere Management. Die Änderungsbereitschaft
gerade des Top-Managements bestimmt aber letztlich die Erfolgsaussicht des
BPR-Projekts.

## 5.3. Entlassungsproblematik

Nach *Morris/Brandon* (1994) handelt es sich bei der Frage der Personalredu-
zierung um »das wohl schwierigste Problem« im Rahmen von BPR.[21] Eine geziel-
te **Entlassungspolitik** konfligiert zum einen mit wesentlichen Gestaltungsempfehlungen, die mit einer Vergrößerung von Aufgabenfeldern und Handlungsspiel-
räumen auch eine stärker vertrauensbasierte Kulturprägung der Organisationsmitglieder voraussetzen. Diese läßt sich kaum entwickeln, wenn ein Großteil der
Organisationsmitglieder durch eine potentielle Entlassung fortwährend existentiell
bedroht ist.[22] Zum anderen ist die Zielsetzung der gezielten Personaleinsparung
nicht mit dem Vorgehensmodell von BPR vereinbar, welches mit seinem teamori-
entierten Ansatz auf innovative Prozeß- und Organisationsgestaltung ausgerichtet
ist. Für die in dem Projekt eingesetzten Mitarbeiter und Führungskräfte entstünde
die zynische Situation, daß diese durch ihre Gestaltungsvorschläge sich selber
bzw. ihre Kollegen ›wegrationalisieren‹. Innovative Konzepte der Neugestaltung
von Prozessen dürfen unter solchen Umständen nicht erwartet werden:

---

[19] Eine solche Nutzenorientierung ist ein wesentliches Element der Vertrauenskultur (Kap.
3.2.2.2).
[20] Vgl. *Hammer/Champy* (1994) S. 103.
[21] Vgl. *Morris/Brandon* (1994) S. 334 und *Harrington* (1991) S. 53.
[22] Vgl. *Morris/Brandon* (1994) S. 334f.

»Management cannot expect people to evaluate the business processes fairly and look for ways to improve them if it means that they or the person beside them will be laid off. [..] The old barriers between departments will stay in place. People will hide waste to protect themselves, their friends, and their employees.«[23]

Vollständig läßt sich dieser Konflikt letztlich nur mit einer **Politik der Weiterbeschäftigung** (no-layoff policy) vermeiden.[24] Dazu wird jedem Mitarbeiter die Weiterbeschäftigung zugesichert, und falls dessen Arbeitsplatz im Zuge der BPR-Aktivitäten wegfällt, wird für ihn ein gleichwertiger oder besserer Arbeitsplatz innerhalb der Organisation gesucht.[25] Eine solche Beschäftigungspolitik basiert auf einer vertrauensbasierten Nutzenorientierung: Das Management sucht gemeinsam mit den betroffenen Mitarbeitern nach einer Erweiterung der Nutzenpotentiale für die Unternehmung. Diese nutzenorientierte Haltung bedeutet eine Abkehr von dem Verständnis der Mitarbeiter als Kostenfaktoren und bietet die Basis für ein Vertrauensverhältnis zwischen Management und Mitarbeiter.

Eine Beschäftigungspolitik der beschriebenen Form ist jedoch nicht in jeder Situation praktikabel. Unternehmungen mit schwieriger Ertragslage besitzten im allgemeinen erhebliche Personalüberkapazitäten, auf deren Reduktion für einen Unternehmenserhalt häufig nicht verzichtet werden kann. BPR eignet sich allerdings nicht als Sanierungskonzept, insbesondere wenn schon vor Beginn der Reorganisation klar ist, daß massiv Personal abgebaut werden muß.

Allerdings kann während einem BPR-Projekt, welches typischerweise über mindestens ein bis zwei Jahre läuft, eine vorläufig sinkende Ertragslage ebenfalls zu deutlichen Personalüberkapazitäten führen. Hier schlägt *Harrington* (1991) für das Top-Management folgende an die Gesamtbelegschaft gerichtete Erklärung vor:

»We will not lay off anyone as a result of an improvement idea or a process change [..]. When jobs are eliminated, the individuals will be reassigned to an equivalent or better job. This does not mean that we will not lay off people because of a downturn in business.«[26]

Dieser Ansatz löst das Problem jedoch nur scheinbar, denn unklar bleibt, wie betroffene Personen diesen beiden unterschiedlichen Einsparungseffekten zugeordnet werden sollen: Bei projektbedingter Einsparung wäre die Konsequenz anderweitige Weiterbeschäftigung, bei marktbedingter Einsparung wäre die Folge dagegen Entlassung. Aufgrund erheblicher Spielräume bei der konkreten Zuord-

---

[23] Vgl. *Harrington* (1991) S. 53.
[24] Vgl. *Harrington* (1991) S. 53.
[25] Vgl. *Harrington* (1991) S. 53.
[26] Vgl. *Harrington* (1991) S. 53.

nung dürfte die Entscheidung für die Betroffenen häufig kaum nachvollziehbar sein. Es ist sehr fraglich, ob in dieser Situation den Organisationsmitgliedern glaubhaft vermittelt werden kann, daß Entlassungen ausschließlich wegen einer schlechteren Ertragslage erfolgen und in keinem Zusammenhang mit einer gleichzeitig stattfindenden Reorganisation stehen. Andererseits sind sehr wohl Situationen denkbar, bei denen allen Beteiligten eine Entlassung als berechtigt erscheint, so daß sie einer vertrauensbildenden Entwicklung der Unternehmung nicht unmittelbar abträglich ist, i.d.R. dürfte es sich dabei aber um Einzelfälle handeln.

Unternehmungen können jedoch auch bei einer konsequenten Nutzenorientierung nicht immer auf Kosteneinsparungen verzichten. Im Kontext von BPR sind daher alternative Ansätze anzuführen, die zumindest einen Teil der Kosteneinsparungen zu realisieren ermöglichen, gleichzeitig aber Entlassungen vermeiden helfen. In Anlehnung an *Morris/Brandon* (1994) und *Grammel* (1994) bieten sich folgende Möglichkeiten:

- Mit einer *vorübergehenden Einstellungsbegrenzung* (bzw. Einstellungsstopp) läßt sich bedingt durch die »normale Fluktuation« auf unproblematische Weise ein gewisser Anteil an Personal einsparen;[27]
- Durch ›gemäßigte‹ Maßnahmen wie *Ruhestandsregelungen* bzw. ähnliche Abfindungsformen kann eine Personalsenkung erreicht werden, die im Einvernehmen mit interessierten Mitarbeitern stattfindet;[28]
- Bedingt durch die zunehmende Arbeitslosigkeit und die Notwendigkeit zu einer breiteren Arbeitszeitflexibilisierung werden zunehmend *flexible Arbeitszeitmodelle* diskutiert, von denen einige Varianten auch im Kontext der Weiterbeschäftigungspolitik relevant sind.[29]

Problematisch an den ersten beiden Varianten ist, daß diese schon im Rahmen allgemeiner Kostensenkung weitgehend ausgereizt wurden und für viele Organisationen keinen Spielraum mehr bieten. Daher werden immer häufiger neue Formen der Arbeitszeitflexibilisierung diskutiert, die auch auf Einsparungseffekte ausgelegt sind. Bezüglich dieses Ansatzes soll hier im weiteren das von *Grammel* (1994) angeführte Modell des **befristeten Teilzeit-Änderungsvertrages** ausführlicher dargestellt werden. Der Kerngedanke bei diesem Ansatz ist, Vollzeitbeschäftigte für einen befristeten Zeitraum in Teilzeitbeschäftigte zu überführen. Die Rahmenbedingungen werden dabei so gestaltet, daß der Anspruch auf den ursprünglichen Vollzeitarbeitsplatz während des befristeten Zeitraums gewahrt bleibt:

---

[27] Vgl. *Morris/Brandon* (1994) S. 335.
[28] Vgl. *Morris/Brandon* (1994) S. 335.
[29] Vgl. *Grammel* (1994) S. 302ff.

»1. Arbeitgeber und Arbeitnehmer vereinbaren, ausgelöst durch eine den Vollzeitarbeitsplatz nicht deckende Auftragslage, einen Änderungsvertrag zum ansonsten
weiter bestehenden Vollzeitarbeitsvetrag (A). Die Änderung bezieht sich auf eine
Verringerung der durchschnittlichen Wochenarbeitszeit.

2. Beide Partner vereinbaren, daß eine betriebsbedingte Arbeitgeberkündigung während der Laufzeit des Teilzeit-Änderungsvetrages ausgeschlossen ist. Die Kündi-
gungsfrist für den Grundarbeitsvertrag unterschreitet unter Beachtung der tarifli-
chen Festlegungen nicht den Arbeitslosengeld-Bemessungszeitraum von 3 Monaten.

3. Mit Ablauf der Befristung springt das zwischen beiden Parteien vereinbarte Teil-
zeit-Arbeitsverhältnis erneut auf die im Grundarbeitsvertrag festgelegte tarifliche
Vollzeit-Arbeit zurück.

4. Mit dem vereinbarten Kündigungsschutz in der Teilzeit-Phase und einer Kündi-
gungsfrist von wenigstens 3 Monaten erhält der Arbeitnehmer die Sicherheit, im
Falle einer Entlassung

• nur aus einem Vollzeitarbeitsverhältnis (Grundarbeitsvertrag) und

• unter Wahrung des Bemessungszeitraums für das Arbeitslosengeld von

3 Monaten

in die Arbeitslosigkeit gehen zu müssen. Aber zwischenzeitlich wird im Sinne der
Arbeitsverwaltung (AV) der Versuch zur Erhaltung des Arbeitsplatzes gemacht.
Des weiteren kann der Arbeitnehmer durch Eigeninitiative z.B. Weiterqualifizie-
rung selbst zur Erhaltung des Arbeitsplatzes beitragen. [...]«[30]

Im Kontext von BPR bietet ein dieses Arbeitszeitmodell die prinzipielle Möglichkeit, selbst bei Einbrüchen der Auftragslage über die gesamte Phase der Reorganisation eine Politik der Weiterbeschäftigung zu verfolgen. Nach einer erfolgreichen Reorganisation können dann mit zunehmender Verbesserung der Ertragslage die auf Teilzeitarbeit gesetzten Organisationsmitglieder sukzessiv in die
Vollbeschäftigung zurückgeholt werden. Inwieweit ein solches Modell praktikabel ist, hängt allerdings von den gesamtwirtschaftlichen Rahmenbedingungen ab.

Dieser Ansatz läßt sich mit einer Weiterbildungsstrategie verbinden, wie sie
schon im Rahmen der allgemeinen Arbeitszeitverkürzungen diskutiert wurde (35-
Stunden-Woche).[31] Danach erscheint es »naheliegend, den temporären Übergang
von Vollzeit- zu Teilzeitbeschäftigung auch deshalb anzustreben, um Qualifikati-
onsdefizite zu beseitigen und/oder notwendige Bildungsabschlüsse nachzuho-
len«.[32] Gerade weil die prozeßorientierte Arbeitsgestaltung i.d.R. zu einem deutlich Anstieg an Qualifikationsanforderungen führt, erweist sich die Nutzung der

---

[30] Vgl. *Grammel* (1994) S. 306f.
[31] Vgl. *Staehle* (1994) S. 790 und S. 848, ähnlich auch *Harrington* (1991) S. 53.
[32] Vgl. *Staehle* (1994) S. 790.

durch Arbeitszeitverkürzung entstandenen ›Leerzeit‹ zur Weiterbildung sowohl für die Organisation wie für die betroffenen Mitarbeiter als eine zweckmäßige Lösung.

# 6. Gestaltungsprozeß

Der **Gestaltungsprozeß** umfaßt das Organisieren und methodische Vorgehen der Gestaltungsmaßnahmen. Er steht zwangsläufig in einem engen Verhältnis zum Gestaltungsergebnis, welches durch die Gestaltungsempfehlungen maßgeblich geprägt wird. Die getrennte Betrachtung von Gestaltungsprozeß und Gestaltungsergebnis führt nach *Staehle* (1994) mit der Unterscheidung von Selbst- und Fremdorganisation zu vier unterschiedlichen Arten der Organisationsgestaltung (Abb. 6.1):

»Der Ansatz der **klassischen Organisationsgestaltung** bevorzugt Fremdorganisation sowohl für die Gestaltung des Prozesses als auch für die sich im Ergebnis einstellende Organisationsstruktur (Pfeil 1). In den letzten Jahren hat allerdings die fremdorganisierte Einführung teilautonomer Gruppenarbeit und ähnlicher, im Ergebnis auf Selbstorganisation setzender Konzepte deutlich an Bedeutung gewonnen (Pfeil 2). [...] Der Ansatz eines **evolutionären Managements** setzt konsequent auf Selbstorganisation, und zwar im Prozeß wie im Ergebnis (Pfeil 3). In der Organisationspraxis allerdings setzt sich aus strukturellen Gründen trotz selbstorganisierter Vorgehensweise oftmals eine letztlich in hohem Maße auf Fremdorganisation setzende Organisationsstruktur durch (Pfeil 4).«[1]

| Anteil der Selbstorganisation | niedrig | | hoch | |
|---|---|---|---|---|
| Prozeß der Organisation | klassisches Organisieren | | evolutionäres Organisieren | |
| | (1) | (2) | (4) | (3) |
| Ergebnis der Organisation | formalisierte Stelle, straffe Hierarchie | | teilautonome Gruppe, interne Netzwerke | |

Abb. 6.1:   Selbstorganisation und Fremdorganisation. Quelle: *Staehle* (1994) S. 537.

---

[1] Vgl. *Stahle* (1994) S. 536f.

Zwar basiert die **Zielsetzung bei BPR** mit den prozeßorientierten Gestaltungsempfehlungen in stärkerem Maße auf Selbstorganisation, deren Umsetzung führt
aber üblicherweise zu so tiefgreifenden Struktur- und Machtveränderungen, daß
angesichts der in Kapitel 5 genannten Gestaltungsprobleme die **Durchführung
von BPR** in hohem Maße auf Fremdorganisation angewiesen ist (Pfeil 2).[2] Dabei
sind im Gestaltungsprozeß von BPR durchaus Ansätze berücksichtigt, die eine
aktive Einbindung einer großen Zahl der Organisationsmitglieder erlaubt. Dies
sollte jedoch nicht darüber hinwegtäuschen, daß die Möglichkeiten der Selbstorganisation im Gestaltungsprozeß relativ eingeschränkt sind.

Im weiteren gliedert sich das Kapitel in die Darstellung der Projektorganisation
und der Beschreibung des Vorgehensmodells.

## 6.1. Projektorganisation

Die Durchführung von BPR in einer Organisation erfolgt in einem **BPR-Projekt**. Die komplexe Aufgabenstellung und der hohen Grad an angestrebter Organisationsveränderung bei BPR stellen wichtige Anforderungen an die Projektorganisation. Die bei BPR eingesetzte Form der Projektorganisation und ihre Aufgabenträger sind neueren Ansätzen des Projektmanagements entlehnt und werden
von *Harrington* (1991) schon im Kontext der prozeßorientierten Organisationsgestaltung vorgestellt.[3]

Für den Gestaltungsprozeß bei BPR ist die Projektorganisation ein wichtiges
Instrument zur Einbindung der in Kapitel 5 unterschiedenen Interessengruppen.
Zwar ist auch eine offene, organisationsweite Informationspolitik notwendig, die
Überwindung von Widerständen der Interessengruppen ist aber in erster Linie
kein Informationsproblem. Hierzu stellen *Hill/Fehlbaum/Ulrich* (1992) fest:

»So stark der Einfluß richtigen Informationsverhaltens sein kann, stellt er doch einen Sekundäraspekt gegenüber der Wahl eines angemessenen Partizipationsgrades
dar.«[4]

Eine weitreichende Partizipation aller Betroffenen am Gestaltungsprozeß über
das Instrument der Projektorganisation ist in der Praxis jedoch nicht möglich.
Vielmehr stehen bei der Projektorganisation zwei Aspekte im Vordergrund:

---

[2] Vgl. Staehle (1994) S. 537.
[3] Vgl. *Litke* (1993) S. 55ff und S. 71ff und *Davenport* (1993a) S. 145f.
[4] Vgl. *Hill/Fehlbaum/Ulrich* (1992) S. 493.

- Die Spitzenführung und die wichtigsten Manager der mittleren Führungsebene sind in den Gestaltungsprozeß intensiv eingebunden, um deren ›commitment‹ zu gewährleisten.
- Eine Gruppe der fachlich besten und anerkanntesten Mitarbeiter leistet die aktiven Gestaltungsaktivitäten und bildet ein wirkungsvolles Kommunikationsmedium in der Gesamtorganisation.

Ein weiterer Teil der Mitarbeiter kann später durch das Prozeßprototyping und die Pilotierung aktiv in den Gestaltungsprozeß einbezogen werden, während die Mehrheit der Organisationsmitglieder an begleitenden OE- und PE-Maßnahmen teilnimmt. Bei diesen zuletztgenannten Beteiligungsformen handelt es sich aber nicht um »echte Möglichkeiten der Einwirkung auf den Gang der Organisation und die zu treffenden Entscheide«.[5] Insofern ist die von *Servatius* (1994) benutzte Kennzeichnung von BPR als ›gelenkte Selbstorganisation‹ schwierig, da sie den Anteil der Selbstorganisation am Gestaltungsprozeß beschönt.[6]

Um die Rollenaufteilung zwischen den an der Reorganisation Beteiligten genauer zu spezifizieren, führt *Davenport* (1993a) einen Ansatz an, bei dem folgende vier Rollen unterschieden werden:[7]

- Der **Change advocate** ist die treibende Kraft des BPR-Projekts. Er propagiert die Notwendigkeit der Veränderung, wirkt bei der Überzeugung der Spitzenführung und hilft bei der Einführung des Konzepts.[8] Ihm fehlen allerdings die Mittel, das BPR-Projekt zu protegieren.
- Der **Change sponsor** sichert, daß das BPR-Projekt von der gesamten Organisation ernstgenommen wird. Er liefert die Legitimation für die Veränderungen und gibt den Reorganistionsvorschlägen politische Rückendeckung.[9]
- Die **Change targets** sind die von der Neugestaltung der Prozesse betroffenen Mitarbeiter und Führungskräfte.
- Der **Change agent** entwickelt die Gestaltungsvorschläge und vollzieht die konkrete Implementierung.

Auch wenn dieses Rollenkonzept für das Verständnis wichtig ist, lassen sich in der Praxis diese Rollen häufig nicht so scharf voneinander abgrenzen. Im weiteren wird daher eine Gliederung in Leitungs-, Projekt- und Stabsstruktur vorgeschlagen:

---

[5] Vgl. *Hill/Fehlbaum/Ulrich* (1992) S. 494.
[6] Vgl. *Servatius* (1994) S. 58.
[7] Vgl. *Davenport* (1993a) S. 179ff, auch *Grochla* (1982) S. 253f.
[8] Vgl. *Davenport* (1993a) S. 181.
[9] Vgl. *Davenport* (1993a) S. 180.

- Die **Leitungsstruktur** umfaßt alle Rollen auf höchster Führungsebene. Der Change sponsor stammt aus dem Top-Management und wird mit der Position des *Leaders* beschrieben. Unter seiner Leitung arbeitet das *Führungsteam*. Gegebenenfalls muß für die organisationsweite Koordination zusätzlich ein *Lenkungsausschuß* eingerichtet werden.

- Die **Projektstruktur** umfaßt als Hauptakteure in der Prozeßgestaltung die Change agents. Organisiert werden diese in den *BPR-Teams*, die sich aus Führungskräften der mittleren Organisationsebene und Mitarbeitern zusammensetzen, und dem aus hoher Organisationsebene stammenden, designierten *Prozeß-verantwortlichen*. Innerhalb der Projektstruktur wie auch der Leitungsstruktur werden zur Unterstützung üblicherweise auch externe Berater eingesetzt.

- Die (optionale) **Stabsstruktur** besteht aus Change advocats, deren Rolle innerhalb der Unternehmung institutionalisiert wurde. Diese Funktion übernimmt der *BPR-Organisator*, gegebenenfalls unterstützt durch eine eigene Stabsgruppe. Unabhängig von der Stabsstruktur kann prinzipiell jeder Linienmanager die Rolle eines Change advocat einnehmen, indem er sich in seinem Bereich für die Durchführung des BPR-Projekts einsetzt.

Das genaue Vorgehensmodell wird in Kapitel 6.2 beschrieben; um hier den Zusammenhang zwischen den Rollen zu verdeutlichen, soll vorab der Ablauf grob skizziert werden. In Zusammenarbeit mit externen Beratern und dem optionalen BPR-Organisator bildet der Leader das Führungsteam in dem betroffenen Organisationsbereich, welches die kritischen Prozesse selektiert. Den Prozessen werden als Prozeßverantwortliche geeignete Führungskräfte zugewiesen, die damit auch Mitglied im Führungsteam werden. Jeder Prozeßverantwortliche bildet und betreut ein BPR-Team, welches an dem Neudesign des jeweiligen Prozesses arbeitet. Werden die Gestaltungsvorschläge von dem Führungsteam genehmigt – gegebenenfalls unter der Aufsicht eines Lenkungsausschusses –, beginnen die BPR-Teams mit der Implementierungsphase. Externe Berater und der BPR-Organisator unterstützen den gesamten Ablauf durch methodische Hilfestellungen.[10]

### 6.1.1. Leitungsstruktur

Ein hohes Engagement (commitment) des Top-Managements wurde bei der Diskussion der Gestaltungsprobleme als essentiell und unverzichtbar gekennzeichnet (Kap. 5.2). Bezüglich der Beteiligung der höchsten Führungsebenen am

---

[10] Vgl. *Hammer/Champy* (1994) S. 141.

Gestaltungsprozeß sind die Leitungsformen *Leader*, *Führungsteam* und *Lenkungsausschuß* relevant, die in der BPR-Literatur unterschiedlich voneinander abgegrenzt und bewertet werden. Sowohl *Harrison/Pratt* (1993) als auch *Harrington* (1991) unterscheiden nicht zwischen Lenkungsausschuß oder Führungsteam und verzichten auf die Darstellung einer personalen Leitungsform gänzlich. Laut *Hammer/Champy* (1994) ist dagegen gerade der Leader maßgeblich, während der Lenkungsausschuß »kein zwingender Bestandteil der Leitungsstruktur« ist.[11] Lediglich *Davenport* (1993a) differenziert nach allen drei Leitungsformen, legt aber die Betonung auf Leader und Führungsteam.

Im folgenden werden alle drei Leitungsformen mit unterschiedlichen Aufgabenschwerpunkten beschrieben. Hierbei wird die Abgrenzung zwischen Lenkungsausschuß und Führungsteam auf den Umfang der Reorganisation und die Größe der Unternehmung zurückgeführt.

### 6.1.1.1. Personale Leitungsform

Eine personifizierte Schirmherrschaft des BPR-Vorhabens ist wesentlich, da auch in einem Kollektiv die Initiative von Einzelpersonen ausgeht. In der Literatur ist diese Rolle auch als »Macht-Promotor« bekannt.[12] *Davenport* (1993a) beschreibt den **Leader** als »dynamic executive who serves as the focal point throughout the change process«.[13] Findet sich unter der Führungsspitze keine Führungskraft, welche diese Rolle explizit einnimmt, ist es im späteren Projektablauf wesentlich schwieriger eine kontinuierliche politische Rückendeckung aufrecht zu erhalten, insbesondere wenn massive Widerstände und Konflikte auftreten. Befürworter des BPR-Konzepts, die sich nicht selbst für die Rolle des Leaders qualifizieren, sollten daher einen Sponsor im Top-Management suchen.[14]

### a. Aufgaben des Leaders

Die Rolle des Leaders ist, als **Change sponsor** die weitreichenden Veränderungen persönlich zu ermöglichen und zu legitimieren. Ein gegebenenfalls eingerichteter Lenkungsausschuß kann diese Rolle nur zum Teil wahrnehmen und

---

[11] Vgl. *Hammer/Champy* (1994) S. 149.
[12] Vgl. *Litke* (1993) S. 73.
[13] Vgl. *Davenport* (1993a) S. 178.
[14] Vgl. *Hammer/Champy* (1994) S. 140f.

übernimmt im wesentlichen eine koordinierende Funktion. Dem Leader – vorzugsweise Vorsitzender des Lenkungsausschusses – fällt die Aufgabe zu, einen weitgehenden Konsens über die Notwendigkeit und Zielsetzung der Veränderungen unter den Ausschußmitgliedern zu erreichen. Er hat darauf zu achten, daß sich Lenkungsausschuß und Führungsteam dem BPR-Vorhaben fortwährend verpflichtet fühlen und dieses auch in der gesamten Organisation glaubhaft vermittelt wird.[15] Letzterer Punkt bedeutet, daß die neuen organisationskulturellen Werte von den höchsten Führungskräften vorgelebt werden, und hier übernimmt der Leader eine wichtige Vorbildfunktion.[16]

Eine organisationsweite, offene Informationspolitik hilft, zahlreiche Widerstände bei den Mitarbeitern und den unteren Führungsebenen abzubauen (Kap. 6.2.1.4). Angesichts der im Rahmen der Prozeßgestaltung unvermeidbaren Veränderungen der Machtstrukturen besteht trotzdem ein beträchtliches Potential an aktivem Widerstand. Hier ist der Leader gefordert, indem er den Fortgang des BPR-Projekts sichert und bei anhaltendem Widerstand mit personellen Maßnahmen reagiert, ohne jedoch die Glaubwürdigkeit des BPR-Projekts zu gefährden.[17] Entsprechend müssen solche personellen Maßnahmen für die restlichen Beteiligten wohlbegründet und nachvollziehbar sein.

*b. Merkmale des Leaders*

Wesentliche Voraussetzung für die Rolle des Leaders ist, daß dieser die *disziplinären und funktionalen Weisungsbefugnisse* über alle von der Prozeßgestaltung betroffenen Gruppen besitzt.[18] Bei interfunktionalen Prozessen, die mehrere Funktionsbereiche überspannen, bleibt als möglicher Leader nur ein Mitglied der Geschäftsführung. Beschränkt sich das BPR-Projekt dagegen auf einen Geschäftsbereich (d.h. Produktdivision bzw. Sparte), bei dem die Bereichsleitung alle notwendigen Weisungsbefugnisse vereint, dann kann auch ein Mitglied dieser Leitungsebene die Rolle des Leaders wahrnehmen. Für die in Abb. 6.2a dargestellte Situation gilt diese Forderung nicht. Dort ist zwar die Reorganisation auf die Division A beschränkt, deren Geschäftsbereichsleitung hat aber in Personalfragen nur eingeschränkte Entscheidungs- und Weisungsbefugnisse. Grundsätzliche Entscheidungen sind der zentralen Personalabteilung vorbehalten. Da bei

[15] Vgl. *Davenport* (1993a) S. 181.
[16] Vgl. *Hammer/Champy* (1994) S. 140.
[17] Vgl. *Davenport* (1993a) S. 180.
[18] Vgl. *Hammer/Champy* (1994) S. 136f.

a) Position des Leaders in einem divisionalen Organisationsmodell mit Zentralbereich

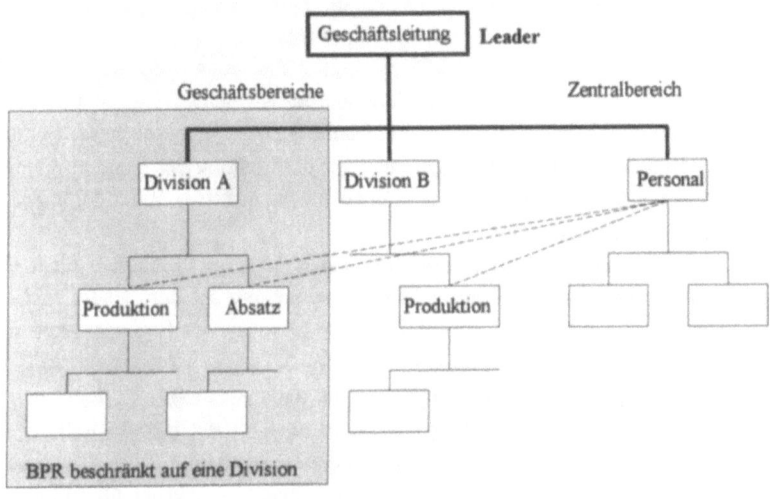

—— Disziplinäre und funktionale Weisungsbefugnisse
—— Weisungsbefugnisse des Zentralbereiches

b) Position des Leaders in einem divisionalen Organisationsmodell ohne Zentralbereiche

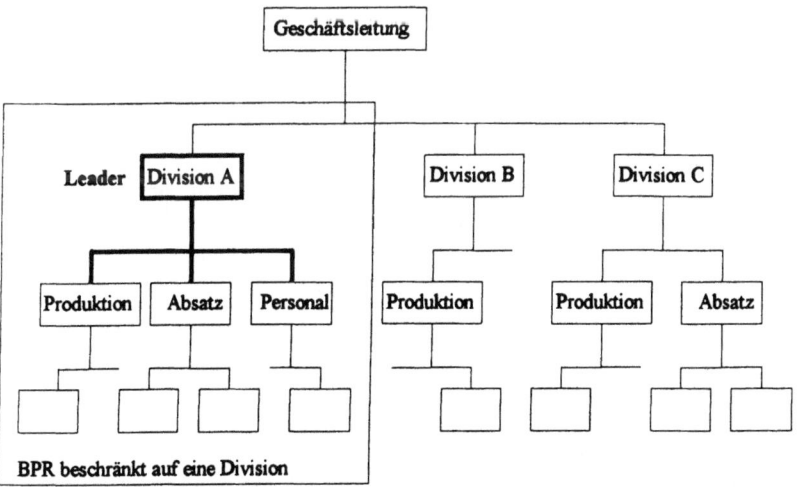

Abb. 6.2:    Position des Leaders in einem divisionalen Organisationsmodell.

BPR auch wesentliche Veränderungen im Personalmanagement anstehen (Kap. 4.4), muß der Leader der zentralen Personalabteilung übergeordnet sein, in dem Beispiel also ein Mitglied der Geschäftsleitung sein. Dagegen kann in dem in Abb. 6.2b gezeigten Fall der Leader sowohl aus der Divisionsleitung, als auch aus der Geschäftsleitung stammen. Ausgehend von dieser Überlegung sind demnach Leiter von Funktionsbereichen wie DV-, Personal- oder Marketingabteilung in der Regel nicht für die Position des Leaders geeignet. Zwar besitzen sie häufig eine unternehmensweite Perspektive, ihnen fehlt aber die notwendige Weisungsgewalt.[19]

Neben der formalen Autorität muß der Leader auch die Qualitäten einer überzeugenden Persönlichkeit aufweisen.[20] In diesem Sinne ist der Leader nicht nur Change sponsor, sondern auch weithin Change advocat. Als Eigenschaften nennt *Davenport* (1993a):»commitment and the ability to inspire, conceptual skills, and impatience for results, the last being coupled with an ability to deal with the ›softer‹ behavioral aspects of change.«[21] Dies schließt die Bereitschaft mit ein, das eigene Verhalten zu ändern, damit dieses konsistent mit einer stärker vertrauensbasierten Kulturprägung ist. Problematisch ist hierbei allerdings, daß Führungskräfte, die bisher Hierarchie und Kontrolle vertreten haben, häufig nicht die notwendige Glaubwürdigkeit bei den Mitarbeitern für einen tiefgreifenden Wertewandel besitzen. Gegebenenfalls bietet in einem solchen Fall das Austauschen von Führungskräften – wie es in Krisensituationen üblich ist – die Möglichkeit, vor Beginn des BPR-Projekts eine geeignete Leader-Persönlichkeit einzuführen.

### 6.1.1.2. Kollektive Leitungsformen

Während die Rolle des Leaders eine personale Leitungsform darstellt, handelt es sich bei **Führungsteam** (executive team) und **Lenkungsausschuß** (steering committee) um kollektive Ansätze.[22] Neben den unmittelbaren Aufgabenbereichen der Projektetablierung und -koordination dienen diese beiden Leitungsformen insbesondere der Einbindung der höheren Führungskreise in den Gestal-

---

[19] Vgl. *Davenport* (1993a) S. 180 und S. 323.
[20] Vgl. *Hammer/Champy* (1994) S. 136f und *Davenport* (1993a) S. 178.
[21] Vgl. *Davenport* (1993a) S. 178.
[22] *Harrison/Pratt* wie auch *Harrington* beschränken sich mit dem ›executive steering committee‹ bzw. ›executive improvement team‹ auf eine einzige kollektive Leitungsform, vgl. *Harrison/Pratt* (1993) S. 8f und *Harrington* (1991) S. 27f.

tungsprozeß. Gerade Mitglieder dieser Führungsebenen besitzen i.d.R. genügend Einfluß und Macht, um die Umsetzung der Reorganisation blockieren zu können.[23] In der Literatur wird primär der Projektstruktur die Funktion zugeschrieben, die verschiedenen Interessengruppen in den Gestaltungsprozeß zu integrieren.[24] Es sprechen aber mindestens zwei Gründe dafür, auch die Leitungsstruktur für diese Aufgabe heranzuziehen:

- Es gibt i.d.R. zu viele Stakeholder auf der höheren Führungsebene, als daß diese alle in der Projektstruktur intensiv eingebunden werden könnten;
- Stakeholder, die sich grundsätzlich gegen das BPR-Projekt stellen, können die Arbeit innerhalb der Projektstruktur soweit beeinträchtigen, daß keine innovativen Reorganisationsvorschläge erarbeitet werden.

Trotzdem ist die Mitgliedschaft der Stakeholder in den Gremien der Leitungsstruktur für eine erfolgreiche Durchführung von BPR zumeist nicht ausreichend. Eine Auswahl der einflußreichsten Führungskräfte ist zusätzlich auch regelmäßig in die Gestaltungsarbeit der Projektstruktur einzubinden (Kap. 6.1.2.2). Im folgenden werden die beiden kollektiven Leitungsformen mit getrennten Aufgabenbereichen beschrieben. Im Vordergrund steht das Führungsteam, während die Einrichtung eines Lenkungsausschusses nur in bestimmten Situationen notwendig wird.

*a. Aufgaben und Merkmale des Führungsteams*

Das **Führungsteam** besteht aus der oberen Führungsebene des betroffenen Organisationsbereiches und untersteht direkt dem Leader bzw. einem möglicherweise gebildeten Lenkungsausschuß. Im Führungsteam sind unter anderem auch jene Manager vertreten, die als Prozeßverantwortliche maßgeblich an der Prozeßgestaltung beteiligt sind.[25] Diesem Leitungskollektiv obliegen als Aufgaben

- die Unterrichtung aller Betroffenen von der Notwendigkeit des BPR-Projekts und der verfolgten Politik hinsichtlich der Arbeitsplatzsicherheit (Kap. 5.3);
- die glaubwürdige Vermittlung, daß sich die Schirmherrschaft für das BPR-Projekt nicht auf einen kleinen Kreis an Führungskräften bezieht, sondern die höchsten Führungskreise geschlossen hinter der Reorganisation stehen;[26]

---

[23] Vgl. die abweichende Definition von *Davenport* (1993a) S. 185.
[24] Vgl. *Davenport* (1993a) S. 185f und *Hammer/Champy* (1994) S. 144.
[25] Dieses Merkmal wie auch einige der nachfolgenden Aufgabenbereiche beziehen *Hammer/Champy* auf den ›Lenkungsausschuß‹, vgl. *Hammer/Champy* (1994) S. 149.
[26] Vgl. *Davenport* (1993a) S. 180.

142                     6. Gestaltungsprozeß

- die Identifikation aller Prozesse und nachfolgende Auswahl derjenigen, die einer Neugestaltung unterzogen werden sollen;
- die Entwicklung der Prozeßvision;
- die Zuweisung von Prozeßverantwortlichen zu den Prozessen;
- die Koordination der BPR-Teams;
- die Entscheidungsfindung als Instanz für konfliktäre Problemstellungen, wie beispielsweise bei der Priorisierung konkurrierender Projekte oder der Klärung der Ressourcenallokation;[27]
- die Bewertung der Gestaltungsvorschläge und Entscheidung für eine Gestaltungsalternative;
- die laufende Begutachtung der Implementierungsfortschritte.[28]

Das Führungsteam bildet einen Ansatz intensiver Zusammenarbeit der oberen Führungskräfte im Rahmen des Projektablaufes. In Abb. 6.3 ist ein funktionales Organisationsmodell zu sehen, wie es für kleinere und mittlere Unternehmungen typisch ist. Da die bei BPR betrachteten Unternehmensprozesse definitionsgemäß stets eine große Zahl der Funktionsbereiche überspannen, muß der Leader zumindest Mitglied der Geschäftsleitung sein, denn nur dann ist er allen im Prozeß involvierten Organisationsbereichen übergeordnet.

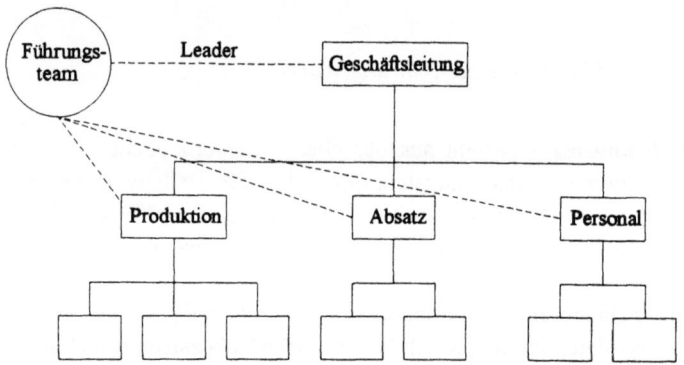

—— Disziplinäre und funktionale Weisungsbefugnisse
- - - Herkunft der Gremienmitglieder

Abb. 6.3:   Gestaltung der Projektleitung in einem funktionalen Organisationsmodell.

---

[27] Vgl. *Hammer/Champy* (1994) S. 149f, bzgl. der Konfliktlösung auch *Harrington* (1991) S. 28.
[28] Vgl. *Harrington* (1991) S. 27f, *Davenport* (1993a) S. 183 und *Harrison/Pratt* (1993) S. 8.

Das Führungsteam umfaßt unter der Leitung des Leaders die restlichen Mitglieder der Geschäftsleitung und schließlich die Leiter der betroffenen Funktionsbereiche (gegebenenfalls auch aller Funktionsbereiche). In dieser Konstellation können alle erforderlichen Koordinationsfunktionen vom Führungsteam wahrgenommen werden, weshalb sich die Einrichtung eines (zusätzlichen) Lenkungsausschusses erübrigt.

Auch bei einer divisional strukturierten Organisation, wie sie bei Großunternehmungen verbreitet ist, kann ein Führungsteam im Verbund mit einem Leader als Leitungsstruktur ausreichend sein. Da die Unternehmensprozesse im Regelfall keine Geschäftsbereichsgrenzen überschreiten, läßt sich innerhalb eines Geschäftsbereiches eine prozeßbezogene Neugestaltung durchführen, ohne daß davon zwangsläufig andere Geschäftsbereiche betroffen sind (Abb. 6.4). Die Beschränkung auf einen Geschäftsbereich ist insbesondere dann sinnvoll, wenn sich dadurch die Problemkomplexität reduzieren läßt, ohne daß der radikale Gestaltungsansatz von BPR aufgegeben werden muß.[29]

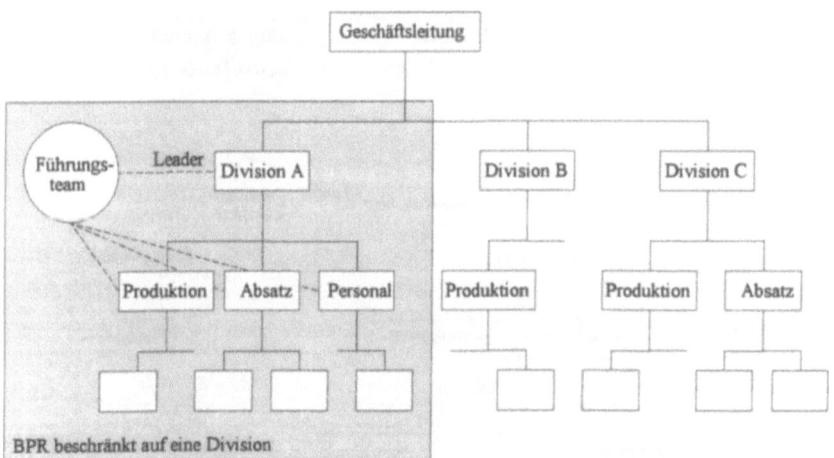

— Herkunft der Gremienmitglieder

Abb. 6.4:  Projektleitung mit Führungsteam in einem divisionalen Organisationsmodell ohne Zentralbereich.

---

[29] Vgl. *Davenport* (1993a) S. 189.

*b. Aufgaben und Merkmale des Lenkungsausschusses*

Ein Lenkungsausschuß wird als zusätzliche Leitungsform zum Führungsteam dann notwendig,
- wenn die Reorganisation in einem Geschäftsbereich nicht isoliert erfolgen kann, ohne das andere Organisationsbereiche von der Prozeßneugestaltung tangiert werden;
- wenn in mehreren Geschäftsbereichen gleichzeitig BPR-Projekte vollzogen werden, die der bereichsübergreifenden Koordination bedürfen.[30]

Der erste Fall kann insbesondere bei divisionalen Organisationsmodellen mit Zentralbereichen eintreten. Bei der in Abb. 6.5 dargestellten Divisionalorganisation ist das Reorganisationsvorhaben zwar primär auf den Geschäftsbereich A beschränkt, damit verbundene Auswirkungen auf das Personalmanagement können aber in den Entscheidungsbereich der zentralen Personalabteilung fallen. Auftretende Konflikte auf dieser Ebene kann das Führungsteam alleine nicht lösen. Erst ein Lenkungsausschuß erlaubt die Abstimmung solcher divisionsübergreifenden, gesamtorganisatorischen Fragestellungen. Der Lenkungsausschuß konstituiert sich dazu aus der Geschäftsleitung und den Leitern betroffener Geschäfts- und Zentralbereiche.

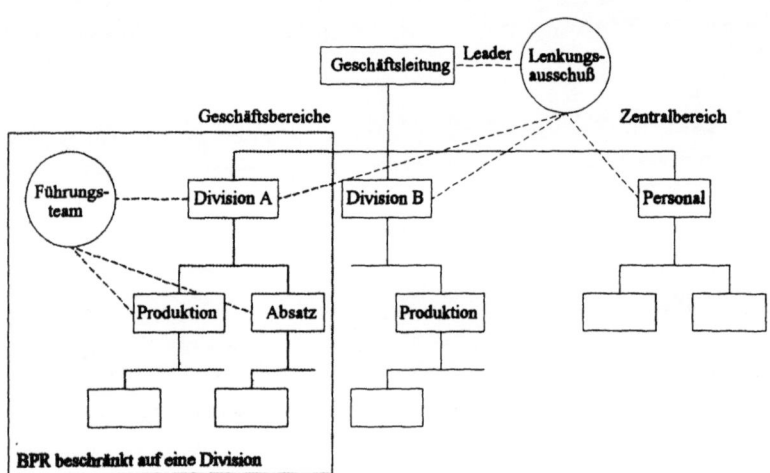

Abb. 6.5:    Projektleitung mit Lenkungsausschuß und Führungsteam in einem divisionalen Organisationsmodell mit Zentralbereich.

---

[30] Vgl. *Hammer/Champy* (1994) S. 149 und *Davenport* (1993a) S. 182.

Aus Gründen der Schirmherrschaft ist es unter diesen Bedingungen wichtig, wenn der Leader nicht aus der Geschäftsbereichsleitung, sondern der Geschäftsleitung stammt und vorzugsweise auch den Vorsitz im Lenkungsausschuß wahrnimmt.[31] Die hier skizzierte Abgrenzung zwischen Führungsteam und Lenkungsausschuß stellt nur eine mögliche Lösung der Aufgaben- und Funktionsverteilung innerhalb der Leitungsstruktur dar. Je nach der konkreten Reorganisationssituation können sich durchaus andere Gestaltungsformen der Leitungsstruktur als angemessen erweisen. Eine wichtige Randbedingung ist allerdings, daß die einzelnen Leitungsformen nie so groß werden, daß ihre Aufgabenerfüllung dadurch behindert wird.

### 6.1.2. Projektstruktur

Die Projektstruktur besteht für jeden selektierten Prozeß aus einem *Prozeßverantwortlichen* und dem zugehörigen *BPR-Team*.[32] Neben der unmittelbaren Gestaltungsaufgabe hat die Projektstruktur auch eine zentrale Funktion als **Modellstruktur**, insofern in der Projektstruktur die zukünftige Arbeitsorganisation abgebildet ist:

»In addition to being a mechanism for developing implementable recommodations, well-functioning process-innovation teams model the way the enterprise as a whole will operate in the future. At the same time, they are an important mechanism for developing the new behavioral competencies needed to make the process innovation succeed.«[33]

Beispielsweise ist mit dem Teamansatz eine wesentliche Komponente der prozeßorientierten Arbeitsorganisation in der Projektstruktur realisiert. Indem das BPR-Team als Modell für die im neugestalteten Prozeß arbeitenden Prozeßgruppen zu verstehen ist, können durch die gemachten Erfahrungen bei dem Teambildungsprozeß die Auswirkungen der prozeßorientierten Arbeitsgestaltung auf die betroffenen Mitarbeiter besser beurteilt werden.[34] *Hammer/Champy* (1994) wei-

---

[31] Vgl. *Davenport* (1993a) S. 183, *Hammer/Champy* (1994) S. 149 und *Harrington* (1991) S. 32.
[32] Vgl. *Harrington* (1991) S. 45ff, *Hammer/Champy* (1994) S. 141f und *Davenport* (1993a) S. 182f.
[33] Vgl. *Davenport* (1993a) S. 184.
[34] Vgl. *Hammer/Champy* (1994) S. 148.

sen zudem darauf hin, daß die im BPR-Projekt prozeßverantwortlichen Führungskräfte für die spätere Position des Prozeßverantwortlichen im operativen Geschäft prädestiniert sind.[35]

### 6.1.2.1. Prozeßverantwortlicher

Ein bedeutender Kritikpunkt an der funktionalen Organisation ist aus Sicht des BPR-Konzepts das Fehlen von explizit für die Unternehmensprozesse verantwortlichen Personen (Kap. 4.1.2.3). Die Institutionalisierung dieser Rolle erweist sich schon für den Gestaltungsprozeß in der Form des **Prozeßverantwortlichen** als zweckmäßig. Als Bindeglied zwischen den konkreten Gestaltungsaktivitäten im BPR-Team und den Entscheidungsprozessen und Koordinationsaktivitäten im Führungsteam hilft er, den Ablauf des BPR-Projekts möglichst effektiv zu gestalten.

### a. Aufgaben des Prozeßverantwortlichen

Durch die Einführung des Prozeßverantwortlichen als Mitglied im Führungsteam wird eine klare Aufteilung der Aufgaben erreicht und die restlichen Mitglieder von anfallender Detailarbeit entlastet. Der Prozeßverantwortliche wird dazu mit sämtlichen prozeßbezogenen Aktivitäten betraut. Dazu gehören die Zusammenstellung des BPR-Teams und sämtliche direkten Leitungs- und Koordinierungsaufgaben. Insgesamt lassen sich folgende Aufgabenbereiche des Prozeßverantwortlichen benennen:[36]

- Zusammenstellung eines BPR-Teams für die Prozeßgestaltung;
- Organisieren der ersten regulären BPR-Team-Aktivitäten;
- Beratende Unterstützung des BPR-Teams bei den Gestaltungsaktivitäten;
- Ansprechen und Klären von Problembereichen im Führungsteam;
- Informieren des BPR-Teams über Veränderungen, die dessen Arbeit betreffen;
- Pflege des Kontaktes mit betroffenen Personenkreisen, insbesondere den Linienmanagern und den Kunden;
- Persönliche Vertretung der Gestaltungsvorschläge im Führungsteam.

---

[35] Vgl. *Hammer/Champy* (1994) S. 142.
[36] Vgl. *Harrington* (1991) S. 49ff und *Hammer/Champy* (1994) S. 141f.

*b. Merkmale des Prozeßverantwortlichen*

Während der Gestaltungsphase ist der Prozeßverantwortliche der direkte Vorgesetzte des BPR-Teams. Aufgrund der bedeutungstragenden Funktion des Prozeßverantwortlichen kommt nur ein höherer Manager für diese Aufgabe in Frage. Üblicherweise stammt dieser aus einem der Funktionsbereiche, die operativ an dem ausgewählten Prozeß beteiligt sind, so daß prozeßbezogenes Wissen vorausgesetzt werden kann.[37] Dabei bietet sich häufig die Wahl eines Kandidaten aus dem Organisationsbereich an, der bezüglich des betrachteten Prozesses der interne Endkunde ist, denn diese Herkunft garantiert am ehesten eine kundenorientierte Sichtweise auf den Prozeß.[38] Es muß sich zudem um eine respektierte Führungspersönlichkeit handeln, die engagiert für das BPR-Projekt eintritt, sich im Führungsteam gegen Bedenken und Widerstände durchsetzen kann, aber auch die Grenzen des Machbaren im Auge behält.[39] Von Bedeutung ist schließlich auch die Fähigkeit, das BPR-Team als selbstverantwortliche Arbeitsgruppe zu lenken und beratend zu unterstützen.[40]

### 6.1.2.2. BPR-Team

Den Hauptteil der Gestaltungsarbeit leistet das vom Prozeßverantwortlichen zusammengestellte Projektteam. In der Literatur finden sich für dessen Bezeichnung die unterschiedlichsten Begriffsbildungen wie *BPR Team, Reengineering-Team, Tiger Team, Process Evaluation Team* oder *Process Innovation Team.*[41] Im folgenden wird die Bezeichnung **BPR-Team** benutzt.

*a. Aufgaben des BPR-Teams*

Als Aufgabenbereich des BPR-Teams sind hier zuerst die Gestaltungs- und Implementierungstätigkeiten zu nennen: Beginnend mit der aktiven Entwicklung innovativer Gestaltungsvorschläge für den ausgewählten Prozeß bis zur organisa-

---

[37] Vgl. *Harrington* (1991) S. 45 und *Hammer/Champy* (1994) S. 141.
[38] Vgl. *Harrington* (1991) S. 46.
[39] Vgl. *Hammer/Champy* (1994) S. 141 und *Harrington* (1991) S. 47.
[40] Vgl. *Harrington* (1991) S. 46.
[41] Vgl. *Teng/Grover/Fiedler* (1994), *Hammer/Champy* (1994), *Housel/Morris/Westland* (1993), *Harrison/Pratt* (1993) und *Davenport* (1993a).

torischen Implementierung eines der Prozeßdesigns.[42] Im einzelnen umfassen
diese Aufgaben in Anlehnung an *Davenport* (1993a)
- die Prozeßanalyse und das Prozeß-Mapping,
- die Identifikation relevanter innovationstragender Technologien,
- die Durchführung von Benchmark- und Best-Practise-Analysen,
- die Detaillierung der vom Führungsteam vorgegebenen Prozeßvision,
- die Entwicklung des neuen Prozeßdesigns,
- die Entwicklung und Implementierung von Prototypen,
- die Planung und Betreuung der stufenweisen Implementierung.[43]

Bei der Diskussion der kollektiven Leitungsformen wurde schon kurz angeführt, daß die Projektstruktur auch die Funktion hat, durch ein ›Buy-in‹ die Zustimmung und Akzeptanz wichtiger Stakeholder zu sichern. Ein wesentlicher
Teilaspekt der nachfolgenden Darstellung ist die Fragestellung, in welcher Form
die Integration der Stakeholder erfolgen kann, ohne die Zielsetzung der radikalen
Neugestaltung von Prozessen zu gefährden.

### b. Zusammensetzung und Merkmale des BPR-Teams

Das BPR-Team konstituiert sich als selbstorganisierte Arbeitsgruppe, welche
einen gruppeninternen Führer als Teamleiter wählt.[44] Der Prozeßverantwortliche
ist typischerweise nicht Teamleiter, sondern außenstehender ›Coach‹ des Teams.
Für die Prozeßgestaltung sind der Prozeßverantwortliche und das BPR-Team gemeinsam verantwortlich. Die optimale Gruppengröße liegt zwischen fünf bis zehn
Mitgliedern.[45]

Bei der Zusammensetzung des BPR-Teams bezüglich **permanenter Teammitglieder** unterscheiden *Hammer/Champy* (1994) zwischen *Insidern* und *Au-
ßenstehenden*.[46] Die **Insider** sind Organisationsmitglieder aus jenen Organisationsbereichen, die von dem neu zu gestaltenden Prozeß betroffen sind.[47] Sie brin-
gen das fachliche Know-how ihres Organisationsbereiches mit, indem sie die in

---

[42] Vgl. *Davenport* (1993a) S. 184, *Harrison/Pratt* (1993) S. 8, *Harrington* (1991) S. 63
und *Hammer/Champy* (1994) S. 143.

[43] Vgl. *Davenport* (1993a) S. 183.

[44] Vgl. *Hammer/Champy* (1994) S. 146f.

[45] Vgl. *Hammer/Champy* (1994) S. 143 und *Harrington* (1991) S. 63.

[46] Vgl. *Hammer/Champy* (1994) S. 144. Daß *Harrington* nur von Insidern spricht, ist auf
seinen inkrementellen Ansatz des Business Process Improvement zurückzuführen, vgl.
*Harrington* (1991) S. 62ff und S. 51.

[47] Vgl. *Hammer/Champy* (1994) S. 143.

ihren Bereich fallenden Prozeßaktivitäten genauestens kennen.[48] In der Literatur wird hervorgehoben, daß es sich bei den Insidern um die *besten* Mitarbeiter der betroffenen Organisationsbereiche handeln soll:[49] Zum einen bezogen auf die Fachkompetenz, so daß die entwickelten Reorganisationsvorschläge den fachlichen Anforderungen entsprechen, und zum anderen bezogen auf die Akzeptanz in ihrem Organisationsbereich, dahingehend daß sie genügend Anerkennung besitzen, um die Ergebnisse der Teamarbeit vor ihren Kollegen vertreten zu können. Diese Forderung wirft einige Konflikte auf, da gerade die besten Mitarbeiter auch am wichtigsten für das laufende Geschäft sind.[50] Hier ist das Führungsteam gefordert, die Bedeutung des BPR-Projekts für die Zukunft der Organisation deutlich zu machen und mit Nachdruck durchzusetzen, daß die benötigten Ressourcen zur Verfügung gestellt werden.

Insider alleine lassen allerdings aufgrund der tiefen Verinnerlichung der bestehenden Arbeitsabläufe häufig nicht die innovativsten Gestaltungsvorschläge erwarten.[51] Für die kreative Entwicklung neuer Ansätze und Ideen der Prozeßgestaltung ist das BPR-Team in Ergänzung zu den Insidern um **Außenstehende** zu erweitern. Hierbei kann es sich einerseits um externe Berater handeln und anderseits um kreative interne Mitarbeiter aus Organisationsbereichen, die fachlich nicht zu tief in dem Prozeßablauf involviert sind. Typischerweise bieten sich Mitarbeiter aus DV- oder Marketingabteilungen an, die ein nach Möglichkeit breites, allgemein angelegtes Wissen aufweisen.[52]

Als permanente Teammitglieder müssen Insider und Außenstehende zu nahezu hundert Prozent für die Teamarbeit freigestellt sein. Bei einer anhaltenden Belastung der Teammitglieder durch operative Geschäftstätigkeiten kann der Teambildungsprozeß so stark beeinträchtigt werden, daß letztlich keine Teamarbeit zustande kommt. Die Insider und Außenstehende bilden als permanente Teammitglieder das **Kernteam**.[53] Dieses wird durch **temporäre Teammitglieder** ergänzt, die nur zeitweilig bzw. mit geringerem Zeiteinsatz im BPR-Team mitarbeiten.[54] Zu diesen zählen Experten aus Bereichen wie Informationstechnik, Marketing, Personalwesen, Organisationsentwicklung, aber auch Organisationsmitglieder mit spezifischem fachlichen Wissen, falls dieses nicht im BPR-Team vertreten

---

[48] Vgl. *Harrington* (1991) S. 65.
[49] Vgl. *Hammer/Champy* (1994) S. 144 und *Davenport* (1993a) S. 185.
[50] Vgl. *Harrison/Pratt* (1993) S. 9.
[51] Vgl. *Hammer/Champy* (1994) S. 143.
[52] Vgl. *Hammer/Champy* (1994) S. 144f.
[53] Vgl. *Hammer/Champy* (1994) S. 148.
[54] Vgl. *Hammer/Champy* (1994) S. 148.

ist.[55] Die temporäre Mitgliedschaft im BPR-Team bietet sich auch für externe Prozeßkunden an, deren Einblick und Beitrag für den Gestaltungsprozeß sehr vorteilhaft sein kann.[56] Hinsichtlich der Fragestellung, wie Stakeholder in das BPR-Team integriert werden können, findet sich in der Literatur primär die Form der permanenten Interessenvertretung.[57] Dieser Ansatz, bei dem das Teammitglied im Team seinen Organisationsbereich vertritt, steht jedoch in gewissem Widerspruch zu der Feststellung, daß solche Personen kaum zu tiefgreifenden Innovationen bereit sind. Als Lösung wird daher die Ausgliederung der Beteiligten aus der Linienorganisation vorgeschlagen.[58]

Geeigneter scheint, wichtige Stakeholder als temporäre Mitglieder in das BPR-Team einzubinden. Dies erlaubt den permanenten Teammitgliedern ein Selbstverständnis als Know-how-Träger und nicht als Interessensvertreter, während gleichzeitig die Stakeholder durch die regelmäßige Arbeit zusammen mit dem Kernteam nicht nur über die Entwicklung im Gestaltungsprozeß informiert, sondern daran auch aktiv beteiligt sind.

Neben dem spezifischen Wissen sind für eine erfolgreiche Teamarbeit die sozialen Fähigkeiten der Mitgliedskandidaten von Bedeutung.[59] Die eigentliche ›Teamfähigkeit‹ erlernen die meisten Beteiligten möglicherweise erst im Rahmen der Arbeit im BPR-Team, da die Gestaltungsaktivitäten gezielt von Teambildungsmaßnahmen begleitet werden. In diesem Prozeß internalisieren die Teammitglieder neue Werte und Verhaltensweisen und machen dabei gleichzeitig erste Erfahrungen mit einer gruppenbasierten Arbeitsorganisation.

### 6.1.3. Stabsstruktur

Solange nur wenige BPR-Projekte in einer Organisation angegangen werden, erscheint die Einrichtung einer unterstützenden **Stabsstruktur** innerhalb der Projektorganisation unnötig. Mit einer Ausdehnung von BPR-Projekten beispielsweise auf bisher nicht betrachtete Geschäftsbereiche wird eine organisationsinterne

---

[55] Vgl. *Hammer/Champy* (1994) S. 149, *Davenport* (1993a) S. 186 und auch *Harrington* (1991) S. 66.
[56] Vgl. *Hammer/Champy* (1994) S. 148f, *Harrington* (1991) S. 66, *Davenport/Short* (1990) S. 23 und *Davenport* (1993a) S. 185
[57] Vgl. *Davenport* (1993a) S. 185f und *Hammer/Champy* (1994) S. 144.
[58] Vgl. *Davenport* (1993a) S. 99f und *Hammer/Champy* (1994) S. 144 und S. 148.
[59] Vgl. *Davenport* (1993a) S. 184.

Sicherung und Konzentration der Erfahrungen und Fertigkeiten mit und in BPR allerdings sinnvoll.

Je nach Größe der Organisation können wenige Personen mit der Stabsaufgabe betraut werden, oder aber es erweist sich die Einrichtung einer eigenen Stabsabteilung als angebracht.[60] *Hammer/Champy* (1994) und *Harrington* (1991) betonen mit dem *Reengineering-Zar* bzw. *BPI champion* die Rolle eines designierten Verantwortlichen, der die Leitung des Stabes wahrnimmt.[61] In der vorliegenden Arbeit wird die weniger ›schillernde‹ Bezeichnung **BPR-Organisator** verwendet. Allgemein hat die interne Stabsfunktion gegenüber der Leitungs- und Projektstruktur nur eine untergeordnete Bedeutung in der Projektorganisation des BPR-Konzepts.

*a. Aufgaben des BPR-Organisators*

Die Aufgaben des BPR-Organisators sind im wesentlichen die Unterstützung der Projektstruktur beim Gestaltungsprozeß und die methodische Koordination sämtlicher BPR-Aktivitäten.[62] Der BPR-Organisator entlastet damit sowohl den Leader als auch das Führungsteam und den Lenkungsausschuß von dem ›täglichen Management‹ der Reorganisation und sorgt gleichzeitig für den Aufbau eines Kompetenzbereiches bezüglich der Methodik.[63] So gehört zum Aufgabenbereich des BPR-Organisators:[64]

- eine Infrastruktur für die BPR-Projekte zu entwickeln helfen;
- eine interprozessuale Projektkommunikation zu erleichtern;
- flankierende Maßnahmen, die Organisationskultur, Anreizsysteme und Personalentwicklung betreffend, zu initiieren;
- bei der Bildung der Projektstruktur und den Vorbereitungen für die Projektetablierung mitzuwirken;
- kontinuierlich die Fortschritte der BPR-Teams zu beaufsichtigen;
- die BPR-Teams in Konflikt- und Problemsituationen zu unterstützen;
- den Fortgang der BPR-Aktivitäten zu stimulieren.

---

[60] Vgl. *Davenport* (1993a) S. 185. Ein Beispiel für eine derartige Stabsabteilung findet sich in *Housel/Morris/Westland* (1993) S. 29.

[61] Vgl. *Harrington* (1991) S. 28f und *Hammer/Champy* (1994) S. 150ff.

[62] Vgl. *Hammer/Champy* (1994) S. 150.

[63] Vgl. *Hammer/Champy* (1994) S. 150.

[64] Vgl. *Hammer/Champy* (1994) S. 151f und *Harrington* (1991) S. 28f.

*b. Merkmale des BPR-Organisators*

Der BPR-Organisator muß umfassende Kenntnisse der BPR-Methodik besitzen, insbesondere bezüglich der Analyse- und Designtechniken, der Unterstützung durch formale Methoden und der Einsatzmöglichkeiten von Software-Werkzeugen.[65] Vorteilhaft sind Erfahrungen mit der Durchführung von BPR-Projekten und Praxiswissen hinsichtlich Vorgehensweisen und Strategien, um Widerständen wirkungsvoll zu begegnen. Entscheidend ist, daß es sich um eine respektierte Persönlichkeit handelt, die die BPR-Aktivitäten nachdringlich propagiert.[66]

Die Stabsfunktion bezieht sich primär auf die Projektorganisation, weniger auf die Linienorganisation. Entsprechend dem Verständnis von *Kieser/Kubicek* (1992) handelt es sich beim BPR-Stab um eine **unterstützende Stelle** sowohl für die Instanzen (Leader, Führungsteam und Lenkungsausschuß) als auch die Ausführungsstellen (Prozeßverantwortlicher und BPR-Team) der Projektorganisation.[67] Damit wird hier postuliert, daß der BPR-Organisator gegenüber dem Prozeßverantwortlichem und dem BPR-Team keine Entscheidungs- und Weisungsbefugnisse hat. Kann der BPR-Organisator dagegen auch Kontrollrechte in Anspruch nehmen, sind Konfliktpotentiale mit der Projektstruktur gegeben.[68]

## 6.2. Vorgehensmodell

Das **Vorgehensmodell** beschreibt, wie der Gestaltungsprozeß in seinem Ablauf zu koordinieren und organisieren ist. Typischerweise werden Projekte durch einen phasenweisen Ablauf beschrieben, wobei die **Phasen** mit einem als **Meilenstein** bezeichneten Dokument beendet werden und Anlaß geben, »um über die Weiterführung eines Projektes und weitere Entwicklungsrichtlinien zu entscheiden«.[69]

Bezüglich dem groben Vorgehensmodell von BPR herrscht in der Literatur weitgehend Einigkeit. In Abb. 6.6 ist eine fünfstufige Gliederung wiedergegeben, der sich *Davenport* (1993a) bedient.[70] Danach beginnt das Führungsteam mit der Identifikation der neuzugestaltenden Prozesse (Identifying Processes for In-

---

[65] Vgl. *Hammer/Champy* (1994) S. 150 und *Harrington* (1991) S. 29.
[66] Vgl. *Harrington* (1991) S. 28.
[67] Vgl. *Kieser/Kubicek* (1992) S. 135ff.
[68] Vgl. *Hammer/Champy* (1994) S. 152.
[69] Vgl. *Litke* (1993) S. 26.
[70] Vgl. *Davenport* (1993a) S. 23ff.

novation). Der nachfolgende Schritt umfaßt die Bestimmung innovationsförderlicher Gestaltungsansätze bezüglich Informationstechnik, Strukturausrichtung, Organisationskultur und Personalmanagement, denen damit die Rolle von Innovationsträgern zukommt (Identifying Change Levers). Mit der Entwicklung der Prozeßvisionen erhalten die BPR-Teams schließlich spezifizierte Zielvorgaben, die vorgeben, *was* an Verbesserungen erzielt werden soll (Developing Process Visions), während es im folgenden die Aufgabe der BPR-Teams ist, zu bestimmen, *wie* diese Zielvorgaben tatsächlich erreicht werden können. Dazu setzen sich die BPR-Teams zuerst mit den existierenden Prozessen auseinander (Understanding Existing Processes), bevor die eigentlichen Gestaltungsaktivitäten folgen (Designing and Prototyping the New Process).

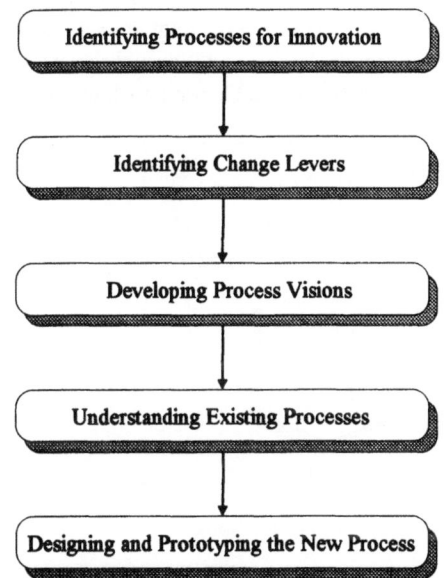

Abb. 6.6:   A High-Level Approach to Process Innovation. Quelle:
*Davenport* (1993a) S. 25.

Während *Davenport* mit seiner groben Gliederung die größte Aufmerksamkeit auf die Aktivitäten vor dem Design und der Implementierung legt, berücksichtigen *Harrison/Pratt* (1993) in ihrem Strukturierungsansatz die Design- und Implementierungsaktivitäten stärker (Abb. 6.7).[71] Im ersten Schritt identifiziert das

---

[71] Vgl. *Harrison/Pratt* (1993) S. 8ff.

Führungsteam die neuzugestaltenden Prozesse, entwickelt Zielvorgaben, bildet die BPR-Teams und macht das Reorganisationsvorhaben in der Organisation publik (Set Direction). Weitgehend gleichzeitig finden die nächsten Schritte statt: Jedes BPR-Team analysiert die existierenden Prozesse, führt Vergleichsstudien durch und setzt einfache, kurzfristige Verbesserungen unmittelbar um (Baseline and Benchmark, Early Wins), es entwickelt eine Projektvision unter Einbeziehung von potentiellen Innovationsträgern (Create the Vision) und initiiert Problemlösungsprojekte für komplexe Fragestellungen (Launch Problem-solving Projects). Nach diesen simultan stattfindenden Aktivitäten folgt der Entwurf des neuen Prozesses (Design Improvements). Die Implementierung der Veränderungen beginnt schon bei der Umsetzung der kurzfristigen Verbesserungen und den Problemlösungsprojekten und setzt sich mit der Realisierung des neuen Prozesses fort (Implement Change). Als letzter Schritt folgt die Konsolidierung der Aktivitäten, indem Verbesserungsmaßnahmen – jetzt auf inkrementellem Niveau – kontinuierlich weitergeführt werden (Embed Continuous Improvement).

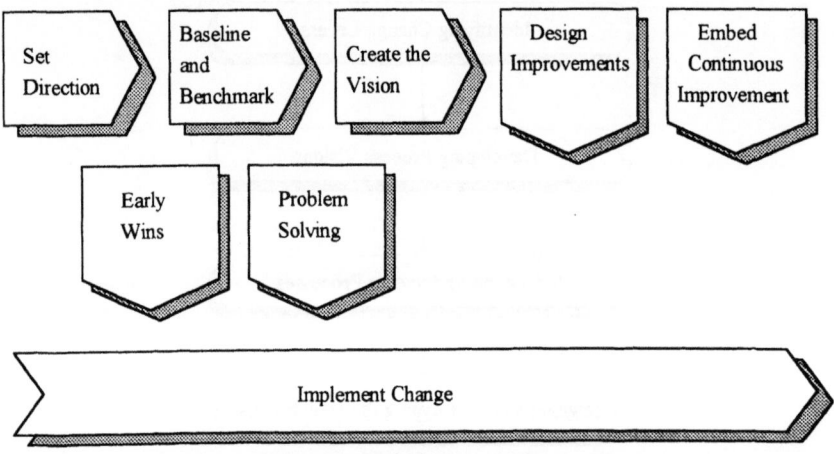

Abb. 6.7:　A Structured Methodology for Process Change.
Quelle: *Harrison/Pratt* (1993) S. 11.

Im folgenden wird auf der Grundlage dieser beiden Ansätze und unter Bezug auf die Arbeiten von *Hammer/Champy* (1994) und *Harrington* (1991) das Vorgehensmodell von BPR beschrieben. Die grobe Strukturierung ist in Abb. 6.8 mit drei Phasen wiedergegeben. In der Phase der **Projektetablierung und Fokussierung** wird die Leitungsstruktur gebildet, die neuzugestaltenden Prozesse selektiert, die Prozeßvision entwickelt und ein Informationsprogramm gestartet. In der zweiten Phase erfolgen schwerpunktmäßig **Analyse und Design** der Prozeßgestaltung. Die iterative Entwicklung des Prozeßmodells wird begleitet durch ein Prozeßprototyping, und gegebenenfalls werden kurzfristige Verbesserungen unmittelbar implementiert. Die Umsetzung der Gestaltungsmaßnahmen bildet schließlich die dritte Phase, in der neben einer Pilotierung und der stufenweise Umsetzung für den organisationsweiten Änderungsprozeß auch OE-Maßnahmen zum Einsatz kommen. Wie bei *Davenport* (1993a) und *Harrison/Pratt* (1993) liegt auch bei dieser Darstellung der Schwerpunkt auf den Aktivitäten bis zur Umsetzung.

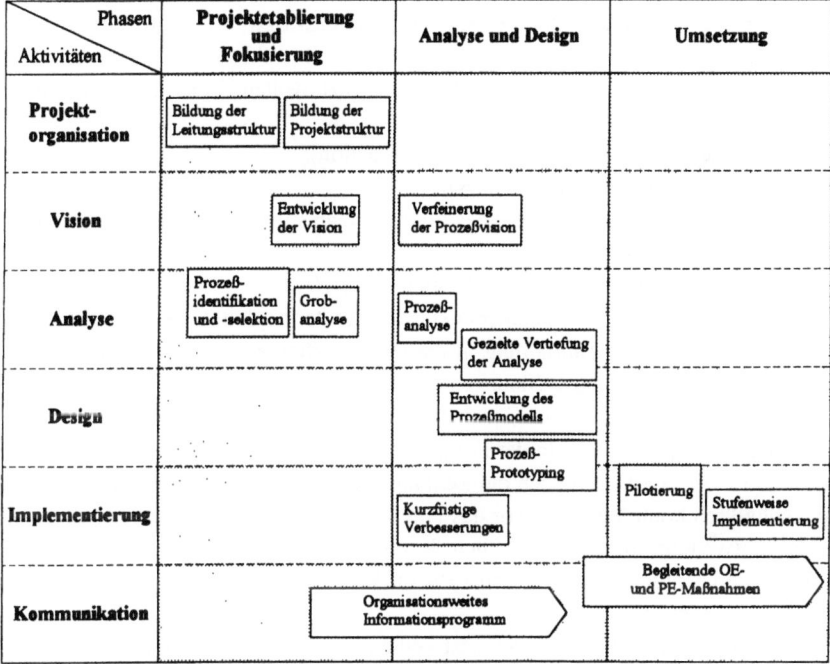

Abb. 6.8: Das Vorgehensmodell von Business Process Reengineering.

## 6.2.1. Projektetablierung und Fokussierung

Hat die Geschäftsbereichs- bzw. Geschäftsleitung sich für die Durchführung eines BPR-Projekts entschlossen, beginnt die Phase der Projektetablierung und

Fokussierung.[72] Mit der Bildung der Leitungsstruktur werden das BPR-Projekt aufgesetzt und wichtige Aufgabenträger bestimmt. Die nachfolgende Prozeßselektion ist eine notwendige Fokussierung der Reorganisation auf die neuzugestaltenden Prozesse. Für diese wird dann auf der Basis einer Grobanalyse eine erste Vision entwickelt, welche als Arbeitsgrundlage für die abschließend gebildete Projektstruktur dient.

### 6.2.1.1. Bildung der Leitungsstruktur

In einem ersten Schritt gibt die Geschäftsbereichs- bzw. Geschäftsleitung in einer Zusammenkunft der oberen Führungsebenen ihre Absicht bekannt, auf der Basis von BPR eine Reorganisation durchführen zu wollen.[73] Diese Veranstaltung umfaßt typischerweise
- den Anstoß für das BPR-Projekt (case for action);
- eine Einführung in das BPR-Konzept;
- erste Schritte für die Bildung eines Führungsteams und gegebenenfalls auch eines Lenkungsausschusses;
- die mögliche Einführung des BPR-Organisators.[74]

Wird das BPR-Projekt von einem externen Berater begleitet, so übernimmt dieser typischerweise die Einführung in die BPR-Methodik. Im allgemeinen ist mit der Vorbereitung für diese Managementsitzung auch geklärt, welches Mitglied der Geschäftsbereichs- bzw. Geschäftsleitung die Sponsorfunktion als Leader wahrnimmt (Kap. 6.1.1.1). In der Folgezeit konstituieren sich dann das Führungsteam und bei Bedarf zusätzlich ein Lenkungsausschuß, so daß die Leitungsstruktur schließlich komplett ist. Bevor das Führungsteam seine Arbeit aufnimmt, ist es i.d.r. notwendig, die methodischen Kenntnisse der Mitglieder über Ansatz, Leitbild und Vorgehensmodell von BPR im Rahmen eines Workshops zu vertiefen.[75]

Die Bildung der Leitungsstruktur ist keine rein fachliche Aufgabe, sondern berührt zu einem erheblichen Teil politische Aspekte. Gerade die Zusammensetzung des Führungsteams erfordert im Vorfeld eine ›Stakeholder analysis‹ durch den Leader. Insbesondere jene Stakeholder sind zu beachten, die der Reorganisation

---

[72] Im folgenden wird von einer divisionalen Organisation ausgegangen, bei der ein BPR-Projekt innerhalb eines Geschäftsbereiches angesetzt ist (Kap. 6.1.1).
[73] Vgl. *Harrington* (1991) S. 27.
[74] Vgl. *Harrington* (1991) S. 27.
[75] Vgl. *Harrington* (1991) S. 31ff.

indifferent oder ablehnend gegenüberstehen.[76] Dies äußerst sich häufig darin, daß die jeweiligen Führungskräfte zu diesem Zeitpunkt keine Notwendigkeit sehen, sich an dem Geschehen persönlich zu beteiligen. Bei sehr hohen Führungskräften, die nicht von BPR überzeugt sind, deren Beteiligung und Engagement bei dem BPR-Projekt aber unabdingbar ist, kann ein individuelles Eingehen auf einzelne Personen angebracht sein, dahingehend daß mögliche Mißverständnisse oder unberechtigte negative Erwartungen richtig gestellt werden.[77] Dieses **Stakeholder Management** ist im übrigen nicht mit der Zusammenstellung der Leitungsstruktur abgeschlossen, sondern beschäftigt den Leader kontinuierlich im weiteren Projektverlauf.

### 6.2.1.2. Prozeßidentifikation und -selektion

Die Arbeit des Führungsteams beginnt mit einer zweckmäßigen Fokussierung der Aufgabenstellung. Dazu erstellt das Führungsteam im Rahmen der **Prozeßidentifikation** zuerst eine Übersicht aller Unternehmens- bzw. Kernprozesse. Das resultierende **Prozeßdiagramm** (process map) – als Pendant zum Organigramm – veranschaulicht auf hoher Abstraktionsebene die Ausgrenzung der Unternehmensprozesse und deren Beziehung untereinander.[78] Grundsätzlich ist die gesamte Organisation mit maximal zehn Prozessen zu beschreiben, womit sich BPR deutlich gegenüber den inkrementellen Ansätzen der Prozeßoptimierung abgrenzt, bei denen oft weit über hundert Prozesse identifiziert werden.[79]

Sind die Unternehmensprozesse identifiziert und im Prozeßdiagramm abgebildet, folgt mit der **Prozeßselektion** die Auswahl und Priorisierung jener Prozesse, die einer radikalen Neugestaltung unterzogen werden sollen.[80] Diese Fokussierung ist notwendig, da die Änderungskapazität einer Organisation begrenzt ist. Während bei BPR erhebliche Ressourcen für den Gestaltungsprozeß benötigt werden, muß gleichzeitig das operative Geschäft möglichst ungestört weiterlaufen.[81] Aufgrund von Interdependenzen zwischen Unternehmensprozessen kann allerdings eine Beschränkung auf einen einzigen Prozeß zuweilen zu restriktiv

---

[76] Vgl. *Harrington* (1991) S. 32f.
[77] Vgl. *Davenport* (1993a) S. 190f.
[78] Vgl. *Hammer/Champy* (1994) S. 154ff.
[79] Vgl. *Davenport* (1993a) S. 27f und Kap. 4.1.1.3. Entsprechende Beispiele für inkrementelle Ansätze finden sich auch bei *Harrington* (1991) S. 37 und S. 42.
[80] Vgl. *Hammer/Champy* (1994) S. 158.
[81] Vgl. *Davenport* (1993a) S. 31.

sein. Häufig ist die Auswahl von zwei bis drei Prozessen ein geeigneter Kompromiß.[82]

| Hammer/Champy (1994) | Davenport (1993a) | Harrington (1991) |
|---|---|---|
| 1. • Bedeutung und Auswirkung auf externe Kunden | • The process's centrality to the execution ot the firm's business strategy | • Business impact: How important is it to the business?<br>• Customer impact: How much does the customer care? |
| 2. • Dysfunktionalität | • Process health | • Performance status: How broken ist it? |
| 3. • Machbarkeit und Erfolgschancen | • Process qualification<br>• Manageable project scope | • Changeability index: Can you fix it?<br>• Work impact: What resources are available? |

Abb. 6.9:    Kriterien für die Prozeßselektion. Quelle: Zusammengestellt aus *Hammer/Champy* (1994) S. 158ff, *Davenport* (1993a) S. 32 und *Harrington* (1991) S. 37.

Bezüglich der Prozeßselektion werden in der Literatur weitgehend äquivalente Kriterien genannt (Abb. 6.9). Ausgehend von *Hammer/Champy* (1994) lassen sich hier im wesentlichen drei grundsätzlich verschiedene Ansatzpunkte unterscheiden:[83]

(1) Eines der wichtigsten Kriterien ist die **strategische und kundenbezogene Bedeutung** der Prozesse.[84] Je stärker ein Prozeß zur Erfüllung der strategischen Ziele und Kundenanforderungen beiträgt, umso entscheidender ist es, daß dieser ein hohes Leistungsniveau aufweist. Bezüglich der Strategie wird hierbei vorausgesetzt, daß diese schon vor dem BPR-Projekt erarbeitet wurde.[85] Aus der Strategie muß dabei ableitbar sein, welche Prozesse Produkteigenschaften (inklusive Service, Lieferzeit, Produktentwicklungszeit) determinieren, die aus Kundensicht die größte Bedeutung haben bzw. als sehr verbesserungswürdig einzustufen sind.

(2) Ein weiteres, allgemein augenfälliges Kriterium ist der Grad an **Dysfunktionalität** im Prozeß.[86] Einige typische Dysfunktionalitäten sind in Abb. 6.10 wiedergegeben (siehe auch Kap. 4.1.2.3). Meistens sind diese Mängel im

---

[82] Vgl. *Davenport* (1993a) S. 31f.
[83] Vgl. *Hammer/Champy* (1994) S. 158ff.
[84] Vgl. auch *Davenport* (1993a) S. 32.
[85] Vgl. *Davenport* (1993a) S. 121. Neuere Ansätze wie der von *Treacy/Wiersema* (1995) veruschen das Konzept von BPR um den vorgelagerten Strategiebildungsprozeß zu ergänzen.
[86] Vgl. *Hammer/Champy* (1994) S. 159ff und *Davenport* (1993a) S. 32f.

Prozeßablauf unter den Organisationsmitgliedern durchaus bekannt, konnten aber mittels inkrementeller Verbesserungsansätze nie ursächlich behoben, sondern nur oberflächlich ausgebessert werden (patching).[87]

| Symptom | Dysfunktionalität |
|---|---|
| • Ausufernder Informationsaustausch, redundante Daten und Mehrfacheingaben | • Willkürliche Fragmentierung eines natürlichen Prozesses |
| • Lagerbestände, Puffer und andere Reserven | • Überschüsse im System zum Ausgleich von Unsicherheiten |
| • Ein hohes Maß an Überwachung und Kontrolle im Vergleich zur Wertschöpfung | • Fragmentierung |
| • Nacharbeiten und Iterationen | • Unzureichendes Feedback in Ablaufketten |
| • Komplexität, Ausnahmen und Sonderfälle | • Überfrachtung von einer einfachen Basis |

Abb. 6.10: Typische Dysfunktionalitäten bei Prozessen und ihre Symptome. Quelle: Zusammengestellt aus *Hammer/Champy* (1994) S. 159ff.

(3) Als ein entscheidendes Kriterium ist schließlich auch die **Durchführbarkeit** der Gestaltungsmaßnahmen zu nennen. Einzubeziehen sind Faktoren,»die die Wahrscheinlichkeit des Erfolges eines bestimmten Reengineering-Projekts bestimmen.«[88] Generell sind *projektbezogene Faktoren* (manageable project scope) und *personalbezogene Faktoren* (process qualification) zu unterscheiden.[89] Zu den **projektbezogenen Faktoren** gehört der Projektumfang, welcher unmittelbar mit der prinzipiellen Forderung des BPR-Ansatzes konfligiert, weit definierte, interfunktionale Prozesse zu betrachten. Zwar ist der mögliche Nutzen einer prozeßbezogenen Reorganisation umso größer, je »weitverzweigter ein Prozeß ist (je mehr Organisationseinheiten daran beteiligt sind)«,[90] gleichzeitig jedoch wächst das Konflikt- und Widerstandspotential und entsprechend geringer sind die Erfolgsaussichten. In diesem Zusammenhang ist als weiterer projektbezogener Faktor der Ressourcenbedarf anzuführen. Während des weiterhin verfolgten operativen Tagesgeschäfts müssen für die oft ein Jahr und länger andauernden Projektaktivitäten die erforderli-

---

[87] Vgl. *Hammer/Champy* (1994) S. 159.
[88] Vgl. *Hammer/Champy* (1994) S. 165f.
[89] Vgl. *Davenport* (1993a) S. 33.
[90] Vgl. *Hammer/Champy* (1994) S. 166.

chen Ressourcen freigestellt werden.[91] Beide Faktoren, der erforderliche Projektumfang und der benötigte Ressourcenbedarf, wirken auf die Durchführbarkeit und können bei der Priorisierung der Prozesse helfen. Schwieriger ist die Bewertung der Prozeßselektion anhand **personalbezogener Faktoren**. Sie geben an, inwieweit sich ein Prozeß aufgrund der vorherrschenden Kulturprägung und der politischen Umstände für die Auswahl eignet: »The primary goal of process qualification is to gauge the cultural and political climate of a target process.«[92] Für die Fokussierung sind folglich solche Prozesse vorzuziehen, bei denen die involvierten Organisationsmitglieder sich durch eine hohe Änderungsbereitschaft auszeichnen und eine Kulturprägung nahe der Vertrauenskultur aufweisen. Da allerdings Unternehmensprozesse allgemein viele Funktionsbereiche durchlaufen, kann dieser Faktor zuweilen nicht aussagekräftig genug bestimmt werden.

Abschließend ist festzuhalten, daß die Prozeßselektion bei BPR-Projekten die weitaus geringsten Probleme macht und die Bestimmung der neuzugestaltenden Prozesse oft nicht mal eines Priorisierungsprozesses bedarf.[93] Gerade aber bei der Bewertung der strategischen Bedeutung setzt dies eine tiefgehende Kenntnis der Kundenanforderungen voraus, die machmal nur behauptet wird, aber tatsächlich nicht gegeben ist.

### 6.2.1.3. Entwicklung der Vision

Nach der Prozeßselektion ist von dem Führungsteam in einem nächsten Schritt die Vision der zukünftigen Organisation zu entwickeln. Die Vision sollte aufzeigen, wie die Strategie zukünftig umgesetzt werden kann, indem mit ihr die strategischen Vorgaben spezifiziert und für die Prozeßgestaltung handhabbar gemacht werden.[94] Die **Vision** ist daher deutlich von der **Strategie** einer Unternehmung abzugrenzen:

»We view strategy as long-term directional statement on key aspects of a firm or business unit, and vision as a detailed description of how, and how well, a specific process should work in the future. Vision is thus more tactical than strategy, although

---

[91] Vgl. *Hammer/Champy* (1994) S. 166, *Harrington* (1991) S. 41 und *Davenport* (1993a) S. 31.

[92] Vgl. *Davenport* (1993a) S. 33.

[93] Vgl. *Davenport* (1993a) S. 34.

[94] Vgl. *Davenport* (1993a) S. 117 und *Hammer/Champy* (1994) S. 191f.

both must be formulated at a high level. Moreover, a strategy should be visionary (i.e., look into the future), and a vision strategic (i.e., have a broad, key issue focus).«[95] Die Gesamtvision gliedert sich in für die jeweiligen Prozesse spezifische Prozeßvisionen. Mit einer **Prozeßvision** werden über die Strategie hinaus weitergehende Eigenschaften und meßbare Ziele angegeben, die in der ganzen Organisation die zukünftige Prozeßgestaltung eingängig visualisieren und die BPR-Teams zu innovativen Redesignansätzen inspirieren.[96] Die reine Zielsetzung der Kostensenkung erfüllt diese Bedingungen nicht, sondern kann nur Teil einer sinngebenden Gesamtvision sein.[97] Die einzelne Prozeßvision wird später von dem jeweiligen BPR-Team zu einem **Prozeßmodell** weiterentwickelt, welches das Prozeßdesign einschließlich der Gestaltung von Arbeitsorganisation, Unternehmungsorganisation, Personalmanagement und Informationstechnik umfaßt (vgl. Abb. 4.1).

Die Vision als aussagekräftige Gestaltungsorientierung mit meßbaren Zielvorgaben ist zwar ein wichtiges Mittel, um tatsächlich auch drastische Verbesserungen zu erreichen.[98] Sie ist allerdings vor der eigentlichen Prozeßanalyse zu formulieren und kann daher in weiten Teilen nur auf Vermutungen basieren. Entsprechend ist die Vision ein für Veränderungen offener, insgesamt sehr anspruchsvoller Richtungsvorschlag, dessen Zielsetzung allerdings nicht völlig unrealistisch sein darf, um nicht desillusionierend zu wirken.[99] Trotzdem sollen bei der Entwicklung der Vision mögliche einschränkende Faktoren zuerst einmal unberücksichtigt bleiben (white paper, clean slate approach): »A process vision should therefore be determined on the basis of what is necessary from a business standpoint, rather what seems reasonable or accomplishable.«[100] Die Entwicklung der Vision vollzieht sich in einer Serie von Workshops.[101] Begonnen wird mit einer **groben Analyse der Kundenanforderungen**, so daß bei der Formulierung der Vision die Kundenperspektive verstanden und explizit einbezogen wird. In der Praxis liegt die Priorität häufig auf dem externen Kunden, der Ansatz gilt aber gleichermaßen für den internen Kunden.[102] Bezüglich externer Kunden sind Massenbefragungen aufgrund ihrer unvermeidbaren Oberflächlichkeit oft nicht sehr hilfreich. Vorteilhafter sind wenige, dafür tiefgehende,

---

[95] Vgl. *Davenport* (1993a) S. 121.
[96] Vgl. *Davenport* (1993a) S. 118f.
[97] Vgl. *Davenport* (1993a) S. 119.
[98] Vgl. *Davenport* (1993a) S. 131.
[99] Vgl. *Davenport* (1993a) S. 132f.
[100] Vgl. *Davenport* (1993a) S. 131.
[101] Vgl. *Davenport* (1993a) S. 131.
[102] Vgl. *Davenport* (1993a) S. 124.

strukturierte Auseinandersetzungen mit wichtigen oder repräsentativen Kunden.[103]

Um Anregungen für zukünftige Prozeßmerkmale zu erhalten, ist ein **prozeßorientiertes Benchmarking** durchzuführen. Die Methodik des Benchmarking stammt aus der Qualitätsbewegung und dient im Kontext von BPR dazu, Organisationen mit hervorragenden Prozeßleistungen genauer zu studieren und dabei innovative Prozeßeigenschaften zu identifizieren.[104] Entscheidend ist, daß die Auswahl der Organisationen für das Benchmarking branchenunabhängig ausschließlich anhand prozeßbezogener Spitzenleistung erfolgt.[105] Der Einsatz von Benchmarking fördert zugleich eine offene, außenorientierte Denkweise, indem die Beteiligten sich intensiv mit organisatorischen Alternativen außerhalb der eigenen Organisation beschäftigen müssen.[106]

Die Ergebnisse dieser ersten Benchmarking-Aktivitäten werden von den BPR-Teams später aufgegriffen und vertieft. Während es bei der Entwicklung der Vision das Ziel ist, erste innovative Anregungen zu sammeln, sollen die BPR-Teams später detailliert untersuchen, welche Merkmale die Prozesse anderer Unternehmungen so leistungsfähig machen und wie diese Erkenntnisse zweckmäßig zu nutzen sind (Kap. 6.2.2.1).

*a. Spezifizierung zukünftiger Prozeßmerkmale*

In einem letzten Schritt sind Strategie, Kundenperspektive und Benchmark-Ergebnisse in einer **Prozeßvision** zusammenzuführen.[107] *Davenport* (1993a) untergliedert die Prozeßvision in *funktionale* und *operative Prozeßmerkmale*. Die **funktionalen Prozeßmerkmale** (process objectives) umfassen die übergeordnete Prozeßfunktion, erste Verbesserungshinweise, numerische Zielvorgaben und den Zeitplan, in dem diese Merkmale umzusetzen sind.[108] Die Prozeßfunktionalität wird vorrangig durch die zuvor erhobenen Kundenanforderungen determiniert. Wichtig ist eine Quantifizierung der Zielvorgaben, wobei die Zielsetzung für die

---

[103] Vgl. *Davenport* (1993a) S. 124.
[104] Vgl. *Davenport* (1993a) S. 125 und Harrington (1991) S. 217ff.
[105] Vgl. *Davenport* (1993a) S. 125.
[106] Vgl. *Davenport* (1993a) S. 125.
[107] Vgl. *Davenport* (1993a) S. 126.
[108] Vgl. *Davenport* (1993a) S. 127.

Veränderungen ein radikales Niveau haben sollten. Entsprechende Beispiele sind nach *Davenport* (1993a):[109]

»• reduce new drug-development cycle time by 50% in three years;
• double customer service satisfaction levels in two years;
• reduce involuntary employee turnover to 10% by the end of next fiscal year; and
• reduce processing costs for customer orders by 60% over three years.«[110]

Die **operationalen Prozeßmerkmale** (process attributes) sind der beschreibende, qualitative Teil der Prozeßvision. Sie verdeutlichen Teilaspekte der zukünftigen Prozeßgestaltung.[111] Die prozeßorientierten Gestaltungsempfehlungen bilden dabei den Rahmen für eine weitere Detaillierung der einzelnen Merkmale. Danach lassen sich die operationalen Merkmale entsprechend nach Arbeitsorganisation, Unternehmungsorganisation, Personalmanagement und Informationstechnik unterscheiden.

Die Prozeßvisionen werden auch in der Analyse- und Designphase bestimmendes Thema innerhalb der Leitungsstruktur bleiben, insbesondere während deren Verfeinerung durch die BPR-Teams bei der Entwicklung des Prozeßmodells. Als offen gehaltende Dokumente werden die Prozeßvisionen während des gesamten Gestaltungsprozesses in dem Maße weiterentwickelt, wie sich die Anforderungen an die Prozeßmerkmale ändern.[112]

### 6.2.1.4. Bildung der Projektstruktur

Parallel zur Entwicklung der Vision beginnt die **Bildung der Projektstruktur**. Zuerst werden vom Führungsteam für die ausgewählten Prozesse engagierte Führungskräfte als Prozeßverantwortliche benannt, die alle prozeßspezifischen Aktivitäten betreuen und in die Arbeit des Führungsteams eingebunden sind. Wie schon die Bildung des Führungsteam ist die **Benennung der Prozeßverantwortlichen** primär keine Problemstellung rein sachlicher Natur, sondern besitzt eine erhebliche politische Dimension.

Die wichtigste Aufgabe des Prozeßverantwortlichen unmittelbar nach seiner Benennung ist die **Bildung eines BPR-Teams**. Während sich das Führungsteam mit der Formulierung der Vision beschäftigt, bestimmen die Prozeßverantwortli-

---

[109] Vgl. *Davenport* (1993a) S. 129, auch *Hammer/Champy* (1994) S. 191f.
[110] Vgl. *Davenport* (1993a) S. 128.
[111] Vgl. *Davenport* (1993a) S. 129.
[112] Vgl. *Davenport* (1993a) S. 131.

chen die zukünftigen Mitglieder für das jeweilige BPR-Team.[113] Mit der Erstellung der Vision im Führungsteam können die Gestaltungsaktivitäten dann durch die BPR-Teams fortgesetzt werden. Bei der Auswahl der **permanenten Teammitglieder** muß der Prozeßverantwortliche sich mit den betroffenen Linienmanagern abstimmen. Konflikte werden dort auftreten, wo Linienmanager nicht bereit sind, die geforderten Ressourcen bereitzustellen. Nur in den seltensten Fällen dürfte allerdings das Argument berechtigt sein, daß das operative Geschäft in Abwesenheit der ausgewählten Mitarbeiter nicht mehr zu bewältigen ist.[114] Der Abzug oder die Nichtbereitstellung von Ressourcen ist mithin eher ein Zeichnen, welche Bedeutung der jeweilige Verantwortlichen dem BPR-Projekt beimißt. Auch bei der Auswahl der temporären Teammitglieder können Konflikte mit dem Linienmanagement auftreten, wenn auch nicht so massiv wie bei den permanenten Teammitgliedern. Können Prozeßverantwortlicher und Linienmanager sich nicht auf eine befriedigende Lösung einigen, hat das Führungsteam zu entscheiden.

Mit der Benennung der zukünftigen Teammitglieder werden diese auch zugleich über ihren neuen Tätigkeitsbereich in der Projektorganisation informiert. Die neu zusammengestellten BPR-Teams werden in einem mehrtägigen Workshop in das BPR-Konzept eingeführt und in allgemeinen Problemlösungstechniken geschult.[115] Wichtig für den Teamansatz ist, daß im Rahmen der Analyse- und Designtätigkeiten der nächsten Woche das BPR-Team als Arbeitsgruppe einen ›Teamgeist‹ entwickelt. Indem das BPR-Team eine teamorientierte Arbeitsweise entwickelt (durch Learning-by-doing), vollzieht es gleichzeitig den notwendigen **Teambildungsprozeß**. Für einen effektiven Ablauf dieses Prozesses ist eine Moderation des Teams erforderlich, die entweder durch den Prozeßverantwortlichen oder – aufgrund der neutralen Position manchmal geeigneter – durch einen externen Berater erfolgt.

Wird der Teambildungsprozeß durch anhaltende persönliche Unverträglichkeiten gestört, muß der Prozeßverantwortliche eine Veränderung der Teamzusammensetzung in Erwägung ziehen, indem entsprechende Personen durch neue Mitarbeiter im Team ersetzt werden. Dabei ist allerdings stets zu beachten, daß ein solches Vorgehen sehr leicht den Teambildungsprozeß gefährden kann, insbesondere wenn im Team das Gefühl der Manipulation entsteht.

---

[113] Vgl. *Hammer/Champy* (1994) S. 142.
[114] Vgl. *Harrison/Pratt* (1993) S. 9.
[115] Vgl. *Harrington* (1991) S. 66ff.

**6.2.1.5. Beginn des organisationsweiten Informationsprogramms**

Gleichzeitig mit der Projektetablierung auf der Ebene der Leitungs- und Projektstruktur sind die beginnenden Gestaltungsaktivitäten durch ein **organisationsweites Informations- und Kommunikationsprogramm** zu begleiten.[116] Hinsichtlich der Inhalte eines angemessenen Informationsverhaltens unterscheiden *Hill/Fehlbaum/Ulrich* (1992) drei Arten von Informationen:[117]

• Sachinformationen über die Gründe und Ziele der Reorganisation, der Vorgehensweise und schließlich der tatsächlichen Entwicklung im Ablauf;
• Informationen über die Wirkungen der Reorganisation für die einzelnen Interessensgruppen, die auch Zusagen enthalten können (z.B. die Zusage einer Weiterbeschäftigungspolitik);
• Informationen über die neue Rollenerwartung (z.B. vermittelt durch PE-Maßnahmen).

Die Informationen über Gründe, Ziele und Wirkungen der Reorganisation sind laut *Hammer/Champy* (1994) in einem ersten Schritt über zwei Dokumente allen Organisationsmitgliedern mitzuteilen:[118]

• Der ›**Anstoß zum Handeln**‹ (case for action) erläutert die Gründe für die Reorganisation;
• Die ›**Vision**‹ zeigt auf, was durch die Reorganisation erreicht werden soll.

Beide Dokumente sind möglichst knapp und einfach zu formulieren, um organisationsweit kommunizierbar zu sein. Während die ersten zwei Informationsarten damit durch das Informationsprogramm abgedeckt sind, werden die Informationen über Rollenerwartungen im Rahmen der OE-Maßnahmen, des Prozeßprototyping, der Pilotprojekte und der Implementierung vermittelt. Diese Vorgehensweise berücksichtigt entsprechend auch die gegenüber der reinen Information wichtigere Partizipation der Betroffenen im Gestaltungsprozeß.[119]

**6.2.2. Analyse und Design**

Mit der Analyse der bestehenden Prozesse und deren Redesign beginnt für das BPR-Team die konzeptionelle Arbeitsphase. Dabei sind Analyse und Design auf-

---

[116] Vgl. *Hammer/Champy* (1994) S. 190ff, *Harrington* (1991) S. 43ff und *Harrison/Pratt* (1993) S. 9
[117] Vgl. *Hill/Fehlbaum/Ulrich* (1992) S. 492f.
[118] Vgl. *Hammer/Champy* (1994) S. 191ff.
[119] Vgl. *Hill/Fehlbaum/Ulrich* (1992) S. 493f.

grund ihrer engen Abhängigkeiten bewußt in einer Phase zusammengefaßt zu sehen. Schon sehr früh können Implementierungsaktivitäten vollzogen werden, wenn bei der Prozeßanalyse kurzfristige Verbesserungsmöglichkeiten aufgedeckt werden, die sich für eine schnelle Umsetzung eignen. Dieses Vorgehen ist allerdings mit Vorsicht zu handhaben, um die Aufmerksamkeit von der eigentlichen Zielsetzung des BPR-Projekts nicht abzulenken. Die Nähe zur Implementierungsebene wird durch das Prozeßprototyping auch bei den Designaktivitäten angestrebt. Dieses Verfahren erlaubt, ein Prozeßmodell zu entwickeln, welches in seinen wesentlichen Eigenschaften schon vor der eigentlichen Umsetzung praktisch erprobt ist.

### 6.2.2.1. Prozeßanalyse

Die aus der Vision für den jeweiligen Prozeß ableitbare Prozeßvision gibt eine wichtige Orientierung für das weitere Vorgehen im BPR-Team, basiert aber im wesentlichen auf Annahmen und grob erhobenen Daten. Bevor über eine Neugestaltung nachgedacht werden kann, ist daher zuerst die Prozeßvision anhand einer genauen Analyse des Prozesses, der Kunden und relevanter Benchmarks zu korrigieren und präzisieren. Mit dieser Zielsetzung geht der hier zu verfolgende Ansatz nach *Hammer/Champy* (1994) weit über eine »herkömmliche Prozeßanalyse« hinaus.[120] Auf der Grundlage des radikalen Gestaltungsansatzes von BPR sind schon bei der Analyse alle Prozeßmerkmale und die dem Prozeß zugrundeliegenden Annahmen zu hinterfragen. Dieses Vorgehen schließt u.a. ein, daß Prozeßinput und -output nicht als gegeben hingenommen werden, sondern ebenfalls Gegenstand der Untersuchung sind.[121] Die Vorgehensweise untergliedert sich wieder in die unmittelbare Prozeßanalyse, die Analyse der Kundenanforderungen und einem gezielten Benchmarking.

Die Grundlage aller weiteren Aktivitäten ist eine hinreichende **Analyse des bestehenden Prozesses**. Für die Entwicklung des Neudesigns ist es wesentlich, Aufgabe, Wirkung, Funktionsfähigkeit und Wirkungszusammenhänge im Kontext des Prozesses zu verstehen.[122] Laut *Hammer/Champy* (1994) ist der Prozeß allerdings nicht »in allen seinen Einzelheiten zu analysieren«, da die Zielsetzung eine radikale Neugestaltung und nicht die Optimierung des alten Prozesses ist.[123]

---

[120] Vgl. *Hammer/Champy* (1994) S. 168f.
[121] Vgl. *Hammer/Champy* (1994) S. 168f.
[122] Vgl. *Hammer/Champy* (1994) S. 167.
[123] Vgl. *Hammer/Champy* (1994) S. 167.

Das Analysieren ist zeit- und kostenaufwendig und weist schnell einen stark abnehmenden Grenznutzen auf. Insbesondere ist zu vermeiden, offenkundige Problembereiche im Detail nachvollziehen zu wollen, wenn schon früh klar ist, daß der Prozeß an diesen Stellen nach dem Redesign gänzlich anders funktionieren wird.

Bezüglich der Prozeßanalyse ist es wichtig, aussagekräftige prozeßbezogene Daten zu erheben, beispielsweise über Transaktionsvolumen, Durchlaufzeiten, Fehlerraten oder Kosten.[124] Welche Größen für die Messungen relevant sind, wird zum Teil schon durch die in der Prozeßvision quantifizierten Zielvorgaben deutlich. Ein genaues Messen dient als Fundament (baseline) für die spätere Prüfung, in welchem Umfang die angestrebten Verbesserungen auch tatsächlich erreicht wurden.[125] Die Analyseergebnisse werden vollständig dokumentiert und der bestehende Prozeß in einem Prozeßdiagramm grafisch festgehalten. Auch hier ist darauf zu achten, daß die Dokumentation nicht zum Selbstzweck wird und zeitaufwendig dokumentiert wird, was später ohne Nutzen ist. Erweist sich im Zuge der Prozeßanalyse eine Revision der Prozeßgrenzen als zweckmäßig, sind die notwendigen Veränderungen je nach Tragweite mit dem Führungsteam abzustimmen.

Für die detaillierte **Analyse der Kundenanforderungen** sind Befragungen der Kunden alleine unzureichend, da diese häufig auf den bestehenden Prozeßoutput fixiert sind und nur Optimierungsmöglichkeiten in Betracht ziehen.[126] Damit das BPR-Team die tatsächlichen Anforderungen erkennt, sind grundsätzliche Kenntnisse über die Abläufe beim Kunden erforderlich. Um diese Kenntnisse zu erwerben, ist die herkömmliche Kundenbefragung durch Beobachtung oder gar zeitweise Mitarbeit vor Ort zu komplettieren.[127]

Ähnlich wie bei der Ermittlung der Kundenanforderungen ist es auch beim **Benchmarking** notwendig, die im ersten Schritt gewonnene grobe Orientierung für das Neudesign zu präzisieren. Dazu werden die relevanten innovativen Lösungsansätze genau anhand ihrer Vor- und Nachteile gekennzeichnet und die Anwendbarkeit in der eigenen Unternehmung untersucht.

---

[124] Vgl. *Harrison/Pratt* (1993) S. 10.
[125] Vgl. *Davenport/Short* (1990) S. 16.
[126] Vgl. *Hammer/Champy* (1994) S. 169.
[127] Vgl. *Hammer/Champy* (1994) S. 169.

## 6.2.2.2. Umsetzung kurzfristiger Verbesserungen

Mit der Prozeßanalyse werden automatisch viele Dysfunktionalitäten der bestehenden Prozesse offenkundig, darunter auch solche, die mit relativ einfachen Mitteln behoben werden können und damit unmittelbar zu inkrementellen Verbesserungseffekten führen. Da durch den langen Zeitrahmen von BPR die gesamte Reorganisation von Beginn an einem hohen Rechtfertigungsdruck unterliegt, insbesondere da den erhöhten Kosten lange Zeit kein direkt sichtbarer Nutzen entgegensteht, stellt sich die Frage, inwieweit solche Verbesserungseffekte zu nutzen sind.[128] Die Implementierung dieser Verbesserungsmöglichkeiten (Early wins) bietet in Anlehnung an *Harrison/Pratt* (1993) wichtige Vorteile:[129]

- In relativ frühen Projektphasen wird der Cash-flow erhöht und ein Nutzen des Gestaltungskonzeptes für die Geschäfts- bzw. Geschäftsbereichsleitung feststellbar;
- Die Mitarbeiter sehen frühzeitig, daß das BPR-Projekt tatsächlich Veränderungen zur Folge hat und werden dabei an das Ausmaß der Veränderungen sukzessiv herangeführt;
- Die erfolgreiche Umsetzung von Gestaltungsmaßnahmen mit erkennbaren Verbesserungseffekten kann auf die Beteiligten motivierend wirken;
- Die BPR-Teams sammeln wichtige Erfahrungen für die Durchführung der sich im weiteren Projektverlauf ausweitenden Implementierungsmaßnahmen.

Neben diesen Vorteilen kann eine Umsetzung inkrementeller Verbesserungen sich allerdings auch zu einem schwerwiegenden Nachteil für ein BPR-Projekt entwickeln. Denn da die Verbesserungen voraussetzungsgemäß relativ leicht umzusetzen sind, besteht die Gefahr, daß angesichts zunehmender Widerstände gegen radikalere Veränderungen das Führungsteam sich mit diesen inkrementellen Verbesserungseffekten zufrieden gibt. Entsprechend wichtig ist es, allen Betroffenen den vorläufigen Charakter der eingeführten Veränderungen deutlich zu machen, und daß diese durch umfassendere Implementierungsschritte im weiteren Projektverlauf durchaus hinfällig werden können. Falls das BPR-Projekt in der Organisation noch nicht voll verstanden wird und für viele Organisationsmitglieder die Fehlinterpretation von BPR als eine inkrementelle Qualitätsverbesserungsmaßnahme naheliegt, ist es im Regelfall angebracht, auf eine Nutzung kurzfristiger Verbesserungen zu verzichten.

---

[128] Vgl. *Davenport* (1993a) S. 196.
[129] Vgl. *Harrison/Pratt* (1993) S. 10.

## 6.2.2.3. Design

Analyse- und Designtätigkeiten sind im Vorgehensmodell von BPR zweckmä-
ßigerweise nicht voneinander getrennt. Zwar liegt der Schwerpunkt zu Beginn
dieser Phase auf der Prozeßanalyse, diese wird aber schon durch die in der Vision
eingebrachten Gestaltungsideen deutlich gelenkt. Mit zunehmendem Fortschritt
der Analyse wird schließlich ein Punkt erreicht, bei dem die vorliegenden Analyseergebnisse für die Entwicklung des Prozeßmodells im wesentlichen ausreichen.
Analysen werden nun nur noch zur Vertiefung von Sachverhalten durchgeführt,
die für das Prozeßdesign gezielt benötigt werden.

Grundlage für die Entwicklung des Prozeßmodells sind die verfeinerte Vision,
die detaillierten Analyse- und Benchmark-Ergebnisse und die prozeßorientierten
Gestaltungsempfehlungen von BPR. Zusammen mit konkreten Gestaltungsideen,
die in Brainstorming-Sitzungen gesammelt werden, erarbeitet das BPR-Team
hieraus Gestaltungsalternativen und -szenarien.[130] Die entscheidende Aufgabe der
Projektstruktur ist es, mit der Entwicklung des Prozeßmodells gleichzeitig eine
ständige Abstimmung mit der Leitungsstruktur zu erreichen, so daß die
wichtigsten Sponsoren und möglichst viele Stakeholder hinter dem entwickelten
Prozeßdesign stehen. Hierzu stehen der Projektstruktur mehrere Mittel zur
Verfügung:

* Jede höhere Führungskraft kann sich als temporäres Teammitglied an den Ge-
  staltungsaktivitäten im BPR-Team beteiligen, indem sie in die aktuelle Team-
  diskussion involviert wird;
* Der Prozeßverantwortliche spricht mit wichtigen Stakeholdern konfliktträchtige
  Aspekte der Gestaltungsergebnisse vorab in Einzelgesprächen an;
* Der Prozeßverantwortliche informiert das Führungsteam wöchentlich über die
  Fortschritte der Analyse- und Designaktivitäten;
* Das BPR-Team präsentiert die Ergebnisse in sinnvollen Abständen vor dem
  Führungsteam (beispielsweise monatlich).

Insgesamt wird durch eine intensive Einbindung den höheren Führungskräften
die Herleitung der Design-Ergebnisse transparent und eine Akzeptanz erleichtert.
Jedoch muß gerade bei der direkten Stakeholder-Einbindung das BPR-Team auf
seine Eigenständigkeit achten, da es sicherlich auch Versuche der Einflußnahme
und der Fremdsteuerung geben wird.

---

[130] Vgl. *Davenport* (1993a) S. 154.

Besteht Klarheit über das prinzipielle Prozeßdesign, ist dieses anhand von Prozeßprototypen zu verifizieren und präzisieren.[131] Gleichzeitig wird das Prozeßmodell durch eine **Durchführbarkeitsanalyse** bewertet, mit der die relativen Vor- und Nachteile der einzelnen Prozeßdesigns benannt und die Kosten, Risiken und Zeitpläne der Implementationsphase bestimmt werden.[132]

## 6.2.2.4. Prozeßprototyping

Die Entwicklung des Prozeßmodells kann nur bis zu einem gewissen Grad rein konzeptionell erfolgen. Die Wirkungszusammenhänge und Komplexität zwischen den verschiedenen Gestaltungsfaktoren sind bei einem konkreten Prozeßdesign rein analytisch nicht mehr zu überblicken.[133] Um einen ausreichenden Grad an Sicherheit über die Praktikabilität des Redesigns zu erhalten, bleibt letztlich nur die Überprüfung der Lösung an einer modellhaften Implementierung. Eingesetzt wird ein **Prozeßprototyp**, der nach *Davenport* (1993a) eine kleine, quasi-operationale Version eines neuen Prozesses zum Testen unterschiedlicher Aspekte ist.[134] Stimmen die mit dem Prototpyen gemachten Erfahrungen nicht mit der ursprünglichen Zielsetzung überein, ist das Prozeßdesign in einem weiteren Iterationsschritt zu überarbeiten. Die Schrittweite ergibt sich hierbei aus den Ursachen für die Mängel am bisherigen Prozeßdesign und kann gegebenenfalls auch eine korrigierende Veränderung der Prozeßmerkmale einbeziehen, die in der Prozeßvision festgelegt wurden.[135]Das **Prozeßprototyping** erlaubt somit ein iteratives ›Herantasten‹ an ein stabiles Prozeßdesign.

Die Entwicklung und Präzisierung des Prozeßdesigns ist ein Lernprozeß und muß auch als solcher verstanden werden.[136] Die Prozeßgestaltung ist nicht in einem großen Wurf möglich, sondern erfordert viele kleine Lernschritte und kann auch eine Richtung einnehmen, die zu Beginn nicht abzusehen war. Dies muß auch dem Führungsteam entsprechend vermittelt werden, damit hier keine falschen Erwartungen entstehen (beispielsweise ein Mißverständnis des Prototypen als Pilotprojekt).

---

[131] Vgl. *Davenport* (1993a) S. 156.
[132] Vgl. *Davenport* (1993a) S. 156.
[133] Vgl. *Davenport* (1993a) S. 156.
[134] Vgl. *Davenport* (1993a) S. 156.
[135] Vgl. *Davenport* (1993a) S. 158.
[136] Vgl. *Davenport* (1993a) S. 156.

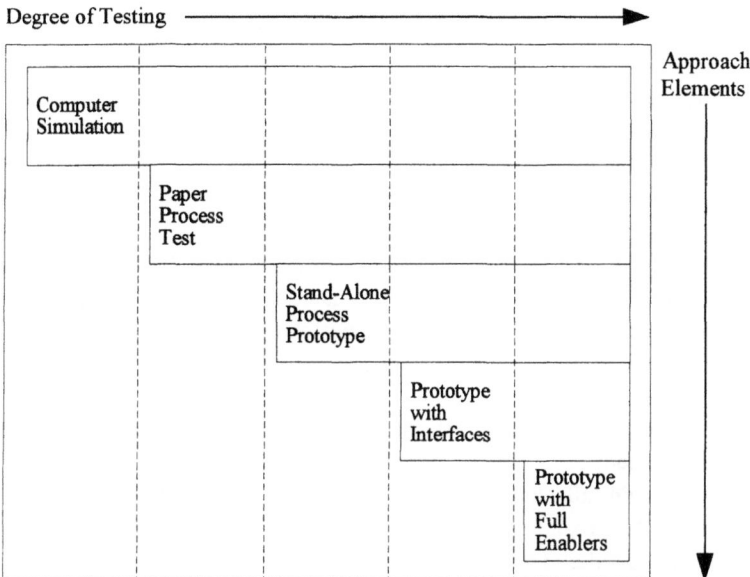

Abb. 6.11: Levels of Process Prototyping. Quelle: *Davenport* (1993a) S. 157.

In Abb. 6.11 sind mögliche Prototyping-Ansätze aufgeführt, die mit zunehmender Genauigkeit die Funktionsweise des Prozesses im operativen Einsatz wiedergegeben.[137] Die **Computersimulation** und der **papierbasierte Test** sind mit relativ geringem Aufwand zu bewerkstelligen. Zwar läßt sich mit diesen Modellen das dynamische Verhalten des Prozesses gut nachvollziehen, bei der Modellbildung sind jedoch zum Teil erhebliche Vereinfachungen zu machen, und soziale Aspekte können überhaupt nicht abgebildet werden (beispielsweise wird stets ein systemkonformes Mitarbeiterverhalten unterstellt). Eine hinreichende Überprüfung der Wirkungszusammenhänge aller organisatorischen Komponenten wird erst in einem realen Prozeßprototypen möglich. Üblicherweise beginnt man mit einem isolierten **Stand-alone-Prototypen**, der über Verfeinerungs- und Korrekturschritte zu einem **Prototypen mit organisatorischen Schnittstellen** erweitert wird. Mit dem Einbinden aller Gestaltungsfaktoren gelangt man schließlich zu einem **vollständigen Prototypen**.[138]

---

[137] Vgl. *Davenport* (1993a) S. 157.
[138] Vgl. *Davenport* (1993a) S. 157.

## 6.2.3. Umsetzung

Zwischen der Analyse- und Designphase und der Umsetzungsphase liegt die definitive Entscheidung des Top-Managements, das BPR-Projekt fortzusetzen. Anders als mit der bisher weitgehend konzeptionellen Gestaltungsarbeit tritt nun die Reorganisation in eine qualitativ neue Phase, insofern erst jetzt die Großzahl der Organisationsmitglieder von der Organisationsgestaltung betroffen ist. Die Zielsetzung dieser letzten Phase ist die organisationsweite Implementierung der neuen Prozeßmodelle einschließlich aller organisatorischen Komponenten. Während beim Prozeßprototyping die Gestaltungsfaktoren auf Modellebene im wesentlichen getestet wurden, müssen diese nun vollständig operativ umgesetzt werden. Die Umsetzung umfaßt

- die Vermittlung der neuen Werte und Verhaltensweisen durch entsprechende OE-Maßnahmen;
- qualifizierende Maßnahmen im Rahmen der Personalentwicklung;
- die Bildung der Prozeßteams;
- die Entwicklung der unterstützenden Informationssysteme;
- die Inkraftsetzung neuer organisatorischer Regelungen wie Führungsrichtlinien, Entlohnungssystem und Beförderungskriterien;
- die Einrichtung der neuen ein- oder mehrdimensionalen Organisationsstrukturen.

### 6.2.3.1. Durchführung von PE- und OE-Maßnahmen

Mit der Veränderung der Arbeitsorganisation gehen auch veränderte Anforderungen an die Qualifikation der betroffenen Organisationsmitglieder einher. Relativ frühzeitig sind entsprechende Weiterbildungsmaßnahmen zu ergreifen, damit bei der stufenweisen Umsetzung das Personal ohne größere Friktionen sich in der neuen Arbeitsorganisation zurechtfindet. Während diese Aufgabenstellung noch relativ leicht durch Schulungs- und Qualifikationsmaßnahmen vollzogen werden kann, erweist sich die Vermittlung der neuen Werte- und Verhaltensnormen als wesentlich schwieriger.[139] Die Entwicklung einer stärker vertrauensbasierten Organisationskultur kann nur evolutorisch durch OE-Maßnahmen beeinflußt werden. Im Vordergrund stehen hier Interventionstechniken wie das Sensitivity Trai-

---

[139] Vgl. *Davenport* (1993a) S. 190f.

ning oder die Teamentwicklung.[140] Zielsetzung ist u.a. das »Entwickeln von ge-
genseitigem Vertrauen, Unterstützung, Sicherheit, offener Kommunikation«.[141]
Ein auf die Organisationsveränderungen abgestimmtes Programm an PE- und OE-
Maßnahmen erlaubt den betroffenen Organisationsmitglieder vorbereitet in die
neue Arbeitssituation hineinzuwachsen, und kann das Widerstandspotential erheblich verringern helfen.

### 6.2.3.2. Pilotierung und stufenweise Implementierung

Durch die Implementierungsaktivitäten in den vorherigen Phasen hat das BPR-
Team schon einige Erfahrungen mit prozeßbezogenen Veränderungen und ihrer
Durchführung sammeln können. Insbesondere durch das Prozeßprototyping
wurde ein Verständnis der Wirkungszusammenhänge aller Gestaltungsfaktoren
(einschließlich der sozialen Aspekte) aufgebaut. Trotzdem bleibt die Implementierung des Prozeßmodells ein äußerst schwieriges Unterfangen.[142] Als mögliche
Teilelemente der Umsetzungsphase nennt *Davenport* (1993a) die **stufenweise
Implementierung**, die **Einrichtung von Pilotprojekten** und die **Gründung
eines neuen Organisationsbereiches**.[143] Abhängig davon, in welcher Form die
zusätzliche Prozeßdimension in das bestehende Organisationsmodell eingeführt
werden soll, erhalten diese Teilstrategien bei der Umsetzung unterschiedliche Bedeutung:

• Wird eine **mehrdimensionale Lösung** angestrebt, dann muß die Implementierung innerhalb der bestehenden Organisation stattfinden, da letztlich die neue
Prozeßdimension und die bisherige Strukturierung koexisitieren werden. Als
Migrationsansatz bietet sich hier an, ausgehend von einem Pilotprojekt, die Implementierung stufenweise bis zur vollständigen Umsetzung des Prozeßdesigns
zu vollziehen, während gleichzeitig die Koordinationsbeziehungen zwischen
den Matrixdimensionen einzuführen sind. Anders als beim Prototyp dient das
Pilotprojekt nicht zum Testen, sondern muß die Funktionsfähigkeit und den
Nutzenvorteil des Prozeßmodells unter Beweis stellen. Dazu wird in einem abgegrenzten Organisationsbereich, eingeschränkt auf eine spezifische Auswahl

[140] Vgl. *Staehle* (1994) S. 891ff.
[141] Vgl. *Stahle* (1994) S. 899.
[142] Vgl. *Davenport* (1993a) S. 158.
[143] Vgl. *Davenport* (1993a) S. 158.

174 6. *Gestaltungsprozeß*

von Produkten oder Kunden oder eine bestimmte Region, das Prozeßmodell vollständig für den operativen Einsatz implementiert.[144] Die Auswahl der Pilotumgebung muß sich primär an Kriterien orientieren, die eine erfolgreiche Umsetzung garantieren.[145] Zwar ist nicht ausgeschlossen, daß durch die Einrichtung des Pilotprojektes sich weitere Veränderungen am Prozeßdesign ergeben können, ingesamt ist jedoch das Pilotprojekt in der dafür vorgesehen Zeit erfolgreich abzuschließen, sollte die weitere Umsetzung nicht gefährdet werden.

- Liegt die Zielsetzung dagegen bei einem **eindimensionalen Organisationsmodell**, dann ersetzt die Prozeßdimension die bisherige funktionale oder divisionale Strukturierung vollständig. Anstatt nun diese Veränderungen innerhalb der Organisation bzw. des Geschäftsbereiches durchzuführen, lassen sich mit der **Gründung eines neuen Geschäftsbereiches** für den neuzugestaltenden Prozeß die gegensätzlichen Organisationskonzepte wirkungsvoll trennen. Dazu wird der alte Prozeß komplett aus dem ursprünglichen Organsationsbereich entfernt und in dem eigens dafür geschaffenen Organisationsbereich stufenweise neu implementiert.[146]

---

[144] Vgl. *Davenport* (1993a) S. 158.
[145] Vgl. *Davenport* (1993a) S. 158.
[146] Vgl. *Davenport* (1993a) S. 159.

# 7. Resümee

Bei der Diskussion von neuen, populären Management- und Organisationskonzepten taucht berechtigterweise immer wieder die Frage auf, inwieweit es sich dabei wirklich um etwas wesentlich Neues handelt. Gerade in der aktuellen praxisbezogenen Managementliteratur werden unter schillernden Namensgebungen nicht selten Konzepte propagiert, die bei näherem Hinsehen dann doch nur Altbekanntes in anderer Form wiedergeben. Auch BPR bleibt vor dieser Fragestellung nicht verschont und wird aufgrund der hohen Popularität entsprechend kontrovers diskutiert.[1]

Ausgehend von der vorliegenden Arbeit sind zwei grundlegende Aspekte am Konzept BPR zu betonen: BPR basiert auf **ganzheitlich ausgerichteten Gestaltungsempfehlungen** und umfaßt ein **explizites Vorgehensmodell**. Bei der Kritik an BPR werden diese beiden Aspekte zuweilen nicht hinreichend beachtet; insbesondere die prozeßorientierten Gestaltungsempfehlungen werden häufig isoliert betrachtet und weniger in ihrer Ganzheitlichkeit gesehen. Aus der Sicht der Arbeitsorganisation basieren die Gestaltungsempfehlungen von BPR auf der **zentralen These**, daß unter den gegebenen Wirtschaftsbedingungen eine reduzierte Arbeitsteilung zu höherer Produktivität führt. Diese These ist innerhalb der Organisationstheorie mit der Diskussion technikzentrierter versus humanzentrierter Gestaltungskonzepte alles andere als neu. Besonders in der Fertigung, aber auch im Bereich von Büro und Verwaltung werden dem technikzentrierten Ansatz der Automatisierung schon seit geraumer Zeit alternative Konzepte der Arbeitsorganisation gegenübergestellt, die den Menschen als integrales Element der Arbeitsgestaltung betrachten.[2]

Obwohl nun von theoretischer Seite immer wieder die Vorteilhaftigkeit humanzentrierter Alternativen der Arbeitsgestaltung proklamiert wird, dominieren in der Praxis weiterhin Ansätze der Automatisierung. Lediglich in einigen Teilen der

---

[1] Vgl. *Kieser* (1994, 1995).
[2] Vgl. *Kieser/Kubicek* (1992) S. 338.

Fertigungsindustrie ist mit dem Konzept der Lean Production ein erster Wandel erkennbar. Dieser sich gegen die Einführung einer humanzentrierten Arbeitsorganisation richtende »organisatorische Konservativismus« läßt sich nach *Kieser/Kubicek* (1992) auf folgende Faktoren zurückführen:[3]

(1) der **hohe Umsetzungsaufwand** aufgrund der völlig neuen Anforderungen;

(2) der **Anstieg des durchschnittlichen Lohn- und Gehaltsniveaus** aufgrund des Wegfalls von Differenzierungsmöglichkeiten;

(3) das **hohe Erfolgsrisiko** aufgrund des nur schwer abschätzbaren Nutzens gegenüber den offensichtlichen Kosten;

(4) das **hohe Konfliktpotential** aufgrund der erheblichen Veränderungen von Machtstrukturen;

(5) die **geringe Verfügbarkeit von flexiblen IT-Systemen** aufgrund der Ausrichtung von IT- und Softwareherstellern an traditionellen Arbeits- und Organisationsstrukturen;

(6) die **kostenintensiven Qualifikationsmaßnahmen zur Stellenbesetzung** aufgrund des Mangels an Personal, welches den neuen, höheren Qualifikationsanforderungen entspricht;

(7) der Konflikt mit den dominierenden **tayloristisch geprägten Denkstrukturen** bei Organisatoren, Führungskräften und Mitarbeitern.

Diese Darstellung macht zum einen deutlich, daß neue Organisationskonzepte nur auf einem ganzheitlichen Ansatz basieren können, bei dem wesentliche Gestaltungsvariablen wie Arbeitsorganisation, Unternehmungsorganisation, Informationstechnik und Personalmanagement gemeinsam betrachtet werden. Zum anderen zeigt sie, daß neuen Organisations- und Arbeitsmodellen eine begrenzte praktische Bedeutung beikommt, wenn nicht durch ein entsprechendes Vorgehensmodell zusätzlich dargelegt wird, wie die Umsetzung erreicht werden kann. Mit BPR werden im Gegensatz zu vergleichbaren Ansätzen beide Aspekte aufgegriffen und zu einem umfassenden Gestaltungskonzept gebündelt. Diese grundsätzliche Positionierung von BPR sagt allerdings wenig über die Qualität des Gesamtkonzepts aus.

Notwendig für eine angemessene Bewertung ist allerdings, zwischen dem Konzept zu unterscheiden, wie es mit den Arbeiten von *Hammer/Champy* (1993, 1994) und *Davenport* (1993) in seiner ursprünglichen Form beschrieben wird, und dem häufig zu findenden begrifflichen Mißbrauch auf Berater- und Herstellerseite.[4] So kritisiert *Kieser* (1995) das Fehlen einer klaren Definition, indem er

---

[3] Vgl. *Kieser/Kubicek* (1992) S. 344f.

[4] Siehe auch Kap. 1.1.

auf das Marktgeschehen verweist, wo unzählige Anbieter von Seminaren, Kursen
und Projekten alles Denkbare unter der Bezeichnung BPR vorstellen und verkaufen. Allerdings ist diese Entwicklung auf den extremen Popularitätsgrad zurückzuführen, den BPR in Managementkreisen erfahren hat, und weniger konzeptionell bedingt, insofern IT-Hersteller, Systemintegratoren und IT-orientierte Bera-
tungsunternehmungen BPR in ihrem Sinne als konventionelle, inkrementelle Prozeßoptimierung **redefinieren**. Diese im Markt zu beobachtende Reduktion von
BPR auf den Einsatz neuerer Informationstechniken (z.B. die Gleichsetzung von
Workflow Management mit BPR) ist eine Verkaufsstrategie und auch als solche
zu identifizieren.

Im Rahmen der vorliegenden Arbeit interessanter ist die gegen den konzeptionellen Ansatz von BPR gerichtete Kritik. Ausgehend von dem in dieser Arbeit
entwickelten Verständnis sollen im folgenden wesentliche Kritikpunkte näher
untersucht werden, die sich zusammengefaßt bei *Kieser* (1995) finden (Abb. 7.1):

| | Kritikpunkte an BPR |
|---|---|
| (1) | BPR ist nicht radikal neu |
| (2) | Quantensprünge sind bisher nicht nachgewiesen |
| (3) | Strategie der Kostenführerschaft wird nicht unterstützt |
| (4) | Wettbewerbsspirale wird ausgelöst |
| (5) | Methoden sind nicht exakt |
| (6) | BPR überfordert die Änderungskapazität von Organisationen |

Abb. 7.1: Einige Kritikpunkte an BPR. Quelle: Zusammengestellt aus *Kieser*
(1995) S. VI/11.

(1) Bezogen auf die ahistorische und induktive Konzeptbildung, die in der BPR-
Literatur sehr verbreitet ist, wird auf Kritikerseite immer wieder hervorgehoben, daß BPR nicht radikal neu ist. Aber auch diese Kritik richtet sich mehr
gegen die Herleitung, Darstellung und euphorische Aufnahme von BPR in der
Praxis, als gegen das eigentliche Konzept. Aus wissenschaftlicher Sicht entscheidender ist die Frage, was an BPR neu ist. So bestätigt die vorliegende
Arbeit die Feststellung, daß BPR ›lediglich‹ eine Weiterentwicklung bekannter Ansätze der Organisations- und Managementtheorie ist. Sie zeigt aber
auch, daß BPR bezogen auf die Gestaltungsempfehlungen und den Gestaltungsprozeß über bestehende Konzepte hinausgeht.

(2) Aus praxisorientierter Sicht wichtiger ist die Frage nach den erreichbaren Markt- und Leistungsvorteilen. An der BPR-Literatur wird kritisiert, daß diese Quantensprünge verspricht, die bisher nicht oder nur eingeschränkt nachgewiesen wurden. Entsprechende empirische Untersuchungen sind allerdings grundsätzlich mit einigen Schwierigkeiten behaftet. Dazu gehören

- die Identifikation eines Projekts als BPR-Projekt;
- die Operationalität von Einflußfaktoren wie Organisationskultur oder Management Commitment;
- die Vergleichbarkeit von Untersuchungsergebnissen einzelner Organisationen;
- der unterschiedliche strategische Kontext beim Einsatz von BPR.

Ungeachtet dieser Schwierigkeiten bleibt die Notwendigkeit, das theoretische Konzept von BPR an der Praxis zu messen. Hierzu bedarf es zukünftig insbesondere wissenschaftlich motivierter empirischer Studien.

(3) Entgegen der bei funktionalen Organisationen anzutreffenden Verrichtungs- und Phasengliederung im Rahmen der Prozeßausgrenzung rückt bei BPR die Objektgliederung verstärkt in den Vordergrund. *Kieser* leitet hieraus ab, daß mit BPR nur eine Strategie der Differenzierung möglich ist und eine Strategie der Kostenführerschaft damit ausgeschlossen bleibt. Tatsächlich ist die Wahl der Marktstrategie im Kontext von BPR offen. Lediglich das strategische Verhalten ist präzisiert, welches durch Vorhalten organisatorischer Anpassungsfähigkeit die Produktivität in einer zunehmend turbulenten Umwelt sichert. Mit einer entsprechenden, konsistenten Ausprägung der Gestaltungsvariablen erlaubt BPR die Unterstützung unterschiedlichster Marktstrategien.

(4) Die Zielsetzung von BPR ist eine dramatische Leistungsverbesserung in Unternehmungen. Durch erfolgreiche Anwendungen von BPR wird laut *Kieser* zwangsläufig eine Wettbewerbsspirale ausgelöst, da entsprechend reorganisierte Unternehmungen mit ihrer verbesserten Produktivität einen Reorganisationszwang auf den Gesamtmarkt ausüben werden. Dieser Zusammenhang gilt allerdings grundsätzlich für jedes neue Organisationskonzept, das effektiv zu Produktivitätsvorteilen führt. Da Produktivitätsvorteile bei der Konzeptbildung typischerweise angestrebt werden, fällt es schwer, darin einen spezifischen Schwachpunkt von BPR zu erkennen. Darüberhinaus ist BPR nicht unbedingt ein Konzept einmaliger Anwendung, insofern es generell darauf ausgerichtet ist, neue technologisch bedingte Spielräume vorteilhaft für die Organisationsgestaltung zu nutzen. Im Sinne des Quantum View ist eine wiederholte Anwendung von BPR über längere Zeitintervalle prinzipiell denkbar.

(5) Ein wesentlicher methodischer Schritt im Vorgehensmodell von BPR ist die Prozeßausgrenzung. Daß die Prozeßausgrenzung als Methode nach wissenschaftlichen Kritierien nicht exakt ist, trifft insofern zu, als diese zumindest teilweise ein kreativer Vorgang ist und nicht ingenieurswissenschaftlich abgeleitet werden kann. Da allerdings jede Methode der Organisationsgestaltung explizit oder implizit eine Ausgrenzung von Prozessen bedingt, ist diese Kritik nicht spezifisch für BPR. Sie gilt beispielsweise ebenso für das Analyse-Synthese-Konzept von *Kosiol*, bei dem die implizite Prozeßausgrenzung im Rahmen der Aufgabensynthese und Stellenbildung erfolgt.

(6) Im Unterschied zu kontinuierlichen Ansätzen der Organisationsgestaltung zielt BPR auf eine massive Veränderung der Organisation in wenigen Schritten ab, wobei zudem viele Gestaltungsvariablen gleichzeitig verändert werden. An diesem diskontinuierlichen Ansatz wird kritisiert, daß Organisationen als soziotechnische Systeme nur schwer zu ändern sind und die Tendenz besteht, die Änderungskapazität einer Organisation zu überschreiten. Die Feststellung, daß umfassende Veränderungen von Organisationen schwierig sind, sagt allerdings nichts über die Wirksamkeit unterschiedlicher Ansätze der Organisationsveränderung bzw. -gestaltung aus. Zwar treffen kontinuierliche, inkrementelle Verbesserungskonzepte auf deutlich weniger Gestaltungsprobleme als radikale Gestaltungskonzepte, sie setzen jedoch strukturelle Gegebenheiten voraus, die häufig in Organisationen nicht gegeben sind. Entsprechend erfolglos sind TQM-, PE- und OE-Programme, die ohne begleitende strukturellen Veränderungen aufgesetzt werden.

Die Schwierigkeit radikaler Reorganisationen liegt insbesondere in den folgenden zwei Problembereichen:

- Für die Veränderungsmaßnahmen werden Ressourcen benötigt, die zur Aufrechterhaltung des bestehenden operativen Geschäfts eigentlich unabkömmlich sind;
- Einer Veränderung der Machtstrukturen stehen üblicherweise erhebliche Widerstände entgegen.

Beide Konfliktbereiche sind explizit im Vorgehensmodell von BPR berücksichtigt. So richtet sich die Anzahl und Art der Prozesse, die gleichzeitig einem Redesign unterzogen werden, auch nach den verfügbaren Ressourcen und der verantwortbaren Beeinträchtigung des laufenden Geschäfts. Ebenso dienen alle Maßnahmen der Stakeholder-Einbindung in die Gestaltungsarbeit dazu, ständig das Commmitment wichtiger Sponsoren zu sichern, um eine angestrebte Veränderung der Machtstrukturen auch umsetzen zu können.

Insgesamt zeigt die vorliegende Arbeit, daß BPR in dem hier entwickelten Verständnis einen zweckmäßigen Ansatz für die Weiterentwicklung bestehender Konzepte der Managementtheorie bietet. Wie allerdings *Kieser* richtig bemerkt, wird vielen Problemen in der Literatur noch zu wenig Aufmerksamkeit geschenkt. Hier sind weiterführende und vertiefende Arbeiten u.a. zu Themen wie Strategie und BPR, Formen der Prozeßorganisation oder Integration der Softwareentwicklung notwendig.

# Literaturverzeichnis

*Allen, D. P., Nafius, R.* (1993): Dreaming and doing: Reengineering GTE Telephone operations, in: Planning Review, March/April 1993, S. 28-31

*Bleicher, K.* (1981): Organisation : Formen und Modelle, Wiesbaden 1981

*Bleicher, K.* (1991): Organisation : Strategien - Strukturen - Kulturen, 2., vollständig neu bearb. und erw. Aufl., Wiesbaden 1991

*Bleicher, K.* (1992): Das Konzept integriertes Management, 2., rev. und erw. Auflage, Frankfurt/M., New York 1992

*Bleicher, K.* (1994): Potentiale entdecken : Unternehmen auf dem Weg zur Vertrauensorganisation, in: Gablers Magazin, 1.94, S. 14-21

*Brödner, P.* (1992): Die Abkehr von der tayloristischen Arbeitsgestaltung, in: Arbeitsrecht in Betrieb, 11/92, S. 598-606

*Buday, R. S.* (1993): Reengineering one firm's product development and another's service delivery, in: Planning Review, March/April 1993, S. 14-19

*Bürkle, U., Gryczan, G., Züllighoven, H.* (1992): Erfahrungen mit der objektorientierten Vorgehensweise bei einem Bankenprojekt, in: Informatik-Spektrum 15, Heft 5, Oktober 1992, S. 273-281

*Bullinger, H.-J.* (Hrsg.) (1994): Neue Impulse für eine erfolgreiche Unternehmensführung : Customer Focus - Business Reengineering, 13. IAO-Arbeitstagung, 13.-15. April 1994, Berlin, Heidelberg 1994

*Bullinger, H.-J./Niemeier, J./Schäfer, M.* (1993): Wege zu schlanken Informations- und Kommunikationssystemen, in: Management & Computer, 1. Jg., 1993, H. 2, S. 121-128

*Cole, C. C., Clark, M. L., Nemec, C.* (1993): Reengineering information systems at Cincinnati Milacron, in: Planning Review, Vol. 21, Iss. 3, May/June 1993, S. 22-26, 48

*CSCW* (1988): CSCW '88 : Proceedings ACM Conference on Computer-Supported Cooperative Work, ACM, New York 1988

*Davenport, T. H.* (1993a): Process Innovation, Boston, Mass. 1993

*Davenport, T. H.* (1993b): Need radical innovation and continuous improvement? Integrate process reengineering and TQM, in: Planning Review, Vol. 21, Iss. 3, May/June 1993, S. 6-12

*Davenport, T. H., Nohria, N.* (1994): Case Management and the Integration of Labor, in: Sloan Management Review, Winter 1994, S. 11-23

*Davenport, T. H., Short, J. E.* (1990): The New Industrial Engineering: Information Technology and Business Process Redesign, in: Sloan Management Review, Vol. 31, Iss. 4, Summer 1990, S. 11-27

*Dur, R. C. J.* (1992): Business Reengineering in Information Intensive Organizations, Proefschrift Technische Universiteit Delft, 1992

*Egido, C.* (1988): Videoconferencing as a Technology to Support Group Work: A Review of its Failure, in: *CSCW* (1988) S. 13-24

*Elgass, P./Krcmar, H.* (1994): Computerunterstützung für die Planung von Geschäftsprozessen, in: *Hasenkamp/Syring* (1994) S. 67-83

*Forster, J.* (1978): Teams und Teamarbeit in der Unternehmung, Bern 1978

*Frese, E.* (1993): Grundlagen der Organisation : Konzepte - Prinzipien - Strukturen, 5. Auflage, Wiesbaden 1993

*Gaitanides, M.* (1983): Prozeßorganisation : Entwicklung, Ansätze und Programme prozeßorientierter Organisationsgestaltung, München 1983

*Grabner-Kräuter, S.* (1993): Diskussionsansätze zur Forschung von Erfolgsfaktoren, JfB 6/93, S. 278-300

*Grammel, S. K.* (1994): Lean Controlling : Ein Wegweiser zur Flexibilisierung, Produktionssteigerung und Mehrbeschäftigung, in: *Bullinger* (1994) S. 273-310

*Grochla, E.* (1982): Grundlagen der organisatorischen Gestaltung, Stuttgart 1982

*Grudin, J.* (1988): Why CSCW applications fail: Problems in the design and evaluation of organizational interfaces, in: *CSCW* (1988) S. 85-93

*Habel, C.* (1986): Prinzipien der Referentialität, Berlin

*Hall, G./Rosenthal, J./Wade, J.* (1993): How to Make Reengineering *Really* Work, in: Harvard Business Review, November-Devember 1993, S. 119-131

*Hammer, M.* (1990): Reengineering Work: Don't Automate, Obliterate, in: Harvard Business Review, July-August 1990, S. 104-112

*Hammer, M./Champy, J.* (1993a): Reengineering the corporation : A manifesto for business revolution, New York 1993

*Hammer, M./Champy, J.* (1993b): Explosive thinking, in Computerworld, Vol. 27, Iss. 18, May 3, 1993, S. 123-125

*Hammer, M./Champy, J.* (1994): Business Reengineering : Die Radikalkur für das Unternehmen, Frankfurt/M., New York 1994

*Harrington, H. J.* (1991): Business Process Improvement : The Breakthrough Strategy for Total Quality, Productivity, and Competitiveness, New York [u.a.] 1991

*Harrison, D. B./Pratt, M. D.* (1993): A methodology for reengineering businesses, in: Planning Review, March/April 1993, S. 6-11

*Hasenkamp, U./Syring, M.* (1994): CSCW (Computer Supported Cooperative Work) in Organisationen - Grundlagen und Probleme, in: *Hasenkamp/Kirn/Syring* (1994) S. 15-37

*Hasenkamp, U./Kirn, S./Syring, M.* (1994): CSCW - Computer Supported Cooperative Work : Informationssysteme für dezentralisierte Unternehmensstrukturen, Bonn, Paris, Reading, Mass. [u.a.] 1994

*Hill, W./Fehlbaum, R./Ulrich, P.* (1989): Organisationslehre 1 : Ziele, Instrumente und Bedingungen der Organisation sozialer Systeme, 4., durchgesehene Auflage, Bern, Stuttgart 1989

*Hill, W./Fehlbaum, R./Ulrich, P.* (1992): Organisationslehre 2 : Ziele, Instrumente und Bedingungen der Organisation sozialer Systeme, 4., durchgesehene Auflage, Bern, Stuttgart 1992

*Hill, W./Fehlbaum, R./Ulrich, P.* (1994): Organisationslehre 1, 5., durchgesehene Auflage, Bern, Stuttgart 1994

*Housel, T. J., Morris, C. J., Westland, C.* (1993): Business Process Reengineering at Pacific Bell, in: Planning Review, May/June 1993, S. 28-33

*Imai, M.* (1994): Kaizen : der Schlüssel zum Erfolg der Japaner im Wettbewerb, 4. Aufl., Berlin, Frankfurt/M. 1994

*Karbe, B.* (1994): Flexible Vorgangssteuerung mit ProMInanD, in: *Hasenkamp/Kirn/Syring* (1994) S. 117-133

*Katzenbach, J. R./Smith, D. K.* (1993b): The rules for managing cross-functional reengineering teams, in: Planning Review, March/April 1993, S. 12-13

*Kieser, A.* (1994): Kennen Sie schon das allerneueste Organisationskonzept?, in: ZfO, 4/1994, S. 223

*Kieser, A.* (1995): Business Reengineering - neue Kleider für den Kaiser?, in: SZ, 4./5. Februar 1995, S. VI/11

*Kieser, A./Kubicek, H.* (1983): Organisation, 2., neubearbeitete und erweiterte Auflage, Berlin, New York 1983

*Kieser, A./Kubicek, H.* (1992): Organisation, 3., völlig neubearbeitete Auflage, Berlin, New York 1992

*Kilberth, K./Gryczan, G./Züllighoven, H.* (1993): Objektorientierte Anwendungsentwicklung : Konzepte, Strategien, Erfahrungen, Braunschweig, Wiesbaden 1993

*King, J.* (1991): Rip it up!, in: Computerworld, Vol. 25, Iss. 28, July 15, 1991, S. 55-57.

*Knorr, R. O.* (1991): Business Process Redesign: Key to Competitiveness, in: The Journal of Business Strategy, Vol. 12, Iss. 6, Nov/Dec 1991, S. 48-51.

*Kubicek, H./Höller, H.* (1991): Das Organisationskonzept teilautonomer Arbeitsgruppen als Leitbild für die Gestaltung von Groupware-Systemen, in: *Oberquelle* (1991a) S. 149-174

*Leumann, P.* (1979): Die Matrix-Organisation : Unternehmensführung in einer mehrdimensionalen Struktur - Theoretische Darstellung und praktische Anwendung, Bern, Stuttgart 1979

*Litke, H-D.* (1993): Projektmanagement - Methoden, Techniken, Verhaltensweisen, 2., überarb. und erw. Aufl., München, Wien 1993

*Manganelli, R.* (1993): Hälfte der Manager hat falsche Vorstellungen von Re-Engineering, in: Computerwoche, Heft 38, 17. September, 1993, S. 47-48

*Maaß, J.* (1994): Vom Lean Management zur Vertrauensorganisation - eine neue personalpolitische Herausforderung, in: *Bullinger* (1994) S. 153-166

*Miller, D.* (1982): Evolution and Revolution : a Quantum View of Structural Change in Organizations, in: Journal of Management Studies, Vol. 19, No. 2, S. 131-151

*Miller, D./Friesen P. H.* (1984): Organizations : a quantum view, Englewood Cliffs, New Jersey 1984

*Morrall, K.* (1994): Re-engineering: Buzzword or Strategy?, in: Bank Marketing, January 1994, S. 21-25

*Morris, D./Brandon, J.* (1994): Revolution im Unternehmen : Reengineering für die Zukunft, Landsberg/Lech 1994

*Oberquelle, H.* (Hrsg.) (1991a): Kooperative Arbeit und Computerunterstützung : Stand und Perspektiven, Stuttgart 1991

*Oberquelle, H.* (1991b): Kooperative Arbeit und menschengerechte Groupware als Herausforderung für die Software-Ergonomie, in: *Oberquelle* (1991a) S. 1-10

*Portner, F./Beaven, J.* (1994): The Latest Business Buzzword, in: Mortgage Banking, January 1994, S. 54-63

*Rigby, D.* (1993): The secret history of Process Reengineering, in: Planning Review, March/April 1993, S. 24-27

*Roach, S. S.* (1991): Services Under Siege - The Restructuring Imperative, in: Harvard Business Review, September-October 1991, S. 82-91

*Rolf, A.* (1992): Sichtwechsel - Informatik als (gezähmte) Gestaltungswissenschaft, in: *Coy, W., et al.* (Hrsg.) (1992): Sichtweisen der Informatik, Vieweg, Braunschweig/Wiesbaden, S. 33-47

*Rolf, A.* (1993): Informatik und Gestaltung, in: Infotech/I+G Informatik und Gesellschaft, 4/1993, S. 16-22

*Rolf, A.* (ersch.): Grundlagen der angewandten Informatik in Organisationen, Mannheim

*Scott Morton, M. S.* (Ed.) (1991): The Corporation of the 1990s : information technology and organizational transformation, New York 1991

*Servatius, H.-G.* (1994): Reengineering-Programme umsetzen : von erstarrten Strukturen zu fliessenden Prozessen, Stuttgart 1994

*Short, J. E., Venkatraman, N.* (1992): Beyond Business Process Redesign: Redefining Baxter's Business Network, in: Sloan Management Review, Vol.34, Iss. 1, Fall 1992, S. 7-20

*Staehle, W. H.* (1994): Management : eine verhaltenswissenschaftliche Perspektive, 7., Aufl. / überarb. von Peter Conrad ; Jörg Sydow, München 1994

*Technology Investment Strategies Corporation* (1992): Business Process Redesign : Users put theory into practice - Case study analyses, Volume: II (Core Computing Platforms), Tab: Software Research, November 19, 1992

*Teng, J. T. C., Grover, V., Fiedler, K. D.* (1994): Re-designing Business Processes Using Information Technology, in: Long Range Planning, Vol. 27, No. 1, S. 95-106

*The Economist* (1990): Information Technology Survey : The ubiquitous machine, in: The Economist, June 16, 1990, S. 5-20

*Treacy, M./Wiersema, F.* (1995): The discipline of market leaders : choose your customers, narrow your focus, dominate your market, Reading, Mass. [u.a.] 1995

*Venkatraman, N.* (1991): IT-Induced Business Reconfiguration, in: *Scott Morton* (1991) S. 122-158

Venkatraman, N. (1994): The Label-Business-Network in intelligent Building, January 1994, S. 54-63.

Wild, B. (1993): The social nature of Process Reengineering for Planning, New Man/April 1993 S. 21-27.

Quinn, J. B. (1987): Services Under Siege - The Restructure Imperative in Harvard Business Review, September/October 1991, S. 65-69.

Keil, A. (1992): ...auf wissenschaft, in: Cox, W., ... Informatik (Hrsg.) (1992): Sicherheit der Informatik, Vieweg, Braunschweig/Wiesbaden, S. 33-47.

Reß, A. (1993): Informatik und Gestaltung, in: Informatik + CG Dortmund und Gesellschaft 4/1993, S. 16-22.

Reß, A. (Hrsg.) (1993): Grundlagen der ... Informatik in Organisationen ...

Scott Morton, M. S. (Hrsg.) (1991): The Corporation of the 1990s - Information technology and organisational transformation, New York 1991.

Schmitz, P. C. (1993): ... Reengineering, Programme unterstützt, von evaluativen Strukturen zu flexiblen Prozessen, Stuttgart 1994.

Scott, E. (Rabinowitz, J. (1993): Beyond Business Process Redesign - ... Business Networks, in: Sloan Management Review, Vol. 34, No. 1, Fall 1992, S. 7-20.

Probst, G. J. P. (1994): Management - eine ganzheitlich-gesamtgesellschaftliche Herausforderung (Hrsg.) von Peter Conrad, Jörg Sydow, München 1994.

American Investment Strategies Corporation (1993): Business Process Reengineering: Theory put theory into practice. Case study analysis, ...

Venkatraman, N. / Zaheer, A. ... (1992): Electronic ... Information Processing Information Management, Vol. 7, No. 1/2, S. 45-105.

The Economist (1993): Information Technology Survey: The religion of machine.

Mertens, ... (1992): ... ... Markt, ... nicht jeder, Länger, Klügere, ... nummeriert, ... von Ideen, München und Zürich, Bertelsmann 1992.

Schumacher, W. (1991): IT-basierte Dienste - Reconfiguration, in: ... Journal (1991), S. 132-154.

# Sachregister

190

*Sachregister*

# Deutscher Universitäts Verlag

GABLER · VIEWEG · WESTDEUTSCHER VERLAG

## Aus unserem Programm

Nikolaus Krasser
**Kritisch-rationales Management**
Gestaltungserfordernisse fehlerarmer Entscheidungsprozesse
1995. XIV, 207 Seiten, 4 Abb., 18 Tab., Broschur DM 89,-/ ÖS 694,-/ SFr 89,-
ISBN 3-8244-0240-8
N. Krasser beantwortet die Frage, ob es ein "optimales" Managementkonzept gibt, von zwei Perspektiven: aus ergebnis- und aus prozeßorientierter Sicht. Das kritisch-rationale Management erlaubt eine "sehr gute" Vorgehensweise.

Bettina Schwarzer/Helmut Krcmar
**Grundlagen der Prozeßorientierung**
Eine vergleichende Untersuchung in der Elektronik- und Pharmaindustrie
1995. XII, 225 Seiten, Broschur DM 89,-/ ÖS 694,-/ SFr 89,-
"Informationsmanagement und Computer Aided Team",
hrsg. von Prof. Dr. Helmut Krcmar
GABLER EDITION WISSENSCHAFT
ISBN 3-8244-6136-6
Probleme, Hemmnisse und positive Erfahrungen bei der Prozeßorientierung sind hier zusammengetragen und analysiert. Darauf aufbauend entwickeln die Autoren ein Modell zum Verständnis von Business Process Reengineering.

Thomas Zachau
**Prozeßgestaltung in industriellen Anlagengeschäften**
1995. XVII, 200 Seiten, Broschur DM 89,-/ ÖS 694,-/ SFr 89,-
"Markt- und Unternehmensentwicklung",
hrsg. von Prof. Dr. Arnold Picot und Prof. Dr. Dr. h.c. Ralf Reichwald
GABLER EDITION WISSENSCHAFT
ISBN 3-8244-6113-7
Thomas Zachau entwickelt Prozeßgestaltung als grundsätzliches Konzept für die Neuorientierung von Unternehmen und beschreibt konkrete Gestaltungsansätze für industrielle Anlagengeschäfte, um Synergien zu identifizieren und auszuschöpfen.

*Die Bücher erhalten Sie in Ihrer Buchhandlung!*
*Unser Verlagsverzeichnis können Sie anfordern bei:*

**Deutscher Universitäts-Verlag**
**Postfach 30 09 44**
**51338 Leverkusen**